쓸수록 돈이 된다

쓸수록 돈이 된다

초판 1쇄 인쇄 ㅣ 2025년 1월 5일
초판 9쇄 발행 ㅣ 2025년 2월 10일

지은이 ㅣ 양원근
발행인 ㅣ 박보영
펴낸곳 ㅣ 도서출판 해뜰서가

내지디자인 ㅣ 아르케 DnP
표지디자인 ㅣ 유어텍스트

등록번호 ㅣ 제2023-000093호
주소 ㅣ 서울시 종로구 종로 321 2층 A11호
전화 ㅣ 070-4300-1861
팩스 ㅣ 050-4246-1861
이메일 ㅣ haeddle0120@naver.com

ISBN 979-11-985283-2-2 (13190)

ⓒ 양원근
All rights reserved.

* 값은 뒤표지에 있습니다. 잘못된 책은 바꾸어 드립니다.

해뜰서가는 작가와 독자가 행복한 책을 만듭니다.
이 책의 모든 법적 권리는 지은이와 도서출판 해뜰서가에 있습니다.
저작권법에 의해 보호받는 저작물이므로
저자와 본사의 허락 없이 무단 전재, 복제, 전자출판 등을 금합니다.

쓸수록 돈이 된다

양원근 지음

해뜰서가

| 프롤로그 |

당신도
별이 될 수 있다

원고의 마지막 페이지를 붙들고 끙끙대며 퇴고를 하고 있는데, 평소 가깝게 지내는 출판사 대표 한 분이 찾아왔다.

"또 책 쓰는 거야? 그렇게 돈 많이 벌어서 뭐 하려고?"

"번 것보다 쓰는 게 더 많은데요 뭘."

나는 웃으며 대답했다. 사실, 돈을 벌기 위해 책을 쓰게 된 건 아니었지만 분명 책을 출간한 이후로 돈뿐만 아니라 많은 것들이 내 삶에 왔다.

나는 이번 책까지 합쳐 모두 네 권의 책을 썼다. 망설임 끝에 조심스레 세상으로 한 발을 내디딘 것뿐이었는데, 이후로 정말 많은 것이 달라졌다. 아무도 알아봐 주지 않던, 지극히 평범한 내게 감동적인 독서 리뷰와 SNS를 통해 응원의 메시지를 보내주는 팬들이 생겼고, 심지어 나로 인해 용기를 얻었다며 교도소에서도 편지가 날아오기도 했다.

'저자님 책을 읽고 책을 써보고 싶다는 용기를 얻게 됐어요.'

'대표님 이야기 덕분에 성실히 노력하고 선하게 사는 삶의 가치를 깨닫게 됐어요.'

'철학에 아무런 관심이 없었는데 철학책을 읽기 시작했어요.'

나 같은 사람에게 팬심이라니… 책을 쓰기 전까지는 상상하기 어려웠던 일이다.

세상의 기준으로 본다면 나란 사람은 참 아무것도 아닌 존재였다. 가난한 집안에서 태어나 일본어 강사 등 다양한 일을 하면서 돈을 모았고 누구의 도움 없이 회사를 창업했으며 부도의 고비를 여러 차례 넘기면서 간신히 회사를 이끌고 나아갔다. 맨주먹이었던 내가 유일하게 가진 강점은 성실하고 꾸준한 노력이었다. 이 강점을 살려서 일했고, 책을 읽었으며, 철학을 공부했다. 뭔가에 빠지면 끈질기게 물고 늘어지는 습관 덕분에 뭘 하든 성과를 낼 수 있었다.

독서는 우연히 참여하게 된 독서 모임을 통해 시작하게 됐는데, 내 인생이 송두리째 바뀌는 경험을 했다. 난생처음 알게 된 미지의 세계에서 그동안 내가 너무 무지했음을 깨달았고 그때부터 미친 듯이 책을 읽고 깨달음을 기록했다. 회사를 운영하면서 하루에 적게는 3회, 많게는 8회까지, 평균 5~6회 미팅을 하면서도 독서를 소홀히 하지 않았고, 업무가 끝나고 난 뒤 저녁 시간에는 철학 수업을 들었다. 갑상선암 수술을 해서 늘 피로감에 시달리면서도 '모르면 배워야 한다'는 일념에서 뛰어든 공부였다.

처음엔 철학이 너무 어려워서 읽기조차 힘들었다. 하지만 포기하지 않고 3~5년간 미친 듯 읽고 또 읽으며 공부했다. 아직도 많이 부족하지만, 이제는 철학을 쉽게 풀어서 설명할 줄 알고 전공자들과 편안히 대화를 나눌 수 있을 정도가 되었다.

나는 그저 이렇게 늘 노력하는 사람이었다. 그럼에도 책을 쓰기까지 많은 고민이 있었음은 물론이다. '모든 걸 완벽하게 갖춘 후에 써야 하는 것 아닐까?', '혹시 사람들이 비웃으면 어쩌지?', '잘난 척한다고 욕하지는 않을까?', '사람들에게 거의 읽히지도 못한 채 묻혀버리면 어쩌지…' 등등의 염려는 내 안의 긍정성과 자꾸 부딪혔다. 책을 통해 사람을 살리고 꿈을 이뤄주면서 살아왔는데, 직접 이 경험을 해보지 않는다면 어떻게 그들의 심정을 이해할 수 있을까. 그런 마음에 용기를 냈다. 그리고 진심이 통했는지, 감사하게도 출간한 모든 책이 베스트셀러가 되며 화제를 모았고, 많은 이익과 행복을 가져다주었다.

그래서 이제 당당하게 사람들에게 이야기하려고 한다. "누구나 이러한 콘텐츠를 만들 수 있다!"라고. 내가 특별해서가 아니라, 살아온 경험과 노력을 담은 콘텐츠를 꾸준히 만들었기에 많은 이들이 알아보고 좋아해주었던 것이다. 콘텐츠가 가진 힘은 생각보다 막강하다. 평범했던 누군가가 매력적인 콘텐츠를 만들어 엄청난 성공을 이룩하는 사례를 우리는 얼마나 많이 보았는가. 콘텐츠로 성공하는 세상, 그 주인공이 따로 있는 게 아니다. 아무것도 아닌 나도 했는데, 누구나 할 수 있는데, 이 책을 읽고 있는 당신이 왜 할 수 없겠는가.

내가 책쓰기 수업을 오픈하면 순식간에 마감되는데, 그렇게 간절한 마음을 안고 나를 찾아오는 사람들조차도 "제가 어떻게 글을 쓰겠어요." "책은 저 같은 사람이 쓸 수 있는 게 아닌 것 같아요." 하며 주저하는 모습을 보인다. 그러나 꼭 기억하길 바란다. 우리가 대단하다고 생각하는 사람들도 모두 그런 시작의 순간들이 있었다는 것을. 그저 뚜벅뚜벅, 포기하지 않고 그 길을 걸어가다 보면 어느새 꿈의 종착역에 도달해 있을 거라는 걸 이야기해주고 싶다. 그때 우리가 만나게 될 세상은 그전과는 훨씬 다른 세상이라는 것도.

이 책의 본문에서 자세히 이야기하겠지만, 『나는 알바로 세상을 배웠다』, 『유튜브의 정석』을 쓴 작가이자, 유튜브 채널 '직업의 모든 것'을 운영하는 유튜버인 황해수 씨. 내가 그를 처음 만났을 때 그는 열심히 아르바이트하며 하루하루 성실하게 살아가던 풋풋한 청년이었다. 그러나 아르바이트를 통해 자기 삶을 돌아보고 세상의 변화를 보며 자기 성찰을 담아 첫 책을 썼는데 1주일 만에 폭발적인 반응을 얻으며 베스트셀러가 되었고, 지금 그의 유튜브 구독자 수는 100만이다. 이 세상에 아르바이트를 하며 살아가는 사람은 수없이 많지만 그것을 책이라는 콘텐츠로 남기는 사람은 없었다. 그런 용기와 도전이 그에게 완전히 다른 삶을 안겨준 것이다.

또 인스타그램에서 12만 명이 넘는 팔로워를 보유한 최현미 작가는 자신이 좋아하는 '손글씨'로 콘텐츠를 만들어 대박이 난 케이스이다. 그는 '미꽃체'라는 손글씨로 사람들의 시선을 끌었는데, 손글씨 쓰기 시장의 블루오션을 잘 공략해 베스트셀러 반열에 올랐다. 어느 누구도 전문가라고 불리지 않는 영역에 그가 깃발을 꽂은 셈이다.

자신이 좋아하는 것을 꾸준히 하는 것만으로도 콘텐츠를 완성할 수 있다는 것. 세상에는 그 사실을 아는 사람이 별로 없다. 대부분 거창한 기술을 가지고 있거나 대단한 업적을 이뤄야만 책을 쓸 수 있다고 생각한다. 그러나 이 책에 소개하는 수많은 성공적 사례들이 결코 그렇지 않다는 사실을 반증한다. 평소 영화를 즐겨보던 사람이 영화를 소개하는 유튜버로 월 수천만 원을 벌고, 하루도 빠짐없이 걷기를 실천한 사람이 자신의 일지로 책을 내어 대박이 나고, 평소 몸담아 오던 직업에서 발견한 자신만의 노하우로 책을 펴내 베스트셀러가 되고, 나락으로 떨어졌던 삶을 일으켜 세웠던 삶의 기록을 통해 사람들을 감동시키는 것. 이런 일들은 지금 이 순간에도 일어나는 일이며 결코 먼 남의 이야기가 아니다.

그래서 이 책에서는 스스로 한계를 만들고 앞으로 나아가지 못하는 사람들에게 "당신은 무엇이든 해낼 수 있는 가능성이 있다!"는 사실을 알려주는 동시에 어떻게 해야 그 가능성을 발견하고 콘텐츠로 만들어낼 수 있는지를 알려주고자 노력했다. 자신의 콘텐츠를 어떻게 발견해내고, 사람들이 열광하는 글쓰기를 어떻게 해야 하는지, 책쓰기에 성공하는 비법은 무엇인지 등등을 사례와 함께 쉽게 풀어쓰려고 노력했다. 웅크리고 있던 마음, 소심한 생각들을 떨쳐버리고 과감하게 도전해보길 바라는 간절한 마음으로 말이다. 지금 이 순간에도 강점 콘텐츠를 통해 꿈을 이루려고 고군분투하는 모든 이들에게 도움이 되길 진심으로 바란다.

이탈리아 경제사학자 카를로 마리아 치폴라는 『인간의 어리석음에 관한 법칙』에서 인간 유형을 네 가지로 구분했다. 자신은 손해 보고 타인에게 이익을 주는 순진한 사람, 자신을 포함한 모두에게 이익을 주는 현명한 사람, 자신은 이익을 얻고 타인에게 손해를 끼치는 영악한 사람, 자신을 포함한 모두에게 손해를 입히는 어리석은 사람 등 네 유형이다. 이 유형 중에서 가장 위험한 인물은 단연코 어리석은 사람이고, 두 번째로 위험한 사람은 영악한 사람이다. 가장 안타까운 사람은 순진한 사람이다. 남에게 도움을 줘도 스스로 손해를 보기에 행복하기가 어려워서이다. 순진한 사람은 영악한 사람과 어리석은 사람에게 이용당하기 쉽다. 우리는 모두 현명한 사람이 되기 위해 노력해야 하고, 영악한 사람과 어리석은 사람의 반대편에 서야 한다.

과거의 나는 순진하거나 어리석은 사람이었을지 모르고, 돈을 벌면서 영악한 사람이 될 수 있었지만 그걸 글쓰기와 독서, 철학 공부가 막아주었다고 생각한다. 지금은 현명한 사람이 되기 위해 매일 노력하는 중이다. 이 책을 쓴 것 역시 나와 누군가가 함께 이익을 얻길 바라는 마음에서 썼다.

당신은 어떤 사람이 되고 싶은가. 치열한 경쟁사회에서 살아남기 위해 남을 이용하거나 함께 손해를 입는 사람이 되고 싶은가. 아니면 자신만의 강점 콘텐츠를 가지고 꿈꾸던 삶을 살면서 다른 이들을 돕는 삶을 살고 싶은가. 선택은 스스로의 몫이지만, 감히 장담한다. 당신도 빛나는 별이 될 수 있다.

양원근

contents

프롤로그 ······ 04

Chapter 1 | 내 안의 '상품성'을 발견하는 다섯 가지 질문

나만의 콘텐츠, 그걸 왜 찾아야 하는데?
어떤 구슬을 고를 것인가 ··· 19
남다르지 않다면 위태로워진다 ··· 23
강점 콘텐츠로 새로운 인생을 사는 사람들 ······················· 27

첫 번째 질문_타인이 바라보는 '나'는 누구일까
나한테서 '무엇'이 궁금한가요 ··· 34
'어떻게' 만들었는지보다 '무엇을' 만들었는지가 중요하다 ······ 41

두 번째 질문_내가 가장 많은 시간을 들인 영역은 무엇인가
누가 봐도 전문가인 걸요 ··· 46
무릎을 탁 치게 하는 통찰력의 소유자 ······························ 51

세 번째 질문_가슴 뛰는 일을 해본 적 있는가
좋아서 열정을 바쳤을 뿐인데 ··· 57
무작정 용기 있게 덤벼보기를 ··· 63

네 번째 질문_함께 울어줄 사람을 찾을 수 있는가
깊은 아픔을 털어놓았을 때 일어나는 일들 ······························ 74
"야, 나도 마찬가지야!" 라는 말을 들을 때 ······························ 79
용기 있는 고백이 세상을 바꾼다 ··· 83

다섯 번째 질문_고민을 해결해줄 수 있는가
물어보기 전에 답을 주는 '상담소'가 있다면 ··························· 87
타인의 고민을 발굴하는 방법 ·· 94

Chapter 2 | 돈 되는 콘텐츠를 만드는 글쓰기 실전 테크닉

10분짜리 강연 원고부터 시작해야 하는 이유
큰 목표를 달성하기 위한 작은 시작 ···················· 101
군살을 발라내고 핵심 또렷하게 드러내는 PPT 글쓰기 ···················· 105

SNS에 무작정 올린다고 돈이 될까
어떤 콘텐츠가 돈이 될까 ···················· 110
감동을 주면 사람들이 저절로 따라온다 ···················· 115
돈이 되는 SNS로 키워가려면 ···················· 118

보는 순간 머릿속에 각인되는 언어의 특징
직관적 언어의 위력 ···················· 120
입버릇 같은 말에 마음이 들어 있다 ···················· 127

짧아질수록 강렬하고, 길어질수록 희미해진다
열심히 썼는데 왜 읽어주지 않을까 ···················· 130
상대방이 눈을 부릅뜰 수 있도록 ···················· 137

세상에서 두 번째로 쉬운 글의 뼈대 짜는 법
기승전결, 글의 목적성을 명확하게 빛내준다 ···················· 140
쓰기 쉽고, 읽기 쉬운 글 구성법 ···················· 146

함께 웃고 함께 우는 스토리텔링의 힘
콘텐츠의 매력을 부각시키는 가장 쉬운 방법 ···················· 150
오늘 하루 어떤 일이 있었나요 ···················· 155

Chapter 3 | 콘텐츠의 가치를 극대화하는 책쓰기 노하우

주제 정의_한 줄이면 충분하다
충분히 무르익어야 표현된다 ·· 163
한 줄로 주제 정리, 꾸준한 연습이 필요하다 ···················· 167

목차 설계_골치 아픈 목차, 그나마 쉽게 짜는 고수의 기술
지식 콘텐츠는 논리적으로, 감성 콘텐츠는 감성적으로 ······· 170
'잔소리'를 들을수록 내용은 좋아진다 ······························ 177
목차 완성 후 수정 단계에서 주의할 점 ···························· 179

제목 짓기_작가가 아닌 장사꾼의 마음으로
책에 대한 첫인상, 제목이 좌우한다 ································ 181
대박 제목을 짓는 여섯 가지 법칙 ···································· 184
콘텐츠와 작가의 강점, 반드시 카피에서 드러내길 ············· 196

원고 쓰기_제대로 쓰려 말고, 무조건 써라!
초고는 엉망진창으로, 퇴고 때 꼼꼼하게 ·························· 200
규칙적인 일정 관리, 자료 조사는 필수! ··························· 202

퇴고_쓰레기 같은 초고를 정갈하게 만들어주는 힘
지겨워도 다시 한번, 또 한번 ··· 206
완성도 높은 글을 만들기 위한 퇴고 요령 ························· 208

출판계약①_큰 출판사 vs. 궁합 맞는 출판사
천생연분을 찾을 땐, '조건'보다 '마음' ·· 211
이해하고 맞춰가는 노력이 필요하다 ·· 216

출판계약②_출판계약서 작성 시 눈에 불을 켜고 봐야 할 조항들
꼼꼼하게 살펴봐야 권리를 지킬 수 있다 ·· 220
이것만은 꼭 살펴보자, 핵심 조항 네 가지! ·· 223

잘나가는 작가들의 콘텐츠 마케팅 노하우
어지간한 유료 마케팅을 이기는 '발품 파워' ······································ 227
작가들이 많이 활용하는 콘텐츠 마케팅 다섯 가지 방법 ················· 230

끝끝내 책쓰기를 방해하는 나쁜 습관들
남들이 나를 어떻게 볼까 두려운 마음에 ·· 238
책쓰기를 방해하는 네 가지 습관 ·· 241

Chapter 4 지금도 '쓰기'를 망설이는 그대에게

'쓰고 싶다'가 아닌 '써야 한다'가 돼야 하는 이유
쓰다 보면 많은 것이 달라진다 ······ 249
인공지능도 따라오지 못할 나만의 고유한 영역 ······ 253

항상, 쉬지 말고, 범사에, 기록하길!
세상에서 가장 슬픈 말 ······ 257
과거를 기억하고 미래를 계획하다 ······ 262

쓰고는 싶은데, 독서는 싫어한다고요?
읽기 싫다면 쓰기도 어렵다 ······ 267
자신만의 콘텐츠를 가진 사람은 책을 읽는다 ······ 270

철학자들의 글쓰기
논리적 글쓰기가 돋보이는 철학자, 플라톤과 소쉬르 ······ 275
간결한 문장 표현이 매력적인 철학자, 아우렐리우스와 비트켄슈타인 ······ 280

글쓰기를 풍요롭게 해주는 창작자들의 습관, 필사
쓰다 보니 쑥쑥 자라난 문장력 ······ 285
좋은 텍스트를 골라 꾸준히 따라 써라 ······ 288

에필로그 ······ 291
참고문헌 ······ 294

CHAPTER 1

내 안의
'**상품성**'을
발견하는
다섯 가지 질문

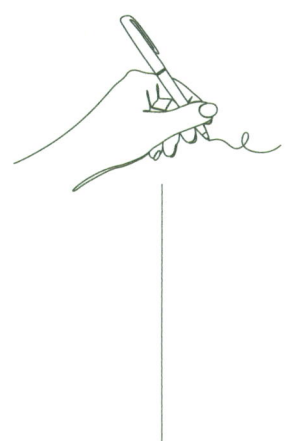

나만의 콘텐츠,
그걸 왜 찾아야 하는데?

어떤 구슬을 고를 것인가

"최고가 되려고 하지 말고, 유일한 것이 되려고 노력하라."

프리드리히 니체가 한 말이다. 세상 모든 사람이 최고가 되려 노력할 때 자신이 가장 잘하는 것, 자기만의 강점을 발견하고 갈고닦아 차별성을 지닌 존재가 되라는 뜻이다. 우리는 제각각 다른 모습으로 태어난다. 저마다 가진 매력과 강점도 다르지 않던가.

하지만 많은 사람이 자신의 강점을 발견하기도 전에 세상의 경쟁에 치여 자신감을 잃고, 단점을 보완하기에만 급급해한다. 우리는 완벽해지기 위해 성공하는 것이 아니다. 돈을 벌고, 원하는 것을 얻는 것 모두 '행복해지기 위해' 하는 것이다. 자신만의 무기로 승리를 쟁취하고 인정

받으며 꿈을 이룰 때 비로소 우리는 행복할 수 있다. 따라서 자신의 단점, 잘하지 못하는 부분에 초점을 맞추기보다 남들과 다른 것, 자신만의 매력을 찾아 성장시키기 위해 노력해야 한다. 그것이 곧 최고가 되는 길이기도 하다. "Think different!"를 외쳤던 스티브 잡스가 그랬고, 혁신의 아이콘인 일론 머스크가 그랬듯이 말이다.

청년 시절 나는 사회에 처음 나와 '무슨 일을 하면 좋을까?'를 고민하다 내가 가진 가장 큰 장점이 무엇일까에 대해 생각해보았다.

'일본어를 원어민만큼 잘하고, 사람을 좋아하고, 다른 사람이 성장하고 잘되게 해주는 것에 진심인데… 그렇다면 사람들에게 일본어를 한번 가르쳐볼까?'

사실 일본어를 가르쳐봤다거나 누군가를 가르쳐본 경험이 있던 건 아니었지만 초보자도 기죽지 않고 마음 편하게 배울 수 있는 강사, 남들보다 조금 더 쉽고 재미있게 가르쳐주는 강사가 있다면 얼마나 좋을까 싶었다. 그래서 무작정 일본어 강사 일을 시작했고 몇 년 후에는 직접 교재까지 만들어서 1년에 수천 명을 가르치는, 요즘 말로 '초일타' 강사가 되었다. 내가 가진 강점을 무기로 쭉쭉 달리는 데다 열정이 더해지니 엄청난 효과가 나타났던 것이다. 당시 내 수업은 클래스가 열리자마자 마감되었고, 피드백이 너무 좋았다. 인기가 많으니 돈은 저절로 따라왔다. 나중에 새로운 사업으로 전환할 때 아쉬워하는 사람들에게 미안한 마음마저 들었다. 그래서 출판 관련된 사업을 하면서도 일본어를 배우고 싶어 하는 출판 관계자들에게 무료로 몇 년 동안 강의를 해주기도 했다.

출판 관련 사업을 하게 되면서 내가 가장 많이 들은 질문이 무엇이었을까? 바로 "무슨 책을 내야 베스트셀러가 될까요?"였다. 이런 질문은 우리 회사로부터 외서 및 국내 기획 도서를 소개받는 출판사뿐 아니라 작가의 꿈을 가진 수많은 사람들에게서 받는 질문이었다. 그렇다면 이 책을 읽는 여러분에게 물어보고 싶다. 과연 어떤 책을 써야 그 책이 베스트셀러가 되고, 여러분은 돈을 벌 수 있을까?

정답은 간단하다. 바로 '나만의 강점, 매력을 살린 책'이다. 이는 비단 책에만 해당하는 이야기가 아니다. 지금은 콘텐츠의 시대가 아닌가. 성공하는 콘텐츠, 엄청난 인기와 돈을 가져다준 콘텐츠들의 특징을 보면 그 주인공들의 강점과 매력을 잘 담아냈다는 걸 알 수 있다. 오지 여행을 좋아한 여행가가 그 경험을 살려 독특한 여행지를 소개하는 유튜브를 만들고, 영화나 드라마에 관심이 많고 관찰력이 뛰어난 사람이 영상 콘텐츠를 소개하는 SNS 혹은 유튜브를 만들며, 오랫동안 의류 매장에서 고객을 상대해온 사람이 감각적인 스타일링을 알려주는 책이나 유튜브를 만드는 것 말이다. 이렇게 자신이 다른 사람보다 잘하는 것, 강점과 매력을 어필하는 콘텐츠는 그것이 책이든 SNS 채널이든 인기를 얻고 성공을 하게 된다.

자, 이 그림을 한번 보자.

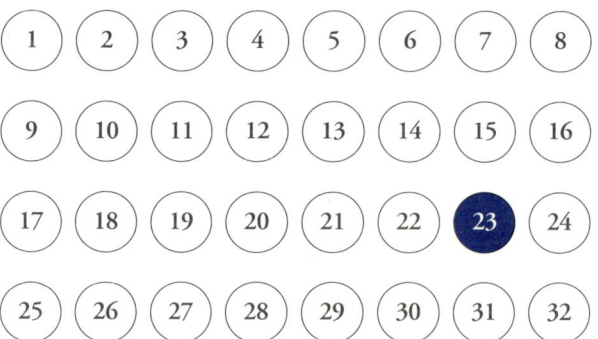

우리 눈앞에 서른두 개의 구슬이 있다. 어떤 구슬이 가장 여러분의 눈에 띄는가? 아마 예외 없이 23번 구슬을 고를 것이다. 23번 홀로 다른 색을 띠고 있기 때문이다. 온통 같은 색깔의 구슬 속에서 홀로 다른 색을 가지고 있다면, 사람들의 시선을 잡아끌 수밖에 없다. 그것에 호기심을 갖게 되고, 한 번쯤 들여다보고 싶은 충동을 느끼기도 할 것이다. 그것이 바로 강점 콘텐츠의 힘이다.

나 역시 강점 콘텐츠를 계속 만들어가는 중이다. 작은 회사를 운영하는 평범한 대표일 뿐이지만, '나만의 강점이 무엇일까?' 고민하고 다른 사람의 조언에도 귀를 기울이고 노력한 끝에 이 책을 포함해 네 권의 책을 썼다. 책을 쓰기 전에는 내가 속한 업계에서 소소하게 알려진 사람일 뿐이었는데, 책을 쓰고 나니 감사하게도 생각보다 많은 대중으로부터 관심을 받는 사람이 되었다. 그전에 알지 못했던 사람들이 나를 전문가라고 불러주며 찾아와 내 의견을 구하고, 어떤 이들은 비즈니스와 관련한 제안을 해주기도 한다. 그들 덕분에 나의 가능성을 더 알게 되었음은 물론, 일에서도 훨씬 풍요로워지고 확장될 수 있었다. 내 강점을 콘텐츠화하기 전까지는 전혀 상상할 수 없었던 일이다.

자신만의 강점 콘텐츠가 있는 사람은, 어디에 있든 비교우위를 점할 수 있다. 23번 구슬이 한쪽 구석에 있었는데도 단박에 우리의 눈에 띄는 것처럼 말이다.

남다르지 않다면
위태로워진다

오랜만에 정남 씨가 사무실로 왔다. 꽤 큰 기업체를 경영하고 있는 그는 가끔 내게 자신의 근황을 알려 주었고, 크고 작은 고민이 있을 때 나를 찾아오곤 했다.

"오랜만이에요. 그간 잘 지냈어요?"

그는 반갑게 인사를 하는 내게 양손 가득 사 온 간식거리를 내려놓고는 "덕분에 잘 지냈습니다."라고 화답했다. 얼굴은 환하게 웃고 있었지만 눈빛 어딘가에 걱정이 서려 있는 듯해서, 정남 씨 맞은편에 앉으며 물었다.

"무슨 일 있어요?"

"무슨 일은요. 그냥… 최근에 인사 개편을 했거든요. 그런데 잘한 건가 싶어서."

"정남 씨가 신중하게 고민하고 판단한 거면 잘한 거겠죠. 워낙 경영 능력이 뛰어나잖아요."

실제로 정남 씨는 매사 이성적이고 합리적이어서 회사 경영도 아주 노련하게 잘하는 편이었다. 매출도 매년 조금씩 상승하고 어려움이 와도 잘 돌파해왔다. 평소 나는 그에게 배울 점이 참 많다고 생각했다. 물론, 사람을 다루는 일은 참 쉽지 않다. 규모가 크지는 않지만 나 역시 회사를 운영하면서 가장 힘들다고 느낀 게 바로 '사람'과 관련한 일이었으니까.

"보통은 연차에 따라 승진을 하게 되잖아요. 그런데 이번엔 좀 파격적인 인사 개편이 있었어요. 승진 대상이었던 수민 씨가 아니라 그보다 2년 후배인 현주 씨를 과장으로 발탁했거든요. 그것 때문에 회사가 한동안 술렁였어요."

"나이 어린 후배를 상급자로 정했다니, 경력을 뛰어넘을 만한 강점이 있었나 보죠. 안 그래요?"

"맞아요, 대표님!"

그는 내 말에 기다렸다는 듯 이번 인사 개편에 대한 이야기를 들려주었다.

현주 씨는 3년 차 대리다. 아직 한창 일을 배워야 할 시기인데도 불구하고 고객사를 상대해 원하는 협상 결과를 이끌어내는 데 탁월한 능력을 지니고 있다. 첫 미팅부터 최종 계약에 이르기까지 항상 단계별로 필요한 사항을 꼼꼼하게 준비하고 돌발변수를 예측해 미리 대비한다. 무엇보다 이 모든 것을 꼼꼼하게 기록해 팀원들에게 공유하고 업무에 도움이 될 수 있도록 해준다고 한다. 정남 씨는 이런 현주 씨의 강점을 살려 사내 강사로 세우고, 향후 직원들의 직무 교육에 활용할 생각이라고 했다.

"현주 씨가 자신의 경험을 개인 SNS에 연재했는데, 다른 기업들로부터 강의 요청이 들어왔다고 해요. 다른 이들도 현주 씨가 그런 부분에서 뛰어나다는 걸 알아본 거죠. 아마 그걸로 부수입도 생길 거고요. 저는 그런 현주 씨의 강점을 최대한 활용하려고 해요. 본 업무에 사내 교육까지, 연봉도 크게 올려주기로 했습니다."

이에 반해 수민 씨의 경우 맡은 일을 잘 처리하긴 했지만, 특별한 면을 발견하기는 어려워 고민이 많았다고 한다. 이번 인사 개편으로 인해 수민 씨는 씁쓸한 마음을 숨기기 힘들었을 테고 다소 파격적인 대표자의 결정에 내부가 술렁였을 수도 있다. 하지만 대부분은 좋은 자극이 되었을 것이다. 단순히 연차, 경력만으로 승진하는 것이 아니라 자기만의 강점을 찾아 적극적으로 키운다면 조건과 상관없이 빠르게 승진할 수 있다는 것이 기회로 여겨졌을 수도 있다. 회사는 나이, 경력을 떠나 항상 출중한 사람을 원하고, 자기의 강점을 잘 알고 키워가는 사람을 눈여겨볼 수밖에 없다. 실제로 해외의 큰 회사에서는 인사팀 내부에 각 직원의 재능을 제대로 파악할 수 있는 서포터를 두기도 한다. 그들의 강점을 심도 있게 파악해 회사 입장에서 가장 큰 성과를 낼 수 있다고 판단하는 부서, 자리에 갈 수 있도록 도와주는 것이다. 그러면 개인도 성장하고 회사도 성장하는 윈윈의 효과를 낼 수 있다.

"파격적이지만 아주 멋진 인사 개편을 했네요. 다른 직원들도 도전하고픈 마음이 생겼을 거예요."

"대표님이 그렇게 얘기해주시니 안심이 됩니다. 앞으로도 자신의 능력을 더 잘 발휘하고 강점을 활용할 줄 아는 사람을 회사의 핵심 인재로 키워나갈 생각입니다. 결국, 그런 사람들이 회사를 살리고 성과를 내니까요."

정남 씨의 말처럼 자신의 강점을 알고 발전시켜 나가는 사람은 개인의 삶에서도 성과를 내고 자신이 몸담은 곳에도 이익을 안겨다 준다. 반대로 늘 주어진 상황에 머물며 '앞으로 나아가는 삶'이 아닌 '뒤처지지 않는 삶'을 살아가다 보면 어느새 경쟁력을 잃고 위태로워진 자신을 발견하게 된다. 세상에는 이런 경우가 생각보다 너무나 많다. 주어진 하루를 성실하게 살아내긴 하지만, 일상에 쫓기다 보니 자신의 강점을 갈고닦기는커녕 파악하기조차 힘들다. 그러다 보면 나와 비슷한 경쟁자들이 점점 늘어나고… 더는 내가 돋보일 수가 없다. 그러다 조금씩 조금씩 밀려나고 묻히게 될지도 모른다.

반면에 현주 씨처럼 자신의 강점 콘텐츠를 키워낸다면 불특정다수의 타인들 속에서 단연코 돋보일 수 있다. 사람들이 나의 특별함에 주목해서 박수를 보내줄 것이고, 그로 인해 나는 좀 더 좋은 기회를 얻게 될 것이다. 남다르지 못하면 위태로워질 수 있지만, 남다른 특별함이 있다면 나에 대한 타인의 호감은 극대화될 것이다. 이것이 나만의 강점 콘텐츠를 찾아내고 키워야 하는 이유이다.

강점 콘텐츠가 필요한 건 개인뿐 아니라 기업과 자영업자도 마찬가지이다. 한 분야에서 같은 상품을 만드는 기업은 수없이 많다. 예컨대 연필을 만드는 기업이 100개가 있다면 내가 만드는 연필이 나머지 99개 기업의 연필과 남다른 차이점 하나가 있어야 한다. 김치찌개를 만드는 식당이 만 개가 있다면 내가 만드는 김치찌개는 나머지 9,999개의 식당 김치찌개와 남다른 차이점이 적어도 하나는 있어야 한다. 그것을 콘텐츠화하고 널리 홍보해야 대중으로부터 선택받을 수 있다.

강점 콘텐츠가 있다면 경쟁에서 이길 수 있고 군계일학(群鷄一鶴), 즉 평범한 다수 속 돋보이는 존재가 될 수 있다.

강점 콘텐츠로
새로운 인생을 사는 사람들

책을 출간한 후 드라마틱한 삶의 변화를 겪은 사람은 생각보다 많다. 『아프니까 청춘이다』를 쓴 김난도 교수의 경우, 책을 출간하기 전 대학교에서 학생들을 가르치던 교수였지만 책이 베스트셀러가 된 후 이름을 모르는 사람이 없을 정도로 유명인이 되었다. '청춘들의 멘토'이자 베스트셀러 작가, 명강사로 이름을 올리며 자동차 CF 제안을 받기도 했다. 이제는 자신의 전공 분야를 살려 펴낸 책, 매년 말이면 반드시 베스트셀러 1위로 등극하는 『트렌드 코리아』 시리즈의 작가이기도 하다. 말 그대로 새로운 인생을 살게 된 셈이다.

나 역시 책을 내기 전과 후의 삶이 매우 다르다. 외국 서적을 국내에 소개하고 번역하는 일을 하던 우리 회사에서 국내 작가들을 발굴하는 기획을 시작하면서 또 하나의 강점을 발견했던 것 같다. 바로 '평범한 콘텐츠를 특별하게 만드는 것'이다. 그 책만이 가진 차별성을 발견하고 그것을 부각시키는 제목과 카피, 목차를 뽑아내는 게 참 재밌었다. 작은 출판사들은 책 한 권을 출간하는 것에도 큰 부담을 가지기 때문에 한 권 한 권 신중을 기하게 된다. 나는 그들과 머리를 맞대고 고민하면서 어떻게든 차별화된, 시장에서 빛이 나는 책을 만들기 위해 노력했고 그게 적중할 때가 많았다. 뒤에서 구체적으로 이야기하겠지만 그 과정에서 수많은 성공 사례들이 탄생하기도 했다.

이러한 나의 강점을 살려 '책'이라는 그릇에 담았고, 첫 책부터 좋은 성과를 낸 후 두 번째, 세 번째 책까지 베스트셀러가 되면서 나의 인생은 크게 변화하게 되었다. 수많은 강의와 텔레비전 출연, 라디오 고정 출연, 책 쓰기 관련 자문까지… 아마 좋은 책을 발굴하고 만드는 일에 집중하고 수많은 책의 제목, 카피를 쓰고 지우면서 내 소질을 갈고닦지 않았다면 일어나지 않았을 일이다. 지금도 내 노트에는 수많은 출판사로부터 "대표님, 이 제목 어때요? 좀 봐주세요!" 하고 부탁받은 것들을 고민하느라 적어둔 제목들이 빼곡하게 들어차 있다.

직장생활을 하거나 프리랜서로 일을 하는 사람도 바쁜데, 장사나 사업을 하는 사람은 오죽 바쁠까. 그런데도 나의 강점을 끝없이 갈고닦아야 하는 이유는 분명하다. 그렇게 한 사람은 이전과는 전혀 다른 새로운 삶을 살게 되기 때문이다.

"저만큼 평범한 사람도 없을걸요? 그런 제가 어떻게 유명 작가가 되고, 인생을 바꿀 수 있을까요?"

나를 찾아오는 사람 중 처음부터 글을 아주 잘 쓰거나 경험이 있는 채로 오는 경우는 별로 없다. 그래서 자신감 없는 모습을 보이는데, 그럴 때마다 이렇게 이야기해준다.

"처음부터 유명한 사람이 있나요? 내가 잘하는 걸 살려서 그걸로 사람들에게 다가가야죠. 내가 나를 어필하지도 않았는데, 어떻게 사람들이 알아주나요."

정말 당연한 이야기이지 않은가. 사람들에게 나를 보여주기 전에는 사람들은 나를 잘 알지 못한다. 그리고 누구나 아는 이야기, 나만의 색깔이 돋보이지 않는 이야기로는 절대 어필될 수 없다. 그래서 '나만의 강점 찾기'는 모든 콘텐츠의 핵심이 되는 것이다.

한 예로, 빠니보틀(본명 박재한)에 대해 이야기해보자. 그는 현재 우리나라에서 가장 인기 있는 여행 유튜버이다. 그가 2015년 3월에 만든 '빠니보틀'은, 무려 237만 명의 구독자수를 자랑하는 대표 여행 유튜브 채널로 성장했다. 빠니보틀은 이제 방송에도 진출해 어엿한 방송인으로 활약하고 있다. 많은 사람이 "와! 구독자 수가 이렇게 많으면 대체 얼마를 벌지?" "좋아하는 것 실컷 하면서 돈도 벌고, 정말 좋겠다." 하며 그를 부러워한다. 하지만 그런 그도 유튜버가 되기 전엔 평범한 직장인이었다는 걸 아는가. 그렇다면 빠니보틀은 어떻게 이런 유명인이 된 걸까?

사실 그가 유튜브를 시작하기 훨씬 이전부터, 다른 나라를 소개하는 여행 영상은 TV와 인터넷에서 제법 많이 찾아볼 수 있었다. 쏟아지는 콘텐츠 속에서 빠니보틀의 영상만이 유독 두드러진 이유는 무엇이었을까? 아마 한 번이라도 본 사람은 알겠지만, 그의 콘텐츠에는 자기만의 독특한 개성이 있다. 쉽게 말해, 지금까지의 여행 영상이 유명한 관광지, 아름답거나 이국적인 풍경, 사람들이 사는 모습 등을 보여주었다면 빠니보틀은 완전히 다르다. 그는 관광객들이 별로 선호하지 않는 나라를 여행하면서 현지 사람들의 생활을 있는 그대로 생생하게 보여준다. 유적지나 박물관보다는 오지와 외딴 장소, 폐건물 등을 방문해 전에는 본 적 없는 새로운 곳을 소개한다.

그냥 방문만 하는 게 아니다. 한 번 간 곳에는 일정 기간 머물면서 다양한 도전을 시도한다. 우리는 그가 겪는 일들을 보며 해당 지역에 대해 좀 더 깊게 이해할 수 있게 된다. 그의 영상을 보면 마치 내가 그 나라에 가서 골목골목을 누비고 있는 듯한 착각에 빠져든다. 또 평소 자유로운 여행을 마음으로만 하고 싶었을 뿐 결코 도전해보지 못한 이들에게는 충분한 대리만족감을 안겨준다. '나도 저렇게 해보고 싶다'는 마음은 물론 그냥 그가 여행하는 모습을 보고 있는 것만으로도 재미가 있다. 그는 '힘들고 어렵고 붕신 같이 여행하는' 여행 유튜버라고 자신을 소개한다. 이 세상에 누가 힘들고 어렵게 여행하길 바랄까. 하지만 그의 독특한 여행 방식이 구독자들에게는 그만의 강점, 개성으로 다가온 것이다.

그가 만약 평범한 여행을 다니며 기존의 여행 영상들과 유사한 영상을 촬영했다면 오늘날의 인기를 얻을 수 있었을까? 그는 유명 관광지보다는 생소한 장소, 문화를 체험하는 데 관심이 더 많은 자신의 취향을 강점 콘텐츠로 만들어냈기에 현재 우리나라에서 가장 손꼽히는 여행 유튜버로 자리매김하게 되었다.

한 가지 예를 더 이야기해보자. 임수열 대표는 구독자수 96.8만 명을 자랑하는 유튜브 채널 '815머니톡'의 운영자로 『결국 해내는 사람의 6가지 원칙』 등 총 네 권의 책을 집필한 작가이기도 하다. 이 세상에는 돈을 많이 버는 법, 성공하는 법에 대한 수많은 콘텐츠가 나와 있다. 그런데 사람들이 유독 그의 이야기를 찾고 좋아하는 이유는 뭘까?

사업가 출신의 임수열 대표는 사람들이 관심을 많이 갖는 경제 이야기, 고수들의 투자 노하우를 알려주는 유튜브 채널을 만들어 성공을 거뒀다.

현재의 그만 보면 '성공한 사람이니까 인기 많은 거 아니야?'라고만 생각할 수 있지만, 사실 비하인드 스토리를 보면 그가 왜 주목받는지를 잘 이해할 수 있다. 그는 20년간 네 번의 사업을 하면서 숱한 어려움을 겪었다. 첫 사업 실패로 하루아침에 노숙자 신세가 되었고, 두 번째 사업 역시 부도 위기에 처했다. 세 번째 사업은 성공을 거뒀지만 강도단에게 납치당해 외상 후 스트레스 장애와 우울증을 앓았다. 우리가 인생에 한 번 겪을까 말까 한 일을 그는 여러 번이나 경험했고 그러면서 인생의 목적이 완전히 달라졌다. 그저 '잘 살고 부자가 되는 것'에만 초점 맞춘 삶을 살아왔다면, 이제는 이렇게 힘들고 고단했던 경험을 살려 '남을 돕는 사람'이 되기로 한 것이다. 그렇게 그는 여러 중소기업을 돕는 프로젝트를 진행했고, 많은 사람이 경제적 자유를 얻기를 바라는 마음으로 투자 노하우와 경제 정보를 나누는 '815머니톡'을 시작했다. 책 역시 자신의 생생한 인생 경험을 고스란히 담아내어 사람들에게 인기를 끌었다. 실패의 경험을 강점 삼아 진솔하게 이야기함으로써 사람들의 관심을 사고, 실제로 그들에게 도움을 줄 수 있게 된 것이다.

나는 직업 특성상 사람을 많이 만날 수밖에 없다. 때로는 한주에만 해도 수십 명씩 만날 때가 있다. 그때마다 참 신기한 것을 느낀다. 비슷한 직업, 비슷한 연령대의 사람을 만난다 하더라도 '어떻게 이렇게 개성이 다르고 장단점이 다를 수 있을까? 사람이란 참 신비로운 존재다'라는 생각이 드는 것이다. "난 특별히 잘하는 게 아무것도 없어요." "가진 것도 없는 나 같은 사람이 뭘 내세울 게 있다고 콘텐츠를 만드나요." "난 지극히 평범할 뿐인데…."라고 말하는 사람조차도 이야기를 나눠보면 반짝거리며 빛이 나는 부분을 발견할 수 있다.

피부가 고운 사람은 좀 통통해도 환한 인상을 주어 좋고, 목과 다리가 긴 사람은 얼굴이 뛰어나게 예쁘지 않아도 시원한 느낌을 주어 멋지다. 좀 퉁명스러운 듯 보이지만 마음이 깊고 따뜻한 사람이 있고, 말재주는 없지만 손재주가 뛰어난 사람도 있다. 특별히 엘리트 코스를 밟지 않았지만 살아온 인생 순간순간 겪은 실패와 다양한 경험이 무기가 되는 사람이 있고, 지금 현재 엄청난 부자는 아니지만 꾸준히 쌓아온 특별한 지식과 정보가 강점이 되는 사람도 있다. 언변가는 아니지만 경청해주는 모습이 좋아서 늘 만나고 싶은 사람이 있고, 무엇이든 쉽게 설명해주는 사람은 어려운 숙제가 생겼을 때 항상 떠오른다.

이렇게 다양한 강점을 지닌 한 사람 한 사람이 모두 '부자가 되는' 콘텐츠의 주인이 될 수 있다. 몸매가 예쁜데 오직 주근깨를 가리는 데 급급하고, 글재주가 좋은데 말재주가 부족하니 그것을 키우는 데 급급하고, 성공이 중요하니 귀중한 실패의 경험을 지우는 데 급급하다면… 우리는 강점을 드러내 '최고'가 되기보다는, 바닥에 있는 걸 끌어올려 '평균'이 되길 추구함으로써 그냥 평범하게 살아갈 수밖에 없다. 반드시 기억해야 할 것은 완벽함이 곧 최고가 아니라는 사실이다. 내가 잘하는 것, 남들에 비해 특이한 것, 남들보다 많은 시간을 들여 노력한 것이 곧 최고가 되는 열쇠다.

나만의 콘텐츠를 만들어서 부자가 되고 싶고, 유명해지고 싶고, 꿈을 이루고 싶다면… 가장 먼저 타인과 구별되는 나만의 색깔을 찾아라. 그리고 한 가지 팁을 드리자면, 그것은 반드시 기록으로 남겨야 한다. 머릿속에만 있는 건 절대 콘텐츠가 아닐 테니까. 꿈은 기록하고 행동으로 옮길 때 반드시 이루어진다.

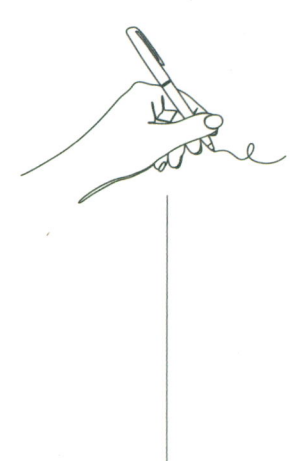

첫 번째 질문
_타인이 바라보는 '나'는 누구일까

나한테서 '무엇'이 궁금한가요

    살면서 가슴 설레는 순간이 종종 있는데, 그중 하나가 바로 함께 힘을 모아서 추진한 일이 성공으로 돌아갈 때다. 사실 나의 이익과 직접적인 연관이 없지만, 누군가 잘되게 도왔다는 사실 자체만으로도 가슴이 뛸 때가 많다. '내가 너무 오지라퍼인가?' 하는 생각이 들다가도 나 역시 힘든 순간에 누군가의 뜻하지 않은 도움을 받게 될 때면 '아… 이게 세상 살아가는 이치이구나' 싶은 생각이 들곤 한다.

    한번은 사무실에 앉아 강의 준비를 하고 있는데, 전화 한 통이 걸려왔다. 얼마 전 책을 낸 이원일 작가였다. 전화를 받아드니 "대표님!" 하고 부르는 목소리에 벌써 흥분이 묻어 있었다. 좋은 일이 생겼다는 걸

직감할 수 있었다.

"제 책이 베스트셀러가 됐대요! 도저히 믿어지지가 않습니다."

"아, 그래요? 정말 축하드려요! 작가님이 해내실 줄 알았습니다!"

"모두 대표님 덕분입니다."

"무슨 소리세요. 작가님이 그동안 쌓아 올린 경험과 노력 덕분이죠!"

우리는 그렇게 반갑게 인사를 나눴다. 이원일 작가가 놀랄 만했던 것이, 그의 첫 책 『아들이 알바해서 번 돈 1000만 원으로 서울에 집 샀다』가 출간 1개월 만에 3쇄를 찍을 정도로 세간의 관심이 폭발한 것이다. 이 작가의 인스타그램 팔로워수는 무려 10배 이상 증가했다. 이런저런 소식을 전해 듣고 전화를 끊고 나니 가슴이 벅차올랐다. 불과 몇 달 전만 해도 이 책에 대해 정말 많이 고민했다. 내 역할은 작가조차 미처 알지 못했던 강점을 발견해주고 그것을 소비자들이 좋아하는 콘텐츠로 만드는 것인데, 그 역할을 잘 해낸 것 같아 기뻤다.

이원일 작가와의 인연의 시작은 인스타그램이다. 내가 인스타그램에 건강 정보를 올렸는데 그걸 본 이 작가가 DM을 보내줘서 친분을 갖게 되었던 건데, 어느 날 그가 원고를 들고 찾아왔다.

"대표님, 이거… 팔릴까요?"

나는 그가 건넨 원고를 꼼꼼하게 살펴보았다. 목차는 총 3개의 챕터로 구성되어 있었다. 1~2챕터에는 그가 살아온 인생 이야기, 3챕터에는 경제와 관련한 전반적인 정보가 담겨 있었다.

내가 봤을 때 가장 매력적인 콘텐츠는 아들이 아르바이트해서 번 돈을 종잣돈으로 서울에서 경매로 집을 산 스토리였다. 그동안 천만 원으로 부동산 투자에 뛰어들었다는 얘기는 많이 소개됐지만, '아들', '아르바이트로 번 돈', '서울 집', '경매', 이 네 가지 키워드가 조합된 콘텐츠는 내가 아는 한 부동산 책 시장에 없었다. 시장에서 이 콘텐츠를 신선하게 인식할 거라는 확신이 들었다. 이렇게 매력적인 내용을 가장 뒤쪽에 부록처럼 배치한 것을 이해할 수 없었다.

"선생님! 제가 보니 마지막 내용이 정말 재밌어요. 이게 메인이 되어야 팔리는 콘텐츠가 될 것 같아요."

하지만 이원일 작가는 내 제안이 썩 내키지 않았는지 고개를 갸우뚱하며 이야기했다.

"지금은 경매 강의도 하지 않고 쓴다 해도 나중에 쓰려고 했거든요. 지금은 그냥 제 얘기들을 하고 싶은데… 별로일까요."

"선생님이 살아온 얘기를 쭉 보니 가장 궁금해지는 게 바로 경매 얘긴데 굳이 그걸 미룰 필요가 있나요. 첫 책이 잘되어야 나중도 있어요. 선생님이 가진 가장 큰 장점과 매력을 첫 책에 쏟아보면 좋겠어요."

계속 설득하자 그는 마음을 바꾸었다. 그에게 어떻게 목차를 바꿔야 하는지 코칭해주었다. 특히 목차 시작 지점에 경매로 인해 아들의 삶이 어떻게 바뀌었는지를 드러낼 수 있는 이야기 '군대 간 아들은 매월 40만 원씩 월세를 받는다'를 배치하라고 조언했다. 이 작가의 사연에서 사람들이 가장 궁금해할 내용을 책의 시작으로 삼은 것이다. 콘텐츠를 만들 때 가장 정성을 들여야 하는 곳이 시작 지점이다. 시작부터 소비자의 눈길을 사로잡아야 책에 대한 관심을 불러일으킬 수 있다.

그는 내가 코칭한 대로 원고를 수정했다. 주변 출판사 몇 곳에 원고를 보내 소개하자, 이내 계약하고 싶다는 출판사가 나타났다. 출판사는 원고를 잘 다듬어 완성도를 한층 높여주었다.

"책이 나오기 전에 인스타그램에 글을 올리세요. 요즘엔 작가가 직접 발 벗고 책 홍보 활동을 해야 합니다. 책에 수록된 부동산 이야기를 조금씩 편집해서 올려보세요."

그동안 이 작가의 인스타그램에는 자신이 살아온 이야기만 있었고 부동산에 대한 얘기는 거의 없었다. 내 조언에 따라 그는 인스타그램을 시작했다. 평소 팔로워는 7천여 명, 좋아요는 200~250개 정도였다. 그러나 부동산 이야기를 연재 방식으로 올리기 시작하자, 팔로워는 3~4개월 만에 9만 명을 넘어섰고, 좋아요는 1~2천 개에 육박하게 되었다. 팔로워가 늘어나자 책 출간 후 대중의 관심을 키우기가 더 수월했다. 별로 큰 관심을 두지 않았던 부동산 경매에 대한 반응이 이렇게 뜨거운 것을 보며, 이원일 작가 스스로도 무척 놀라는 듯했다.

이런 과정을 통해 탄생한 것이 바로 그의 첫 책, 『아들이 알바해서 번 돈 1000만 원으로 서울에 집 샀다』이다. 책이 출간된 후 이원일 작가의 삶은 어떻게 되었을까? 여러분이 짐작하는 것처럼 그의 삶은 완전히 바뀌었다. 곳곳에서 강연과 컨설팅을 진행하면서 제2의 전성기를 맞이한 것이다.

"제 삶에 이런 날이 올 거라고는 생각도 못 했어요. 옛날 일만 생각하면 아직도 눈물이 울컥 울컥합니다."

그의 삶은 순탄하지만은 않았다. 42세가 될 때까지 이사를 열네 번이나 할 정도로 가난했고, 사랑하는 아이들과 외식 한 번 제대로 하지 못해 늘 가슴이 아픈 아빠였다. 한번은 월급을 받아 세 아이와 함께 오랜만에 중국집에 갔다고 한다. 이원일 작가가 "오늘은 먹고 싶은 거 다 먹어. 아빠가 사줄게!"라고 말하자, 아이들은 자꾸만 "그냥 짜장면 먹을래요. 짜장면이 좋아요!"라고 했다. "아니야. 아빠 돈 많아, 다른 것도 시켜."라고 말하니 "아빠 돈 많이 없잖아요. 짜장면만 먹어도 괜찮아요."라고 대답하는 게 아닌가. 그런 아이들을 보며 이원일 작가는 가슴이 무너졌다. 항상 쪼들리기만 한 부모를 보며 어린 나이에 너무 빨리 철이 든 아이들. 그런 아이들을 위해서라도 반드시 돈을 벌어야겠다고 다짐했다고 한다. 그렇게 시작했던 게 바로 경매 공부였다.

평생 식당 가서 돈 걱정 안 하고 밥 먹을 수 있게 하자, 더 이상 이사 다니지 않고 가족이 편히 머물 수 있는 둥지를 만들자, 그게 이원일 작가의 소원이었다. 목표대로 그는 열심히 경매에 도전해 집을 샀고, 자신의 경험을 아들에게 전수해주었다. 그리고 다시 경매를 통해 아들이 아르바이트로 모은 돈으로 집을 사게 된 것이었다. 이런 이야기를 책에 고스란히 담았고, 진정성이 독자들에게 통했기에 그의 책은 베스트셀러가 되었다. 이제 그는 '훌륭한 아빠 이원일'에서 '훌륭한 아빠이자 경매 전문가, 인플루언서 이원일'의 삶을 살아가고 있다.

이원일 작가가 '살아온 이야기'를 메인 콘텐츠로 책을 썼을 때, 난 왜 '경매'를 메인으로 바꿔야 한다고 조언했을까. 누군가의 삶 이야기가 콘텐츠로서 가치가 없어서가 아니다. 누군가 살아온 이야기를 콘텐츠로 만들어 인기를 얻은 경우는 많다. 하지만 '그냥' 이야기만 나열한다고 해서 사람들이 봐주는 건 아니다. 내 삶의 이야기를 어떻게 보여줘야 사람들이 공감할 수 있을까? 위로를 주고 용기를 줄 수 있을까? 도움을 얻게 해줄까? 이런 부분을 고민해야만 한다.

아쉽게도 이 작가의 초고는 그렇지 못했다. 똑같은 이야기라도 무엇을 중심으로 얘기하는가, 어떤 핵심적인 주제로 독자들과 만나는가에 따라 책의 성패가 달라진다. 수정된 원고는 대중이 가장 관심을 가질 만한 콘텐츠, 그동안 나온 적이 없는 이야기를 중심으로 펼쳐졌고, 그것이 가장 먼저 앞쪽에 치고 나옴으로써 호기심을 불러일으킬 수 있었다. 사람들은 "아들이 번 돈으로 집을 샀다고? 이 사람 누구야?" "경매로 8년 만에 21억을 모은 세 아이 아빠라고?" 하며 그의 이야기를 들여다보게 된 것이다.

나는 이 책을 읽고 있는 여러분에게 한 가지 질문을 해보고 싶다.
"당신이 가진 경험담 중에서 가장 매력적인 게 무엇인가?"라고.
아마 이 질문에 대해 곧바로, 또 객관적으로 답할 수 있는 사람은 몇 없을 것이다. 자신에 대해 잘 안다고 생각해왔지만, 적어도 콘텐츠 영역에서는 그렇지 못한 경우가 대부분이다. 설사 대답을 했다 할지라도 그것이 '대중에게 정말 매력이 있을까?'에 대해서는 객관적으로 생각해본 적이 없을 것이다. 즉, 콘텐츠로 인기를 얻고 돈을 벌고 성공을 하고 싶다면… '내가 생각할 때 매력적이라고 느끼는 것'이 아니라 '다른 사람이 매력적이라고 느끼는 것'을 찾아내야 한다. 그게 바로 나의 상품성이며 나만의 강점을 살린 콘텐츠가 된다.

그러니 나만의 콘텐츠로 성공하고 싶은 꿈을 가진 사람이라면 오늘부터 끊임없이 질문해보자. 나 자신에게 물어보고, 또 주변에도 물어보자.

'타인이 나에게 궁금한 게 뭘까.'

'타인이 나를 보며 멋지다고 느끼는 건 뭘까.'

'사람들이 호기심을 가질 만한 나만의 매력은 뭘까.'

'사람들은 내 삶의 이야기 중 어떤 것을 가장 흥미로워할까.'

이것이 바로 강점 콘텐츠를 만들기 위한 첫 번째 질문이 될 것이다!

사람들이 내게서 가장 궁금한 걸로
콘텐츠를 만들면 성공할 수 있다.
이원일 작가의 인생 역전은 그래서 가능했다.

'어떻게' 만들었는지보다
'무엇을' 만들었는지가 중요하다

요즘 출판사들이 무척 힘들다. 예전에 비해 책을 읽는 인구의 수가 확연히 줄었기 때문이다. 몇 년 전만 해도 잘나가던 회사가 힘들다며 뾰족한 수가 없을까 의논하겠다고 찾아오기도 하고, 희망을 걸고 회사를 차렸는데 생각보다 책이 팔리지 않아 너무 힘들다며 조언을 구하고 싶다고 오기도 한다. 한 권 한 권이 중요한 작은 출판사일수록 더욱 그렇다. 책 한 권에 투여되는 비용이 적지 않기 때문에 그 한 권이 출판사의 미래를 바꿔놓을 수 있다는 생각으로 최선을 다한다. 실패할 경우 그 손해를 감당해야 하는 것은 오롯이 출판사 대표의 몫이다.

이 일을 하다 보면 죽어가는 회사를 살리는 '희망의 불씨'가 되는 책을 만날 때가 있다. 나는 외국 서적을 한국 출판사에 소개하는 일을 오래 해왔기 때문에 눈에 띄는 책, 한국 시장에서 인기가 있을 만한 책이 보이면 힘든 출판사들을 돕기 위해 꼭 소개를 해주곤 한다. 어떤 책은 정말 그 회사가 힘겹게 걸어온 길을 보상하고도 남을 만큼 좋은 성과를 가져오기도 한다.

오래전부터 우리 회사와 거래를 하고 지낸 한 출판사는 다른 출판사에서는 흔히 다루지 않는 주제로 꾸준히 책을 출판하는 것으로 알려져 있었다. 학술적으로 의미도 있고, 책 자체로는 소장 가치도 있는 좋은 것들이 많았다. 책 한 권 한 권 정성껏 만들었기에 책에 대한 대표의 애정도 남달랐다. 나 역시 그 회사에서 나온 책들을 좋아했다.

하지만 문제는 그런 책들이 대중의 관심사와는 거리가 멀단 사실이었다. 그러다 보니 시장에서 먹히지 않고, 투자금은 계속 들어가는데 회수는 되지 않으니 회사가 점점 힘들어질 수밖에 없었다. 당시 우리 회사에 쌓인 미수금만 1천만 원이 넘었다.

'이대로 가면 큰일 나겠는데… 뭔가 좋은 수가 없을까.'

안타까운 마음에 일단 대표와 만났다. 대표의 인상은 선하고 점잖았다. 서로 인사를 나눈 후 이런저런 이야기들을 나누다 조심스레 내 생각을 전했다.

"좋은 책들을 많이 만드셨네요. 존경스럽습니다. 그런데 요즘 출판 시장이 워낙 어렵잖아요. 일단 회사를 살리려면 대중에게 관심을 얻을 수 있는 책 쪽으로 시선을 한번 돌려보면 어떨까 싶어요."

"저는 제가 좋아하는 주제의 책들을 만들어 왔습니다. 그다지 판매 성적은 좋지 않지만요. 하지만 모두 양서라고 생각해요. 저는 의미 있는 책을 계속 만들고 싶습니다."

"맞아요. 의미 있는 책 정말 중요하죠. 세상에는 그런 책을 만드는 사람도 분명 있어야 하니까요. 그런데 그런 대표님의 꿈을 계속 이뤄 가려면 회사가 존속해야 합니다. 저는 대표님이 생각하시는 책도 '좋은 책'이 될 수 있지만, 대중이 좋아하는 책도 '좋은 책'이 될 수 있다고 생각해요. 평범한 사람, 성공을 원하는 사람, 꿈을 이루고 싶은 사람이 편안하게 볼 수 있는 쉽고 흥미로운 책. 그런 것도 좋은 책이잖아요? 그런 책이 대표님의 출판사를 살리고, 대표님의 꿈도 이뤄지게 할 거예요."

내 이야기를 들을 대표는 마음이 좀 흔들리는 듯했지만, 여전히 고민스러운 듯했다. 그동안 만들어온 책과 다른 색깔의 책을 낸다는 게 아무래도 쉬운 결정은 아닐 터였다. 하지만 회사는 생존하고 또 이익을 내는 것이 가장 중요한 목표다. 이 출판사에는 대중을 사로잡는 책, 구입해서 읽어보고 싶은 책이 반드시 필요했다.

대표를 만난 지 얼마 후 일본으로 출장을 갔다. 일본에 가면 항상 들르는 몇몇 서점에서 에이전시가 알려주는 책과는 별도로 내 눈에 띄는 책들을 유심히 살펴보곤 한다. 제목이 눈에 띄는 책, 표지가 예쁜 책, 주제가 신선한 책, 제목은 별로지만 내용이 유익한 책, 아주 차별성 있고 재미있는 책 등 여러 책을 살펴보고 그중 몇 권을 선별해 한국에 판권이 팔리지 않은 것을 확인한 후 '어떻게 만들면 베스트셀러가 될 수 있을까?'를 열심히 고민한다. 딱 맞는 주인이 나타나면 그 책은 거짓말처럼 베스트셀러가 된다. 그런 순간에 나는 희열을 느낀다.

당시 서점을 돌며 느낀 것이 일본에서는 '메모'와 관련된 도서들이 인기가 있다는 사실이었다. 그중 한 권이 유독 눈에 띄었는데 아직 우리나라에 소개된 적이 없었기에 번역을 잘해서 낸다면 좋은 결과를 기대해볼 수 있을 것 같았다. 한국에 돌아가자마자 그 책을 들고 다시 그 출판사를 방문했다.

"대표님. 이 책을 한번 출간해보시는 게 어떨까요? 일본의 한 서점에서 이 책을 보는데 대표님 출판사가 무척 생각이 났습니다. 이게 위기를 극복할 희망의 불씨가 되어줄지도 몰라요."

"정말 그럴까요….."

대표는 조금 고민을 하는 듯했지만, 워낙 상황이 좋지 않은 터라 계약을 맺고 책을 출간했다. 그 책이 바로 『메모의 기술』이다. 책이 시장에 나간 후 어떻게 되었을까?

결과는 정말 놀라웠다. 그동안의 마이너스 매출을 상쇄할 정도로 책이 잘 팔린 것이다. 출간되자마자 매주 만 부 이상 주문이 밀려 들어왔고, 1년이 지날 무렵 무려 100만 부가 팔렸으며, 메모에 대한 책들이 뒤이어 출간될 정도로 우리나라 출판시장에서 큰 반향을 일으켰다. 덕분에 출판사의 재정 상태가 크게 개선될 수 있었다. 대표는 거듭 감사 인사를 건넸고, 나 역시 마음이 정말 뿌듯했다.

이 이야기는 여러 번 내 책에서 언급했을 정도로 인상적인 사례다. 이 사례를 통해 한 가지 중요한 점을 발견해야 한다. 잘 팔리는 콘텐츠, 돈이 되는 콘텐츠를 만들고 싶다면 반드시 대중이 좋아하고 관심 있어 하는 게 무엇인지 찾아야 한다는 사실이다. 아무리 공을 들여 잘 만들어도 주제와 내용 자체가 사람들의 호기심을 끌 수 없다면 그 책이 잘 팔릴 가능성은 희박하다.

사람들이 필요한 것, 관심 있어 하는 것을 읽어 내려면 트렌드에 관심을 갖고 들여다봐야 한다. 인기 있는 유튜브, 인스타그램 등의 영상 콘텐츠를 찾아봐야 하고 요즘 유행하는 이슈를 놓쳐서는 안 된다. 콘텐츠를 만들고자 하는 사람에게는 필수적이다. 앞에서 계속 강조했듯이 내가 가진 강점을 먼저 찾은 후 트렌드와 잘 결합시킬 때 멋진 콘텐츠가 완성될 수 있다.

 여러분에게 꼭 말씀드리고 싶다. 누구나 '인기 있는 콘텐츠의 주인공' 또는 '베스트셀러 작가'가 될 수 있다고 말이다. 앞에서 소개한 여러 사례 속 주인공들처럼 관점을 바꾸고 강점 콘텐츠를 발견해 쌓아가는 노력을 들인다면 우리도 인생 역전의 주인공이 될 수 있다.

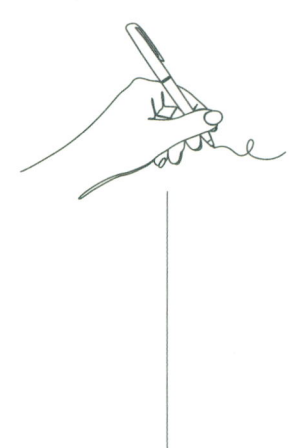

두 번째 질문_내가 가장 많은 시간을 들인 영역은 무엇인가

누가 봐도 전문가인 걸요

"대체 양 대표는 책 언제 낼 거야?"

첫 책을 쓰기 전, 어느 순간부터 사람들이 내게 물어왔던 질문이다. "양 대표가 책을 안 쓰면 누가 쓰겠어."라고 말하는 사람도 있었다. 그런 말을 들을 때마다 나한테 책 한 권을 채울 만한 이야깃거리가 있을까 하는 의문이 들었다.

처음으로 진지하게 책을 쓴다면 무슨 내용을 쓸지 고민하다 보니 가장 많이 드는 생각이 바로 '내가 지금껏 가장 오래도록 열심히 해온 일이 뭘까?'였다. 그건 바로 나의 직업으로 출판물을 기획, 중개, 마케팅하는 일이었다. 그것에 특별히 뛰어난 재주가 있다고 생각하지는 않았지만, 성과나 평가들을 보면 분명 차별성이 있다고 생각하긴 했다. 무엇보다 나는 평범한 사람들이 책쓰기를 통해 꿈을 이루는 걸 도왔고, 그중 적잖은 사람이 베스트셀러 작가가 될 수 있었다. 사람뿐 아니라 출판사도 마찬가지였다. 어떤 책은 제목을 바꿔서, 어떤 책은 목차를 바꿔서, 어떤 책은 콘셉트를 바꿔 사람들의 관심을 폭발시키기도 했다. 이런 경험을 책으로 쓴다면 정말 많은 사람들에게 도움이 될 수 있을 거라고 생각하니 희망이 생겼다. 내가 가진 사례는 굉장히 차별성이 있었다. 어디에서도 볼 수 없는 생생하고도 구체적인 사례들이었다.

그렇게 해서 첫 책을 썼고, 첫 책을 쓰고 나니 두 번째 책이 어렵지 않았다. 그렇게 나는 어느새 세 번째, 네 번째 책의 작가가 되었다. 지금 생각해도 꿈만 같은 일이다. 아마 '내가 무슨 전문가이고 무슨 특장점이 있겠어'라는 소심한 생각으로 가만히 있었다면 절대 얻을 수 없는 결과다.

"인스타를 하고 싶은데, 쓸 얘기가 없네요."
"책을 내고 싶은데, 무슨 주제로 써야 할지 모르겠어요."
나처럼 소심한 마음으로 출발한 사람들에게 자신 있게 말해준다.
"지금까지 살면서 가장 열심히 노력해서 실력을 갈고닦은 영역, 그걸로 하세요. 누구나 실력자, 전문가로 불릴 만한 영역을 최소 한 가지는 가지고 있습니다."
"그게 뭔데요?"
"뭐긴요. 바로 '직업'이죠!"

내가 이렇게 말하면 "난 그냥 평범하게 직장 생활한 것 같은데…." "오래 일만 했지, 딱히 전문적이진 않은 것 같은데…." "그렇게까지 노력하진 않은 것 같은데…."라고 말하는 사람들이 있다. 하지만 가만히 생각해보자. 나도 처음엔 그저 주어진 일을 해온 거라고 생각했다. 하지만 그 시간들 속에는 분명 나의 열정이 담긴 부분이 있었다. 한때는 목숨을 걸기도 했고, 힘들지만 극복한 순간들도 있다. 가끔 농땡이를 치기도 했지만, 성실하게 뚜벅뚜벅 걸어온 시간이 더 길다. 그저 회사를 다녔다고 해서, 하나의 일을 오래 했다고 해서 누구나 전문가라고 불리는 건 물론 아니다. 하지만 긴 시간 쏟아온 그 일 속에서 나만의 콘텐츠를 찾을 수는 있다. 내가 해온 일들 속에서 크고 작은 성공 사례들을 찾아냈던 것처럼 말이다.

예를 들어, 10년 동안 평범한 회사생활을 해온 직장인이 있다고 하자. 그는 업무적인 평가가 뛰어나지는 않았지만 소통을 잘해서 항상 사람들과 원만하게 지내고 문제해결을 잘 해와서 거기에 대한 평가가 높았다. 그렇다면 직장 내 소통에 대한 자기만의 노하우로 콘텐츠를 만들 수 있다. 또 늘 소심한 성격 때문에 능력을 제대로 발휘하지 못하다가 극복한 사람이 있을 수 있다. 그 이야기를 글로 잘 담아낸다면 비슷한 성향을 지닌 사람들에게 도움이 될 만한 콘텐츠를 완성할 수 있다.

회사생활을 했거나 직업을 가지지 않은 전업주부도 마찬가지다. 자녀교육을 하며 엄마로서 깨닫게 된 점을 솔직하게 풀어낸 에세이를 쓸 수도 있고, 나름의 교육법을 정리할 수도 있고, 같은 엄마들을 위로하고 응원하는 글을 쓸 수 있다. 또 나만의 레시피로 식단을 짜는 법을 이야기할 수 있고, 가정을 잘 꾸려가면서 나 자신을 잃어버리지 않기 위해 노력했던 자기계발 이야기를 콘텐츠화시킬 수 있을 것이다. 아빠 전업주부라면 아빠가 직접 아이를 양육할 때의 이점을 콘텐츠화할 수 있다.

이처럼 직업적 영역은 내가 그 어떤 일보다 가장 많은 시간과 정성을 들였기에, 누구라도 나를 전문가로 인정해줄 수 있다. 아직도 잘 모르겠다고 믿지 못하는 분들을 위해 예시를 좀 들어볼까 한다.

최근 tvN의 「유퀴즈온더블록」, MBC 「실화탐사대」 등 방송에서 여러 차례 소개되면서 유명세를 얻은 박은주 변호사를 아는가? 박은주 변호사는 이혼이나 상간남, 상간녀 손배소송을 전문적으로 다루는 법조인으로, 유튜브 채널 '변호사 언니'를 운영하고 있다. 15년이 넘는 경력, 5천 건 이상의 사건을 수임하며 축적된 풍부한 경험을 바탕으로 콘텐츠를 제작해 인기를 끄는 중이다. 그의 채널 누적 조회수는 850만이 넘으며, 구독자는 약 3.48만 명이다. 그의 구독자수가 여느 채널보다 적다 해도 이들 중 10%로만 잠재고객이 된다면 적잖은 숫자인 것이다.

그의 콘텐츠의 모토는 '잘 만나는 것뿐 아니라 잘 헤어지는 것도 중요하다'이다. 때문에 이혼소송, 상간소송 등에서 반드시 알아야 할 정보뿐 아니라 부부 사이를 갈라놓는 원인, 가정을 지키기 위해 알아야 할 것, 바람직한 배우자상과 피해야 할 배우자상, 직업인으로서의 소회 등을 폭넓게 다루었다. 다양한 이혼분쟁 사례에서 콘텐츠 주제를 선정했기에 기혼남녀가 봤을 때 상당히 깊이 있고 흥미로운 내용이 많다.

만약 누군가가 관련 소송을 준비하고 있다면 큰 도움을 받을 수 있을 정도로 실질적이다. 이토록 지극히 현실적인 주제를 선정할 수 있다는 것 자체가 그가 이 영역에서 얼마나 많은 소송건을 취급해 왔는지를 알게 해준다.

이 외에도 자신의 직업과 관련한 콘텐츠를 만들어 성공한 사례는 너무나 많다. 한 곳에 오래도록 몰두해온 일, 생존을 위해 버티고 좀 더 잘하기 위해 노력해온 분야이기에 누구보다 할 이야기는 많을 수 있다. 내가 그동안 이 일을 해오면서, 또 가정에서 아이들을 키워오면서 발견한 이야기는 뭘까? 내가 가장 잘해온 게 뭘까? 나만의 이야기는 뭘까? 이런 부분들을 가만히 들여다보고 분석해보자. 인기 있는 콘텐츠의 주인공은 특별한 사람들만이 되는 게 아니다. 나만의 강점 콘텐츠를 찾는데 있어 직업은 큰 열쇠가 될 수 있다. 이 부분을 놓친 채 다른 것을 생각하느라 헤매기 전에, 가장 먼저 내가 해온 일을 되돌아보자. 오래도록 야채만 팔아오던 이영석 대표는 자신이 어떻게 야채를 팔아왔는지를 책으로 엮어 베스트셀러 작가가 됐고 그 콘텐츠는 연극, 드라마로도 만들어져 인기를 끌기도 했다. 그는 올해에도 새로운 책을 내어 큰 이슈가 되었다.

내가 해온 일은 곧 나의 최대 강점이 될 수 있다. 내가 가진 가장 많은 스토리가 '직업' 속에 담겨 있다는 걸 꼭 기억하자.

무릎을 탁 치게 하는
통찰력의 소유자

"우와~ 저런 초능력을 갖고 있다면 얼마나 신나겠어!"

디즈니 플러스에서 만든 「무빙」 시리즈를 처음 봤을 때 감탄이 나왔다. 어릴 적 상상했던 초능력자들이 총집합한 것 같아 엄청나게 신기하고 재밌었고, 시간 가는 줄 모르고 시청했다.

「무빙」은 다양한 초능력자들의 이야기를 그린 20부작 드라마이다. 하늘을 나는 사람, 괴력을 가진 사람, 투시능력을 가진 사람, 전기를 조정할 줄 아는 사람 등등의 초능력자들이 자기 능력을 펼쳐 보이고, 자신들을 이용하려는 외부의 세력들로부터 가족과 친구를 지키기 위해 고군분투한다.

이들 능력 중에서 유난히 갖고 싶었던 것은 투시 능력이었다. 투시능력자 양세은(이호정 분)은 5화와 16화에 잠시 등장하는데, 아무리 두꺼운 벽이라도 그 뒤에 있는 걸 꿰뚫어 볼 수 있는 능력의 소유자이다. 눈앞을 가로막고 있는 사물이 아니라 그 이면을 볼 수 있어서, 앞으로 어떤 일이 일어날지 예측이 가능하고 그에 따른 방어를 할 수 있다. 이를테면 벽 뒤에 적이 숨어 있는 걸 꿰뚫어 보고 미리 방어태세를 갖추거나 선제공격을 할 수 있다는 것이다.

양세은은 암에 걸려서 사망한 것으로 극중에서 퇴장하지만, 살아 있는 게 암시되었다. 많은 시청자들은 그가 후속 시리즈 때 다시 등장할 것으로 예상하였다. 그를 보면서 저런 초능력이 내게도 있다면 어떨까

하는 상상의 나래를 펼치면서, 한편으로는 통찰이란 걸 시각적으로 표현한다면 바로 저런 모습이 아닐까 하는 생각을 했다.

통찰이란 "예리한 관찰력으로 사물을 꿰뚫어 봄"이라는 뜻이다. 남다른 관찰력으로 우리 눈앞에 펼쳐지는 다양한 사건들의 본질을 꿰뚫어 본다는 것이다. 예를 들어 어떤 문제가 발생했을 때 대개의 사람들은 보이는 그대로 바라보지만, 통찰력이 있는 사람은 그 본질을 꿰뚫어 근본적인 해결책을 찾아내려고 시도한다. 남들이 보지 못하는 걸 봄으로써 해법에 접근하므로, 그렇지 못한 경우보다 문제가 해결될 가능성이 더 높아진다. 통찰력 있는 사람의 이야기를 들으면 내가 미처 발견하지 못하는 걸 알 수 있어 시각을 넓히는 데 도움이 된다.

한 분야에서 오랫동안 일한 사람들은 이런 통찰력을 키울 수 있다. 우리가 어떤 일을 하든 간에 사람들을 만나고 여러 가지 이슈들을 접하게 되는데 한 분야에 오래 있을수록 사람들, 이슈들을 좀 더 깊이 있게 경험하게 되므로 남다른 사고의 깊이가 생기게 된다. 이런 분들의 통찰이야말로 생활철학이라고 할 만하다.

황해수 씨는 『나는 알바로 세상을 배웠다』, 『유튜브의 정석』을 쓴 작가이자, 유튜브 채널 '직업의 모든 것'을 운영하는 유튜버이다. 지금은 구독자 100만을 달성한 인기 유튜버이지만, 나는 풋풋한 청년 시절의 그를 만났다.

당시 해수 씨는 아르바이트를 열심히 하고 있던 청년이었다. 많은 청년들이 아르바이트를 하지만 그가 특별하게 보였던 이유는 정말로 다양한 업종에서 아르바이트를 했다는 점 때문이었다. 그에게 있어 아르바이트는 단지 생활비를 벌기 위한 수단이 아니라, 자기 삶을 돌아보고 이 세상이 어떻게 변화해야 하는가를 생각하게 해주는 나침반과 같았다. 해수 씨는 이 같은 자기 성찰을 담아서 첫 책을 썼는데, 그것이 바로 『나는 알바로 세상을 배웠다』이다. 이 책은 출간된 지 1주일 만에 교보문고 자기계발 분야 베스트셀러에 올랐을 정도로 폭발적인 반응을 얻었다.

이 책으로 인해 황해수라는 젊은 청년은 콘텐츠 시장에 첫발을 내디디게 되었다. 이후 그는 '직업의 모든 것'이란 유튜브 채널을 만들고 다양한 직업인들을 만나 인터뷰하는 유튜버가 되었고, 콘텐츠 기획의 원리를 담아 두 번째 책 『유튜브의 정석』을 썼다. 그의 유튜브 채널 누적 조회수는 무려 6억5천 회가 넘고, 구독자수는 100만 명이다.

그의 채널의 인기 요소는 다름 아닌 통찰이라고 생각한다. 그는 직업과 관련돼 대중이 갖고 있는 다양한 호기심을 취재하지만, 이를 가십으로만 끝내지 않는다. 어떤 직업 영상이든지 간에 시청하면서 공통적으로 드는 생각은, 이 세상엔 정말 다양한 방식으로 살아가는 사람들이 있고, 각자의 삶은 존중받아야 마땅하다는 것이다. 우리나라 최고 가격의 집에서 사는 사람이든, 위험천만한 일을 하면서 돈을 버는 노동자이든, 그가 사람을 바라보는 시선은 따뜻하다.

만약 그가 자신의 아르바이트 경험을 대수롭게 여기지 않고 기록하지 않았다면, 어떻게 되었을까. 워낙 올곧은 청년이기에 어떤 방식으로든 자신의 역사를 만들어갔을 테지만, 지금과는 사뭇 다른 삶을 살아가게 되었을지도 모르는 일이다.

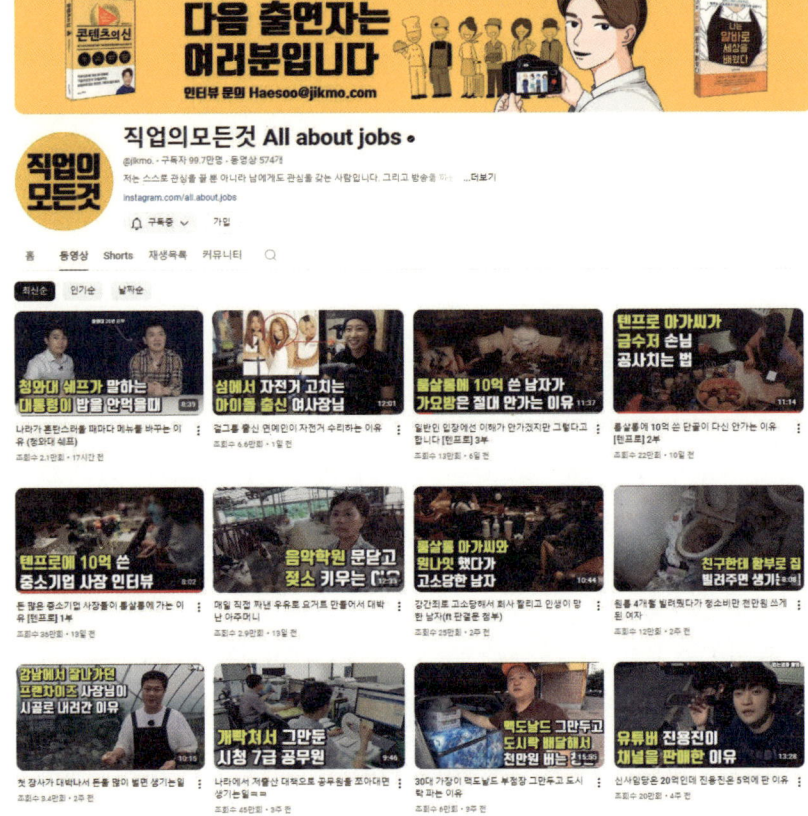

'직업의 모든 것'에서 황해수 씨는 직업을 통한 사람들의 다양한 삶을 통찰력 있게 담아내 대중의 사랑을 받는 데 성공했다.

자신이 해온 일을 토대로 책을 펴내 성공한 사람 중 더 소개하고 싶은 사람이 있다. 바로 '청담캔디언니'란 닉네임으로 활동하고 있는 60대 여성 사업가 함서경 씨. 처음 그의 책 『부의 인사이트』가 나왔을 때 '와! 드디어 이 책이 나왔구나!' 싶었다. 그는 스물한 살에 창업하여 1990년대 여성 사업가가 흔하지 않던 시절, 무역업을 하는 커리어우먼으로 언론매체에 소개되었다. 우리나라 경제의 암흑기였던 IMF 시절 홈쇼핑에서 대박을 터뜨려 화제가 되었으며, 의류업·도매업·영어도서관·에어비앤비 등 손을 대는 사업마다 성공을 거뒀다. 이제 60대의 중견 사업가가 된 그는 40여 년간 10여 개의 사업을 펼쳤던 경험을 바탕으로 책을 집필했고, 유튜브와 인스타그램 등을 운영하고 있다. 인스타그램을 개설한 지 1개월 만에 10만 팔로워를 달성했고, 단 10개의 릴스로 1,600만 조회수를 기록했다. 함 작가가 토요일 오후에 진행하는 부동산 투어 프로그램에 참여하려면 대기자들이 수개월을 기다려야 할 정도로 인기가 높다.

세상에는 성공의 비법을 담은 수많은 자기계발 콘텐츠가 나와 있다. 그런데 유독 사람들이 그의 콘텐츠를 보고 싶어 하는 이유는 무엇일까. 바로 오랜 경험에서 우러나온 그의 통찰 때문이 아닐까. 40여 년간 10여 개의 사업을 해왔다면 그만큼 쌓인 특별한 인생 경험과 자기만의 성공 비법이 분명 있을 것이다. 그는 이런 이야기들을 어렵게 설명하지 않고, 대중의 눈높이에 맞춰 이야기하기 위해 노력한다.

사업에 여러 번 도전했지만 실패한 사람, 언제가 될지는 모르지만 반드시 한 번은 성공의 깃발을 꽂아보고 싶은 사람, 힘든 삶의 돌파구를 찾고 싶은 사람… 누구든 궁금해할 법한 질문을 뽑아내고, 여기에 대한 해답을 간결하고도 명확하게 제시한다. 자신이 살아온 긴 시간을 통해 깊이 있게 통찰하지 않았다면 결코 말하지 못할 내용이라 절로 무릎을 치게 된다. 책을 보고 있노라면 내공이 높은 사람일수록 어려운 걸 쉽게 말한다는 걸 새삼 더 느끼게 된다.

그의 답변 방식은 어떤 문제든 딱 떨어지는 답변을 선호하는 요즘 세대의 취향에 부합한다. 숏폼이 인기를 끄는 시대에, 꼰대의 일장연설 같은 잔소리가 늘어지는 영상은 통하지 않는다. 그는 이것을 잘 알기에 자신의 통찰을 숏폼에 부합한 형태로 만들었다. 이 또한 그의 혜안이 돋보이는 지점이다.

이렇게 몇 개의 사례를 살펴보면서 아직도 '이건 나와 너무 동떨어진 이야기 같은데'라고 생각한다면 조금 더 용기를 내보길 바란다. 무척이나 소심했던 나도 지금은 네 권의 책을 낸 작가가 되었다. 그 첫 번째 물꼬를 터준 것이 바로 '내 직업'과 관련된 책이었다. 독서를 할 때도 미팅을 할 때도 강의를 준비할 때도… 부지런히 기록하고 글을 써두었던 것이 책을 낼 때 얼마나 도움이 되는지 깨달았다. 기록하다 보면 내 직업이 가진 특징, 나만의 노하우, 강점 등을 더 또렷하게 알게 된다.

우리는 시간과 돈을 들여 다른 사람이 만든 콘텐츠를 들여다본다. 내 마음에 꼭 드는 콘텐츠라면 아무리 비싸도 돈을 투자하고, 시간이 들어도 꼭 챙겨보게 된다. 내가 그 콘텐츠의 주인이 된다면 어떨까. 대중이 좋아하는 콘텐츠, 타인이 비용을 들여서라도 갖고 싶은 콘텐츠의 주인공이 나라면 말이다. 상상만 해도 기분이 좋아지지 않는가.

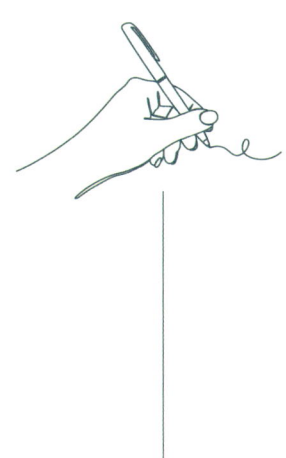

세 번째 질문
가슴 뛰는 일을 해본 적 있는가

좋아서 열정을 바쳤을 뿐인데

믿어지지 않겠지만 한때 독특한 취미 하나를 가진 적이 있다. 바로 '마술'이다. 온통 마술로 가득 찬 시간을 살았던 적이 있었다. 할 일이 끝나면 곧장 마술을 배우러 달려가 잠이 들기 전까지 연습했다. 항상 TV에서 눈으로만 보던 마술을 직접 내가 할 수 있다고 생각하니 그렇게 신기할 수가 없었다. 거울을 보며 연습하고, 지인들에게 새로 배운 마술을 보여주면서 하루하루 실력을 쌓았다. 나중에는 품에서 비둘기가 나가고, 순간이동을 하기도 했다. 취미로만 하기엔 아까워 공연장을 빌려 사람들을 초대해 공연했다. 수익금은 전액 불우이웃을 돕는 데 사용했다. 취미로 시작했지만 정말 열정적이었고, 당시에 어떤 사람은 나를 직업 마술사로 알기도 했다. 얼마나 모든 걸 쏟아서 했는지 다시 하라고 하면 못하겠지만, 떠올리면 웃음이 나는 기억이다.

누구에게나 '좋아하는 일'이 있다. 보통 그것을 '취미'라고 한다. 하지만 어떤 것은 취미를 넘어선다. 그것을 즐기는 데 그치지 않고 삶에서 가장 많은 시간과 에너지를 투자하는 대상이 되어버리는 것이다. 좋아하는 것에는 시간을 투자하는 게 별로 아깝지 않다. 나도 모르게 몰두하다 보면 금세 시간이 흐르고, 그렇지 않은 일과는 비교도 안 될 만큼 열정을 갖고 임하게 된다. 그렇게 좋아하는 것이 '잘하는 것'이 되면 막강해진다. 세상에는 좋아하는 것을 업으로 삼고 살아가는 사람들이 있는데, 그중 많은 이들이 큰 업적을 이루거나 엄청난 영향력을 미치곤 한다.

만약 그렇게 좋아하는 것으로 콘텐츠를 만든다면 어떻게 될까? 생각보다 근사한 콘텐츠가 탄생할 수 있다. SNS 콘텐츠를 예로 들어 이야기해보겠다.

SNS를 보다 보면 나도 모르게 팔로우를 하게 되는 사람들이 있다. 어떤 사람은 오랜 시간 우리나라 곳곳을 다니며 걷기를 하는데, 나도 모르게 자연 풍광과 그 속을 걷는 데 매료되어 자꾸만 그 사람의 인스타그램을 들여다보게 된다. 또 어떤 사람은 전문 큐레이터는 아니지만 미술관에 다니는 걸 좋아하고 그림을 좋아해서 명화를 소개해주는데, 담백하면서도 재치 있게 그림을 설명하는 게 재밌어서 자주 들어가 보게 된다. 이런 콘텐츠들은 대부분 구독자수가 무척 높은데, 이들 모두 자신들이 열정을 쏟고 있는 취미, 좋아하는 것으로 콘텐츠를 만들었다는 걸 알 수 있다.

'미꽃체'라는 손글씨를 만든 최현미 작가의 인스타그램도 마찬가지다. 그는 유튜브, 인스타그램, 틱톡에서 꾸준히 예쁜 손글씨를 올려서 사람들의 시선을 끌었다. 나 역시 SNS에서 최현미 작가의 글씨체를 보았는데, 보자마자 한눈에 반했다. 글씨 쓰는 걸 좋아해서 책과 메모장이 빼곡할 정도로 글을 써두고, 바인더 쓰기를 생활화하면서 글씨체가 제법 나쁘지 않다는 평을 들었는데, 그의 글씨를 보니 나도 모르게 두 손 모아 겸손해졌다. 그리고 "우와!" 하는 탄성과 함께 다른 사람이 쓴 글씨를 보는 것만으로도 이렇게 기분 좋은 감정이 들 수 있다는 게 참 신기했다.

미꽃체는 단정하고 따뜻한 느낌이 나는 손글씨체다. 최현미 작가는 이 글자체로 글씨 전문가로 확고한 입지를 다졌다. 그의 인스타그램 팔로워는 12만 명이 넘는다. 세 권의 손글씨 책을 냈고, 예쁜 글씨를 쓰고 싶거나 악필을 교정하고 싶은 사람들을 위한 강좌를 운영하고 있다. 예쁜 손글씨체를 쓰는 데 도움이 되는 펜과 잉크, 종이 정보를 알려주기도 한다.

그동안 손글씨에 관련해서 일반적으로 대중에 알려진 전문가가 드물었다. 붓과 먹으로 글자를 미학적으로 아름답게 구현하는 서예학과 서예가들이 존재하지만, 이는 우리가 일반적으로 말하는 손글씨와는 다르다. 필경사(筆耕士)의 경우 대통령이 고위 공직자에게 주는 임명장을 손으로 쓰는 공무원으로 인식되고 있다. 대중적 관심을 받았던 캘리

그라피 또한 일상적 손글씨와는 다르다. 한마디로 일상 속 손글씨 전문가로 이름이 알려진 사람이 드물었다(적어도 내가 아는 한도 내에서 설명하는 것임을 밝혀둔다).

최현미 작가로 인해 사람들은 손글씨의 중요성을 새삼 깨닫게 되었다. 글자체 하나로 글에서 느껴지는 감동이 달라지고, 문서의 격이 올라간다는 사실을 말이다. 글씨는 사람의 이미지를 좌우하는 중요한 요소임에도 불구하고, 근래 들어 중요도가 외면당해왔다. 컴퓨터와 스마트폰이 우리 생활 깊숙이 파고들면서 손글씨를 잘 쓰지 않는 시대가 되었기 때문이다. 잘 쓰지 않으니 잘 쓰지 못하게 됐고, 특히 아이들에게서 악필이 심심찮게 발견되고 있다.

이런 현상을 보면서 언젠가 손글씨 쓰는 법을 알려주는 책이 나오지 않을까 하는 생각을 한 적이 있었다. 수년 전 아동서 영역에서 받아쓰기 책이 출간되었고 관심을 끌었지만, 성인 단행본 영역에서는 손글씨 책이 몇 권 나오지 않았다. 최 작가 책보다 앞서 출간된 책들이 있었으나, 쓰기에 대한 대중의 관심을 불러일으키지는 못했다. 어찌 보면 블루오션이나 다를 바 없는 영역에 최 작가가 등장한 것이다. 미꽃체는 대중의 시선을 사로잡았고, 그의 책은 베스트셀러 반열에 올랐다. 어느 누구도 전문가라고 불리지 않는 영역에, 그가 깃발을 꽂은 셈이다.

그가 손글씨에 얼마나 가슴이 뛰고 열정적인지는, SNS에 업로드한 콘텐츠의 양을 보면 짐작할 수 있다. 인스타그램에 들어가 보면 게시물의 수가 압도적이다. 책에서 발견한 좋은 문장은 물론이고, 일상 속에서 우리가 흔하게 작성하는 문서를 미꽃체로 작성하는 영상을 계속 업로드했다. 평균적으로 1~2일에 최소 한 건의 게시물을 올렸는데, 하루에 두 건 이상 올린 적이 많았다. 대단히 부지런하고 성실하지 않으면 불가능하다. 콘텐츠를 끊임없이 업로드하면 해당 콘텐츠에 대한 대중의 관심이 계속 유지될 수 있어 좋다. 자신만의 콘텐츠를 만들어 오래오래 살아남고 싶다면 이 같은 성실함을 반드시 본받아야 한다.

이런 사례를 하나 더 소개하자면, 바로 코바늘 뜨개사 '홀리'이다. 홀리는 인스타그램과 유튜브, 블로그에 뜨개 정보를 올리는 크리에이터다. 야구모자, 벚꽃, 한라봉, 방귀대장 뿡뿡이 등 다양한 모양의 키링을 비롯해 모자, 조끼, 가방, 크리스마스 리스 등을 뜨개로 만들어 SNS에 올린다. 그의 인스타그램 팔로워는 6.7만 명, 유튜브의 구독자수는 3.7만 명이 넘으며, 블로그에는 3천 명이 넘는 이웃이 있다. 그의 SNS에 가면 무료도안을 얻을 수 있고, DIY 키트를 구입할 수 있다. 인스타그램 게시물에는 늘 수십 개에서 백 개 이상의 댓글이 달려서 이곳을 오가는 이들이 '찐팬'임을 알아볼 수 있다.

뜨개는 예쁜 소품을 만들 수 있고 생각을 비우거나 집중력을 키우는 데에도 도움이 되는 작업으로, 과거에 많은 인기를 끌었다. 요즘에는 뜨개를 하는 사람을 보기가 힘들어서 소수의 취미로만 존재하는 줄 알았는데, 홀리 작가가 뜨개의 인기를 제대로 되살려냈다는 생각이 들었다.

홀리 작가는 뜨개를 좋아하는 이들을 모집해 수업을 열고, 1박2일

뜨개 캠프를 진행하며, 플리 마켓도 연다. 2023년 11월에는 홈페이지를 별도로 개설해 뜨개 DIY 키트를 판매하기 시작했다. 뿐만 아니라 서울청년센터, 무인양품 등에서 강의를 진행하고, 다이소와 협업해 핸드니팅 뜨개실 가방 제품을 다이소에서 판매하고 있다. 홀리 작가는 방구석에서 시작한 뜨개로 인해 이렇게 즐거운 일을 하게 되었다며 감격스러운 마음을 SNS에 남겼다.

홀리 작가는 어떻게 뜨개를 시작하게 되었을까. 아마 처음엔 단순히 취미로 시작했던 것 같다. 그는 인스타그램에서 자신 역시 코바늘을 처음 시작했을 때 어려워서 누군가를 가르친다는 걸 상상하지 못했다고 밝혔다. 그저 재미있어서, 행복하니까 했던 일이 강점 콘텐츠가 되어 새로운 삶을 살게 해준 것이다. 홀리 작가가 '뜨개 일타강사'가 되는 것이 꿈이라고 밝힌 만큼 앞으로도 그의 도전을 흥미롭게 지켜보려 한다.

우리가 보통 '가슴이 뛰는 일' '가장 좋아하는 일'이라고 할 때는 그것에 뜨거운 열정을 쏟기 마련이다. 열정을 쏟는 것에는 언제든 남다른 결과가 나타나게 되어 있다. 요리사가 아니어도 평소 요리하는 걸 좋아해서 수도 없이 이런저런 시도를 해본 사람이 있다고 하자. 이런 것도 콘텐츠가 될 수 있을까? 당연히 가능하다! '자취생이 해 먹는 원가 3천 원짜리 초간단 레시피'라고 하면 어떨까? 아마 SNS를 통해 이와 비슷한 인기 콘텐츠를 본 적이 있을 것이다. 또 반려견을 키우는 데 유독 애정을 쏟는 사람이 있다고 하자. 그는 반려견 사진 찍기, 동영상 찍기를 통해 반려견의 귀엽고 사랑스럽고 때로는 엉뚱한 모습을 담기를 좋아한다. 이런 것도 콘텐츠가 될 수 있을까? 당연히 가능하다. 사람들은 이런 영상이나 사진을 보며 힐링이 되는 걸 느낀다. 이러한 콘텐츠 또한 이미 시장에서 큰 인기를 끌고 있다.

오랫동안 열정적으로 가슴 뛰는 일을 하는 사람들에게 콘텐츠를 만들어 보라고 하면 "이건 그냥 취미인데 그걸로 어떻게 만들어요!" 하며 시작도 하기 전에 자신 없어 한다. 하지만 열정적인 취미를 가진 이들에게 꼭 이야기해주고 싶다. 용기를 내서 콘텐츠를 만들어 보라고 말이다. 최현미 작가와 홀리 작가는 자신이 좋아하고 가슴 뛰는 일에 열정을 다했을 때 충분히 전문가로 자리매김할 수 있다는 사실을 잘 보여준다.

무작정 용기 있게 덤벼보기를

외근을 끝내고 사무실에 돌아와 보니 책상 위에 편지 봉투가 놓여 있었다. 보내는 사람 이름이 있었지만 처음 들어보는 이름이었고, 주소에는 우체국 사서함만 표기돼 있었다. 다음으로 낯선 단어와 글자가 보였다.

'수용번호 ○○○'

분명히 모르는 사람 같은데, 받는 사람으로는 내 이름과 회사 주소가 정확하게 적혀 있었다. 조심스레 봉투를 열고 내용을 읽기 시작했다.

"양원근 작가님께. 대표님 안녕하세요…."라고 시작하는 편지의 주인공은 한 교도소에 수감 중인 재소자였다.

'어떻게 된 거지? 이분이 날 어떻게 알고 편지를 쓰신 걸까?'

단정한 필체로 꾹꾹 눌러쓴 자기소개 글에는 자신이 누구인지, 어떻게 살아왔는지, 어쩌다 수감되었는지에 대해 진심 어린 내용이 담겨 있었다. 세 번째 페이지쯤 되었을까, 거기까지 읽었을 때 비로소 이 편지가 내게 오게 된 이유를 알 수 있었다.

"저는 작가님이 쓰신 『나는 죽을 때까지 지적이고 싶다』라는 책을 읽었습니다. 살아오면서 이토록 제 가슴을 깊이 두드린 책은 처음이었어요. 비록 제가 한순간의 잘못된 선택으로 법의 처벌을 받고 이곳에 왔지만… 여기 있는 시간 동안 과거를 돌아보며 정말 많이 후회하고 또 반성하는 중입니다. 그리고 출소를 앞두고 보니 내가 무엇을 할 수 있을까, 밖으로 나가게 되면 어떤 삶을 살아야 할까… 막막하고 고민이 되기도 했어요. 그때 이 책을 읽고 한 줄기 빛을 찾은 느낌이 들었습니다. 두 번 다시는 잘못된 삶을 살지 않겠다고, 이제는 정말 다른 삶을 살고 싶다고 강한 의지를 다지게 되었고 용기를 얻을 수 있었어요. 정말 감사하다는 말씀을 꼭 전하고 싶었어요. 더불어 저에게 해주실 얘기가 있다면 바쁘시겠지만 가감 없이 해주셔도 됩니다. 간절히 답장을 기다리겠습니다."

이 외에도 많은 내용이 있었지만, 간추린 것이다. 글을 읽으며 가슴이 뭉클해지는 것을 느꼈다. 누구나 잘못을 할 수는 있지만 그것을 뉘우치기는 힘들다. 더구나 내 책이 그에게 다시 삶을 살아갈 용기를 주었다니… 말할 수 없는 감동이 몰려왔다. 펜을 들어 답장을 정성껏 써 내려갔다. 진심으로 그가 잘되기를 응원하는 마음으로.

책이 나오면 여러 가지 경로로 독자들의 감상평을 전달받는다. 출판사를 통해 직접 듣기도 하고, SNS를 통해 사진과 글, 영상으로 만나기도 한다. 진심으로 감사한 일이다. 종종 이렇게 손편지를 받는 일도 있는데, 그럴 때마다 아주 오래 기억에 남는다. 누군가 나의 책을 읽고 용기를 얻고, 또 감명을 받았다고 하니 이보다 더 벅찬 마음이 들 수 있을까. 그러면서 문득 처음 이 책을 기획할 때가 떠올랐다.

'내가 이걸 써도 될까?'

『나는 죽을 때까지 지적이고 싶다』는 내가 쓸 수 없는 책이라고 생각했다. 물론 오래전부터 철학과 관련된 책을 쓰고 싶다는 꿈을 꿔왔다. 얼떨결에 시작했던 철학 강의를 들으면서 꾸벅꾸벅 졸던 때가 엊그제 같은데, 어느 순간 철학이 내 삶으로 들어왔다. 이해가 안 가는 내용을 접하면 질문하고 반복해서 읽으며 머리를 싸매고 공부하다 보니 철학이 무엇인지 아주 조금은 알게 되었다. 그렇게 철학이 좋아서 수년간 철학책에 푹 빠져 읽고 또 읽으면서, 문득 이런 생각이 들었다.

'사람들이 어렵게만 생각하는 철학을 일상 속에서 아주아주 쉽게 풀어낸 그런 책을 쓰고 싶다!'

하지만 처음엔 나 스스로를 나무랐다.

'말도 안 되는 생각이야. 내가 어떻게 철학책을 써. 정신 차리자.'

무엇보다 나는 철학을 전공한 사람도 아니고, 그들만큼 철학적 지식이 풍부한 것도 아닌데 어떻게 철학 관련된 책을 쓸 수 있을까 싶었다. 하지만 적어도 내가 알게 된 철학은 꼭 어려운 것만은 아니었다. 철학이란 결국 우리가 살아가며 겪는 수많은 고민, 번민을 어루만지고 해답을 발견하게 도와주는 학문이란 생각이 들었다. 전공자들이 탐구하는 수준까지 깊이 들어가지 않더라도 내가 이해하고 느낀 이 감정과 해석들을 사람들에게 들려주고 싶다는 마음은 시간이 흘러도 변하지 않았다.

그래서 결국 용기를 내야겠다고 마음을 먹었다. 온갖 고민과 망설임을 이겨내고 용기를 내어 쓰게 된 게 『나는 죽을 때까지 지적이고 싶다』였다. 전공자로서 철학 이론을 담은 책이 아닌 그저 '철학을 좋아하는 사람의 이야기', 그게 이 책의 정체성이다. 마음을 먹고 나니 의외로 원고가 잘 써졌다. 그동안 틈틈이 책에 써둔 메모와 글들을 모아보니 꽤 되었다. 그것을 다시 펼쳐보며 신나게 원고를 썼다. 하지만 막상 출판을 앞두고는 겁이 났다.

"당신이 뭐라고 철학을 논하는 거야."

"읽어봐도 아무 도움이 안 됐어."

"이걸 책이라고 쓴 거야."

사람들이 온갖 악평을 쏟아내는 상상이 이어졌고 머릿속은 걱정으로 가득 찼다. 출간 전 주변의 가까운 분들에게 원고를 보여드리고 호평을 받았는데도 걱정이 사라지지 않았다. 두려운 마음으로 독자들의 반응을 기다렸다.

결과는? 이미 아는 분들도 있겠지만 이 책은 2023년 6월 출간된 지 일주일 만에 교보문고 에세이 분야 1위에 올랐다! 내가 쓴 세 번째 책인데, 앞서 두 권보다 훨씬 더 많은 사랑을 받게 된 것이다. 첫 번째, 두 번째 책에 주신 관심도 감사했지만, 세 번째 책에 쏟아진 애정은 놀라울 정도였다. 책을 읽고 감명을 받았다는 독자들의 소감이 SNS에 이어졌고, 메신저를 통해 직접 받기도 했다. 베스트셀러 매대에 놓인 책 옆에서 쑥스럽게 인증샷을 찍기도 했다. 그 순간을 생각하면 지금도 소년처럼 가슴이 두근거린다.

시간이 흘러도 쉽사리 열기가 식히지 않은 채 계속 베스트셀러 자리를 지키고 있는 것을 보면서, 잘 믿기지 않았다. 철학 전문가가 아니란 사실에 좌절하지 않고 무작정 용기를 냈기에 맞이할 수 있었던 순간이었다. 이런 경험을 하고 보니 정말 많은 이들에게 목소리 높여 이야기하고 싶었다. 가슴이 뛰는 일이 있다면 꼭 해야 한다고. 내 용기가 나의 삶뿐 아니라 타인의 삶에도 희망을 전해줄지 모른다고 말이다.

이처럼 전공자가 아님에도 자신이 좋아하고 열정이 있는 분야를 콘텐츠로 만든 이들 중에, G무비(본명 나현갑)가 있다. 그는 '세상의 모든 콘텐츠를 큐레이션'하는 것을 모토로 유튜브와 네이버TV에서 활동 중인 영화·드라마 유튜버이다. 『지무비의 유튜브 엑시트』라는 책을 쓴 작가이기도 하다. 그의 유튜브 채널 구독자수는 362만 명, 누적 조회수는 17억이 넘는다. 명실공히 우리나라 최고의 영화·드라마 1위 유튜브 채널이다.

G무비 채널의 인기 비결은 뭘까? 바로 영상에 대한 탁월한 해석력과 깨알 유머 포인트이다. 두 시간이 훌쩍 넘는 영화, 열 시간이 넘는 드라마 시리즈를 압축하고 재해석하는 능력이 뛰어날 뿐 아니라, 중간

중간에 들어가는 웃음 포인트들도 매력적이다. 중저음의 목소리, 또렷한 발음으로 진지하게 개그를 하는 걸 듣고 있자면 웃음이 절로 나온다. 영화를 좋아하기에 G무비 콘텐츠를 시청하는 재미가 쏠쏠하다.

G무비 콘텐츠는 사람들이 비교적 짧은 시간 동안 한 작품을 이해할 수 있도록 도와준다. 과거 작품에 대해서는 기억을 상기시켜 주고, 미개봉작에 대해서는 관심과 호기심을 일으킨다. G무비에 대한 영화팬들의 관심이 높아지자, 현재 거의 모든 국내외 영화·드라마 제작사들이 그의 채널에 유료광고를 요청한다고 한다.

이토록 영화·드라마 콘텐츠 영역에서 두각을 드러내고 있는 G무비의 전공은 무엇일까. 바로 행정학이다. 대학생 시절 승무원과 은행원을 꿈꾸는 취준생이었다고 한다. 그가 책에 쓴 대로 무일푼 취준생이 자본금 5만 원으로 유튜브 채널을 만들어 대박이 난 것이다.

G무비의 인기 요인으로 대개 재치 있는 드립이나 밈 등이 꼽히지만, "망작 리뷰가 진짜 대박이죠!"라고 말하는 사람들이 있다. 많은 유튜브와 SNS에서 성공작, 관심작을 리뷰하는 데 반해, 그는 망해서 잊힌 작품들을 끄집어내 망한 포인트를 차근차근 분석해낸다. 정말 재미없는 작품인데도 G무비의 해설만큼은 흥미로워서, 없던 관심이 생겨난다. 그조차 재미없어서 몸부림치다시피 하는데, 그게 너무 웃겨서 나도 보면서 한참을 웃곤 했다. 망작 리뷰의 조회수는 꽤 높은 편이다.

어떻게 이런 인생 역전이 가능했을까. G무비와 직접 만나 대화를 나눠본 적은 없지만, 그 역시 자신이 가슴 뛰는 일로 콘텐츠를 만들어 성공하게 되었다고 생각한다. 평소 영화나 드라마를 즐겨보면서 재해석하는 걸 즐겼을 것이다. 뛰어난 해석력에 드립, 유행어와 밈을 가미해 개성 넘치는 콘텐츠를 탄생시켰다. 그가 등장하기 전에도 영화나 드라마를 해설해주는 채널들이 있었음에도 워낙 차별화 포인트가 강했기에 압도적인 성장을 이룰 수 있었다.

자신의 열정 영역으로 인스타그램을 꾸려나가는 사람 중에 이상민이라는 분이 있다. 그의 본업은 유통업인데, 서평 작가로서 인스타그램 '손바닥(sonbadacks)'에서 다양한 책을 읽고 내용을 소개하는 활동을 하고 있다.

'유통업을 하는 사람이 어떻게 서평 작가를 하지?' 싶은 생각이 들 것이다. 그도 처음엔 그저 취미생활로 시작했다. 책을 좋아하고 사진을 찍는 걸 좋아하니까 자연스럽게 인스타그램을 해봐야겠다는 생각을 하게 된 것이다. 취미니까 무리해서 하고 싶지 않았고 일상생활을 충분히 하면서 짬짬이 시간을 내서 인스타그램을 하게 되었다고 한다. 원래 사람은 자신이 정말 하고 싶은 일에는 누가 시키지 않아도 꼭 시간을 낸다. 그렇다 보니 무리하지 않더라도 어느새 차곡차곡 콘텐츠가 쌓이게 되었다.

이상민 작가는 반드시 책을 완독한 후에 그 책에서 알게 된 내용과 개인적인 생각들을 공유해준다. 자기 주관에 따라 주제를 세우고 그에 관련된 책을 소개하는데, 한 권이 아니라 여러 권을 묶어서 소개할 때도 있다. 인스타그램을 가만히 보다 보면 '와! 이 사람은 정말 책을 꼼꼼하게 다 읽었구나!' 하는 생각이 든다. 책 읽는 인구가 많이 줄어들고 긴 글은 끝까지 읽으려고도 하지 않는 요즘 세상에 완독, 정독이라니. 심지어 어떤 유튜버들은 서평 전문가라고 하면서도 책을 대충 읽고 쓰는 경우도 있다. 나처럼 책을 좋아하고 잘 아는 사람 눈에는 그가 얼마나 정성을 들였는지 보이기에 더 반가웠고, 독자의 한 사람으로서 고마운 마음까지 들었다.

손으로 직접 시를 쓰는 걸 좋아하는 사람은 연필을 깎는 순간부터 가슴이 설렌다. 누가 시키지 않아도 가슴 뛰는 일을 할 때는 열정이 샘솟고, 재미가 느껴진다. 이렇게 정성을 들여 한 일은 그 결과도 좋기 마련이다. 그는 현재 1만4천여 명의 열혈 팔로워들과 함께 끊임없이 소통 중이다. 정말 책을 좋아하는 사람, 그의 정성을 알아봐 주는 사람과 함께 소통해나가는 것이다. 앞으로 그의 인스타그램이 얼마나 더 커질지, 이것이 또 다른 기회로 연결되거나 수익을 낼지는 아무도 모를 일이다. 확실한 건 점점 긍정적으로 성장하고 있고, 그의 열정은 멈추지 않을 거라는 사실이다.

이처럼 가슴 뛰는 일로 콘텐츠를 만들면 스스로도 예상치 못한 성과를 거둘 수 있다. 그러니 "저는 전공자도 아닌데 어떻게 이 콘텐츠를 만들 수 있을까요?"라는 고민은 접어두길 바란다. 나도 그랬고, 또 다른 수많은 베스트셀러 작가와 인기 콘텐츠 창작자들이 전공과 무관한 콘텐츠로 어마어마한 수익을 내고 활발하게 활동을 펼치고 있다.

사람은 자신이 좋아하는 일에는 몸과 마음을 쏟게 되고, 그러한 열정은 반드시 좋은 결과를 가져온다. 초등학교 교사 출신인 이지성 작가가 깊이 있는 독서를 통해 인문학 전문가로 자리매김을 한 것, 대학에서 연극영화과를 전공한 설민석 작가가 자신의 가슴을 뛰게 한 역사 공부에 뛰어들어 대한민국에서 내로라하는 역사 강사가 된 것처럼 말이다.

가슴 뛰는 일을 하면 진정성이 넘쳐난다.
이상민 작가의 인스타그램 '손바닥'이 그렇다.

"아무리 그래도 전공자가 쓴 걸 독자들은 더 좋아하지 않을까요?"

물론 그 말도 맞다. 아무래도 콘텐츠를 만드는 데 있어 유리한 사람은 전문적인 지식과 경험을 보유한 전공자일 테니까. 그렇다고 비전공자가 만든 콘텐츠에 장점이 없는 건 아니다. 이렇게 한번 생각해보자.

글쓰기를 전공한 사람이 있다. 그는 자신이 배운 대로 글쓰기에 대한 정보와 방법을 책으로 써냈다. 하지만 글쓰기를 처음 시작하거나 아직 배워가는 중인 사람에게는 딱히 와닿지 않았다. 반면에 글을 전공하진 않았는데 평소 글쓰기를 좋아해서 오랫동안 글을 써온 사람이 있다. 그가 쓴 책에는 정말 초보들이 공감할 수 있는 실질적인 이야기가 담겨 있고 글쓰기를 한 번도 해보지 않은 사람들도 이해할 수 있게 설명해준다. 여러분이라면 어떤 책을 선택할 것인가?

비전공자이기에 독자가 더 잘 이해할 수 있게 쓸 수 있고, 대중에게 쉽게 와닿는 콘텐츠를 만들 수 있는 게 아닐까 싶다. 또 비전공자가 해당 분야에 대해 그만큼 잘 안다는 건 엄청난 시간과 열정을 투자했다는 말이기도 하다. 그렇기에 대중의 마음을 끌어당길 수 있는 포인트도 잘 짚을 수가 있다. 자신이 재미있었던 것을 독자나 대중에게도 고스란히 전달해주니 함께 즐거울 수 있는 것이다. "열심히 하는 사람은 신나서 하는 사람을 이길 수 없다."는 말처럼 열심을 뛰어넘는 게 바로 '신남'이다. 신이 나면 기분이 좋아지고 그러면 더 신나서 하게 된다. 좋은 결과를 얻는 건 지극히 당연하다.

이 글을 읽는 여러분이 더는 "나는 비전공자라서…."라는 말을 하지 않기를 바란다. 아직도 콘텐츠의 주제를 찾지 못해 고민하고 있다면 스스로 한번 질문해보자.

'내 가슴을 가장 뛰게 하는 일은 뭘까?'

'누가 하라고 하지 않아도 항상 하게 되는 취미나 특기는 뭘까?'

'난 무슨 일을 할 때 시간 가는 줄을 모르고 재미가 있을까?'

'전공도 아닌데 나는 왜 자꾸 이걸 꾸준히 하게 되는 거지?'

그 분야는 무엇이든 좋다. 자전거 타기, 헬스, 손으로 직접 인테리어를 하거나 가구를 만드는 일 등등 자신이 어떤 과정으로 탐구했는지, 그 일로 인해 자신의 삶이 어떻게 바뀌었는지, 앞으로는 어떻게 발전시켜 나가고 싶은지 기록하기 바란다. 재미있어서 한 일이 커지고 커져서 나를 먹여 살려주는 주업(Main Job)을 대신하게 될지 누가 알 수 있을까. 그야말로 행복한 주객전도가 될 수 있다.

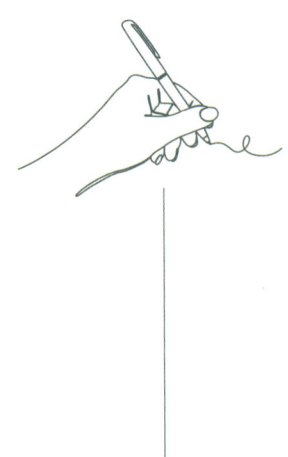

네 번째 질문
_함께 울어줄 사람을 찾을 수 있는가

깊은 아픔을 털어놓았을 때
일어나는 일들

"한 번쯤 글로 내 삶의 이야기를 풀어내고 싶었어요…."

나를 찾아오는 이들 중에는 다양한 사연을 안고 있는 사람들이 많다. 그들의 이야기를 듣다 보면 나도 모르게 기분이 숙연해진다. 그 사연 중에는 우리가 살면서 한 번 겪을까 말까 한 일도 있다. 놀라운 것은 그 시기엔 가슴을 쥐어짜는 아픔이었지만 오히려 삶이 단단해지는 계기가 되어 성공에 이른 사람도 많다는 사실이다. "다른 사람의 실패와 시련의 이야기가 우리에게 왜 필요할까?"라고 묻는 사람도 있겠지만, 우리는 그들의 이야기를 통해 삶을 돌아보고 겸손해지기도 하며, 또 용기를 얻기도 한다.

여러분도 그렇지 않은가? 그런 글을 읽다 보면 '이렇게 힘든 일을 겪었는데도 잘 극복하고 이렇게 살아가고 있구나. 주어진 삶에 더 감사하며 살아야겠다'라는 생각이 들기도 하고 '너무 힘들다고 생각했는데 이렇게 이겨낸 사람을 보니 나도 힘을 내봐야겠다'라는 의지를 갖게 되지 않았던가? 그게 바로 이야기가 지니는 힘이다.

예전에 우리 회사에서 기획한 『남편이 자살했다』가 출간되었을 때 세간에 크게 화제가 되었다. 자살자 유가족 이야기가 언론매체를 통해 소개된 적은 가끔 있었지만, 단행본으로 출간된 적은 거의 없었다. 작가의 사연은 KBS「아침마당」을 비롯해 여러 방송을 통해 소개되었고 많은 이들의 주목을 받았다.

책 속에는 그의 삶이 고스란히 담겨 있다. 곽경희 작가의 남편은 네 명의 자녀와 5억 원이라는 막대한 빚을 남긴 채 자살을 선택했다. 갑작스러운 삶의 시련 속에서 그는 얼마나 많은 생각을 했을까. 남편의 죽음에 대한 회한과 자책감으로 한동안 괴로웠을 것이다. 그래도 여전히 삶을 이어나가야 했을 테고, 주변 사람들로부터 받는 눈총을 견뎌내는 일도 쉽지는 않았을 것이다. 자녀들과 살아가는 건 또 어땠을까…. 책을 읽으며 가슴이 먹먹해졌다. 한 자 한 자 써 내려가는 과정 동안 얼마나 힘들었을까 싶어서 말이다.

곽경희 작가는 막막하기만 한 상황 속에서 자신이 느낀 감정, 그리고 아이들과 삶을 살아내기 위해 어떻게 노력했는지, 자기 내면을 어떻게 치유해나갔는지 등을 있는 그대로 진솔하게 적어 내려갔다. 작가는 남편과 자신의 마음속 상처가 어린 시절 부모로부터 입은 상처에 기인한다는 걸 깨닫고 남편 그리고 자기 자신과 화해하기 위해 노력했다.

그가 용기 있게 자신의 경험을 털어놓음으로 인해, 우리는 미처 알지 못했던 자살자 유가족들의 깊은 아픔을 조금이나마 이해할 수 있게 되었다. 그리고 그가 스스로를 치유해가는 과정을 통해 큰 용기를 가질 수 있게 해주었다. 얼마 전에도 통계가 났는데 여전히 우리나라가 OECD 국가 중 자살률 1위라고 한다. 삶의 위기 앞에서 죽음을 생각하는 사람들이 얼마나 많을까. 자살자는 더 이상 피할 곳이 없을 때 죽음을 선택하겠지만, 남겨진 가족은 자살자가 겪었던 고통에 버금가는 마음의 짐을 짊어져야 한다. 작가의 말대로 그 고통을 끝내려면 같은 길을 선택하는 수밖에 없다.

곽경희 작가는 책을 통해 일깨워준다. 우리가 가진 삶의 가치에 대해서. 남겨진 이들이 겪는 고통은 우리가 생각하는 것보다 훨씬 클 것이다. 그렇기에 아무리 힘들고 어려운 일이 있더라도 절대 포기하지 말고 견뎌내어 살아야 한다고 작가는 이야기한다. 이러한 용기 있는 고백은 어딘가에서 고통받고 있을 자살자 유가족들에게 작은 힘이 되었을지도 모른다.

그가 완벽하게 마음의 짐을 벗어버린 건 아닐 것이다. 하지만 과거와 다르게 이제는 삶의 희망을 바라보고, 주위를 둘러보면서 손을 내밀 수 있게 되었다. 조금씩 조금씩 어제와 다른 오늘을 만들어가는 그를 보면서, 사람들은 응원을 보내고 자신의 삶도 돌아보게 된다.

『계단을 닦는 CEO』 역시 우리 회사에서 기획한 작품으로 출간 당시 화제가 됐었다. 남대문 옷장사 13년, 청소용역회사 운영 25년, 식당 운영 실패로 신용불량자가 되었다가 다시 재기, 43세 때 갑자기 눈이 안 보여 찾아간 병원에서 뇌종양 판정을 받았고, 수차례 수술을 받았음에도 종양을 제거하지 못하고 동행하고 사는 여자. 이것이 임희성 작가의 파란만장한 삶을 요약한 것이다. 책 출간 후 「아침마당」에 출연했는데, 당시 네이버 실시간 검색어 순위에 오를 정도로 그의 사연은 사람들의 관심을 끌었다.

작가는 가난한 집 장녀로 태어나 맨주먹으로 집안을 일으켰다. 말 표현이 어눌해 사회생활에 어려움이 있는 아버지를 대신해 실질적인 가장 역할을 했다. 꽃다운 나이에 만난 남자친구와의 사이에서 아이를 낳았고 결혼했지만, 남편은 군 복무 시절 자살로 그의 곁을 떠나고 만다. 임희성 작가는 자기 가족, 딸을 위해 악착같이 돈을 벌었다. 어떤 어려움 속에서도 굴하지 않고 노력한 덕분에 가족들은 저마다의 삶을 일궈나갈 수 있었다.

임희성 작가의 사연에서 유난히 사람들이 관심을 가진 대목은, 그가 장녀라는 사실이었다. 경제적으로 어려운 집안의 장녀 혹은 장남으로 살아온 이라면 그가 한평생 짊어진 책임감이라는 굴레를 잘 이해할 수 있다. 가족의 생계를 위해 얼마나 치열하게 살아야 하는지, 얼마나 많은 걸 희생해야 하는지 그 중압감은 겪어보지 않고는 쉽게 말하기 어렵다. 오죽하면 K-장녀, K-장남이란 단어가 존재할까. 아마 다른 나라에서 찾아보기 힘든 개념이 아닐까 싶다. 그의 사연에 많은 사람들이 공감해주었고 함께 울어주었으며 응원해주었던 것도 이 때문이다.

누군가의 아픈 고백이 이처럼 큰 반향을 불러일으키는 이유가 무엇일까. 살아낸다는 것의 어려움은 특정한 누구 한 사람만의 문제가 아니기 때문이다. 살면서 겪는 사건들의 결은 다르다 할지라도 마음의 무게는 비슷하다. 그러나 사람들은 마음의 상처를 꺼내기 어려워한다. 어떻게 말해야 할지 방법을 모르겠고, 선뜻 용기가 나지 않으며, 남들이 어떻게 생각할까 두렵기도 해서다. 외롭고 고통스러워도 홀로 견디기를 선택한다.

이럴 때 누군가 먼저 자기 고백을 해준다면 어떨까. 나만 힘든 줄 알았는데 다른 사람들의 삶도 마찬가지라는 생각에 외로움이 약간 덜어진다. 사람들이 그를 향해 따뜻한 응원을 쏟아주는 걸 보면서 마치 내게 그렇게 말해주는 것 같아 위로를 얻는다. 나도 용기를 내서 아픔을 꺼낼 수 있을 것 같기도 하다. 이것이 바로 공감의 힘이다. 청중의 고민을 들어주고 진행자가 답을 해주는 방송 프로그램이 왜 인기가 많은지 이해할 수 있을 것이다.

이런 사례들을 소개하는 데에는 이유가 있다. 바로 우리가 가진 아픔, 고민, 살아온 시간, 경험한 많은 것들이 콘텐츠가 될 수 있다는 걸 말하고 싶은 것이다. 대부분 책을 쓴다고 하면 "내가 잘하는 게 뭐가 있을까요." 하며 자신이 잘하는 것, 훌륭한 성과나 업적을 찾으려 애쓴다. 하지만 반대로 우리가 살아온 시간 속 크고 작은 아픔들이 콘텐츠가 될 수도 있다. 콘텐츠를 만들기 위해 고민이나 아픔을 꺼내놓자는 말이 아니다. 고민과 아픔을 꺼내어 적어 내려가는 과정만으로도 치유는 시작될 수 있다. 그리고 마음에만 꽁꽁 숨겨두고 누구에도 말하지 못한 채 힘겹게 살아가는 이들의 마음에 위로와 응원을 전할 수 있다. 공감력 있는 콘텐츠가 세상에 필요한 이유이다.

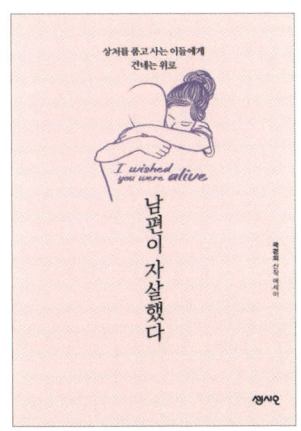 

누군가의 용기 있는 고백은 홀로 외로움을 삭히는 이들에게 위로와 용기가 될 수 있다. 곽경희 작가와 임희성 작가의 고백이 많은 이들에게 위로를 건넨 것처럼.

"야, 나도 마찬가지야!"라는 말을 들을 때

"뭔가 되게 무기력하고 아무것도 하기가 싫더라고요."

인스타그램 '낭만키키'를 운영하는 남가현 작가와 전화 인터뷰를 했을 때 들은 말이다. 10대 시절 자신의 모습이 그랬다는 것이다. 언제나 최선을 다해 즐기면서 자기 일에 전념하는 현재의 그를 보면, 정반대라는 과거의 모습을 상상하기 어렵다.

남가현 작가는 팔로워 2.5만 명의 인스타그램 낭만키키의 개설자이다. 개설된 지 1년이 조금 넘었고, 게시물이 90여 개라는 걸 감안하면 놀라운 숫자다. 그는 아무런 마케팅을 하지 않았는데도 남들이 부러워할 정도로 팔로워가 빠르게 증가했다. 그의 콘텐츠가 그만큼 사람들에게 공감과 위로를 주었기 때문에 가능했다.

처음 인스타그램을 통해 낭만키키 콘텐츠를 접하고 많은 공감을 느꼈다. 상대방의 말투로 상처받을 때, 꿈이 없는 당신에게, 좋아하는 일을 확실하게 찾는 방법, 모든 인맥이 끊기고 느낀 점, 외모 강박 심했던 썰 등등 그가 다루는 주제는 누구나 살면서 경험해봤을 법한 어려움과 마음의 상처에 대한 것이기 때문이다. 속된 말로 쪽팔려서 아무에게도 말할 수 없던 고민과 상처를 그가 대신 담담하게 풀어내는 것만 같았다.

그가 이렇게 공감과 위로가 되는 콘텐츠를 만들게 된 이유는, 바로 자기 경험 때문이다. 남가현 작가는 10대 시절의 자신을 히키코모리(은둔형 외톨이)라고 표현한다. 그가 소개하는 자기소개는 이렇다.

> 17세 : 적성에 맞지 않아 예고 자퇴.
> 18세 : 우울증+게임중독자. 밥 안 먹고 14시간 게임. 친구 연락 다 끊김.
> 19세 : 게임 폐인. 자존감 바닥. 열등감. 콤플렉스.
> 20세 : 평균 7등급 재수 시작.
>   재수 3광탈. 전문대 모두 광탈.
> 22세 : 삼수 시작. 7등급에서 2등급까지 상승. 미술 실기대회 수상.
>   1지망 성균관대학교 입학.
>   중학교 방과후교사. 미술학원 강사. 과외 및 학원 강사.
>   입학 후 진로 고민, 방황.
> 23세 : 독서 모임 동아리 활동. 창업학 복수 전공.
>   대학 강연 기획. 대기업 서포터즈 활동.

어떤가. 그의 좌절과 성장이 보이지 않는가. 남들이 부러워하는 예고에 입학했음에도 적성에 맞지 않는다는 좌절감에 자퇴를 택했고, 스스로 선택한 자퇴임에도 우울증과 패배감에 빠지게 되었다. '계속해서 이렇게 살면 미래의 내가 너무 불쌍할 것 같다'는 생각에 20세에 다시 일어섰는데 일은 뜻대로 풀리지 않았다. 22세가 되어서야 원하는 대학에 합격할 수 있었다.

대학에 입학했다고 뭐가 달라졌을까. 이후에도 고민과 방황을 거듭했다고 고백하는 걸 보면 마냥 행복한 삶을 지나온 건 아닌 듯하다. 그러나 적어도 지금은 '자신만의 춤을 추는 법'을 배웠다고 말한다. 폭풍우를 온몸으로 맞아봤기에 그게 지나가길 기다리는 것보다 그 속에서 자기 삶을 즐겁게 살아가는 게 중요하다는 걸 깨달았다는 것이다. 인스타그램을 시작하게 된 계기는 바로 이러한 자기 경험을 나누고 싶었기 때문이었다.

"제 경험을 바탕으로 사람들한테 전하고 싶었던 메시지는, 한 번 넘어졌다가 다시 일어난 사람은 또 넘어지더라도 다시 일어날 수 있는 법을 안다는 것이었어요. 이 메시지를 그림과 함께 올렸는데, 그게 확 터지더라고요."

낭만키키 인스타그램에 들어가 보면 공감이 가는 주제가 가득하다. 나만 마음이 상하고 상처받는 게 아니라는 사실을 깨닫는 것만으로도 위로를 받을 수 있다.

짧은 시간 안에 팔로워가 빠르게 늘어났다. 어떤 날은 게시물을 올린 지 1시간 만에 수천 명의 팔로워가 증가하기도 했다. 많은 이들에게 자신의 콘텐츠가 위로와 공감이 되는 걸 보면서 뿌듯했고 자신감도 얻을 수 있었다. 지금은 학생이자 웹툰 작가로 활동하면서 빵집 프랜차이즈에서 외주를 제안받아 프리랜서 마케터로도 일하고 있다. 남 작가의 용기 있는 고백에 많은 이들이 위로를 얻었고, 작가 자신도 더욱 성장할 수 있게 되었다.

사람들은 누구나 실패로 인한 열등감과 패배감을 경험한다. "나도 마찬가지야. 괜찮아. 다시 시작할 수 있어."라는 말이 간절히 필요한데, 그러려면 내 실패와 모자란 마음을 먼저 말해야 하니까 부담스럽다. 이럴 때 남가현 작가의 웹툰과 같은 콘텐츠가 위로와 힘이 되어준다. 누군가의 상처의 고백은 타인에게 용기를 낼 이유가 될 수 있다.

용기 있는 고백이 세상을 바꾼다

이 책을 한창 쓸 때쯤 매스컴에 자주 소개되는 젊은 커플이 있었다. 유튜버 박위 씨와 걸그룹 시크릿의 멤버였던 송지은 씨이다. 두 사람은 여러 방송에 출연하여 서로를 아끼고 사랑하는 모습을 보여주어 박수를 받았다. 유명인들 간의 결혼이 처음이 아님에도 유독 두 사람에게 축복이 쏟아지는 이유가 있다. 송지은 씨도 멋지지만, 박위 씨가 정말 아름답고 강인한 청년이기 때문이다.

박위 씨는 28세 때 인턴으로 일하던 기업에서 정직원으로의 취업에 성공한 후, 지인들과의 축하 자리에서 건물에서 떨어지는 사고를 당했다. 목뼈가 부러져 전신마비 진단을 받았음에도 타고난 긍정 마인드와 강인한 의지로 재활에 임해, 처음 진단 때보다 몸 상태를 크게 호전시킬 수 있었다. 그의 영상을 보면 상반신을 어느 정도 움직이는 걸 확인할 수 있는데, 그는 자신의 건강에 대해 쇄골 아래부터 점차적으로 감각이 떨어지고 잘 느껴지지 않는다고 설명한 바 있다.

박위 씨는 재활하는 모습, 장애인으로서의 일상 등을 영상으로 촬영하는 유튜버로 변신했다. 그가 운영하는 채널 '위라클'의 구독자수는 97.8만 명, 누적 조회수는 4억1천 회를 넘는다. 그는 위라클팩토리란 회사를 창업했고, 『위라클(WERACLE)』이란 책을 썼다.

그는 자신의 콘텐츠를 통해서 사람들에게 하나의 메시지를 강렬하게 전해준다. 바로 '장애인도 비장애인과 마찬가지로 평범한 일상을 살아가는 이웃'이라는 사실이다. 많은 드라마, 영화를 통해 이러한 내용이 다뤄졌지만 많은 사람들이 생각만큼 장애인의 삶에 대해서 잘 알지 못한다. 장애인들이 일상에서 숱하게 불편함을 맞닥뜨리는데도 이에 무감하거나 외면하는 사람들이 있다. 어쩌면 그것은 잘못된 인식과 무지에서 나오는 행동일지도 모른다. 그런데 이러한 콘텐츠를 접하면 사람들의 인식이 달라질 수 있다. 위라클에서는 다수의 장애인 인터뷰 영상을 볼 수 있는데, 그들의 진솔한 이야기를 통해 장애를 극복해야 하는 문제, 유별난 문제, 비극적 사건으로만 볼 게 아니라 있는 그대로 받아들여야 한다는 점을 깨닫게 된다.

그의 영상들을 하나하나 보면서 우리 사회가 장애인에게 정말로 무

신경하고, 그것이 장애인에게는 굉장히 큰 어려움으로 돌변할 수 있다는 사실을 새삼 더 느끼게 되었다. 눈이 펑펑 쏟아지는 날 뜨끈한 어묵 국물을 편의점에서 사먹기 위해 길을 나선 그가 얼마나 많은 거리의 턱과 만나는지를 촬영한 영상은 충격적이었다. 편의점을 찾아도 도로의 턱 때문에 휠체어 진입이 불가능해 상당 시간이 흐르는 동안 편의점에 입장할 수 없었고, 간신히 찾아낸 턱 없는 편의점에 가서는 휠체어 바퀴를 굴리느라 체온이 올라가 결국 어묵 국물 대신 차가운 음료수를 사서 벌컥벌컥 마셔야 했다. 장애가 더 이상 '장애'가 되지 않고 누구나 마찬가지로 평범한 일상을 살아가게 하기 위해서는, 잘 보이지 않는 구석구석의 공간까지 재설계하는 변화가 필요하다는 사실이 피부로 다가왔다.

박위 씨는 우리 사회의 현실에 직접 몸으로 부딪치는 영상을 촬영한다. 저상버스, 지하철, 공중화장실, 빌딩 앞, 지하주차장 등에서 만나는 어려움을 가감 없이 담아내는 것이다. 특유의 긍정으로 돌파해 나가면서도 때때로 느낄 수밖에 없는 불편함, 당황스러움, 황당함 등의 감정이 영상 너머 시청자들에게 있는 그대로 전달된다. 그가 쌓아가는 기록의 강점이 바로 이것이 아닐까 한다.

사람은 누구나 '근사한 모습'을 타인 앞에 보이고 싶어 한다. 당황하거나 부끄러운 감정, 민망한 감정 등을 쉬이 노출하고 싶어 하지 않는다. 나도 사람이기에 똑같다. 글을 쓸 때도 잘했던 것, 자랑하고 싶은 것, 행복한 기억들만 담고 싶다. 하지만 시간이 흐르고 글을 읽다 보면 언젠가 잘못했던 일, 미안한 감정, 부끄러운 일이 떠오르기도 한다. 그걸 숨기고 가리기보다는 솔직하게 글로 쓰면 나 자신을 돌아보게 되고 타인의 감정도 좀 더 이해할 수 있게 된다. 그게 글의 힘이고 콘텐츠의 힘이 아닐까.

이 세상에 잘한 일만 보여주고, 좋은 모습만 보여주는 콘텐츠로만 가득하다면 우리는 더 나은 방향으로 나아가기 힘들 것이다. 우리의 감정은 좋은 때보다 안 좋을 때, 힘겨울 때, 어려울 때 더 여실히 드러나기 마련이다. 그때 비로소 문제를 알아차리고 바로잡게 되며 앞으로 나아가게 된다. 박위 씨가 현실에 부딪쳐 느끼는 당혹스러움을 그대로 담아냄으로써 우리가 어떻게 살아가야 하고, 우리 사회는 어떻게 변화해야 하는지를 생각하게 해준 것처럼. 그의 글, 영상은 모두 그의 삶에 대한 기록이자 우리 사회의 민낯에 대한 정직한 투영이다. 그의 기록은 더 나은 세상을 만들기 위해 사용될 것이다.

세상에는 우리가 보지 못하는 부분들이 많이 있다. 그런 부분들을 드러내어 솔직하게 고백하고 싶었지만 그러지 못했다면 한 번쯤 용기를 내보라고 말해주고 싶다. 우리가 하는 고백이 이 세상을 좀 더 발전하게 만든다면 주저할 이유가 있을까. 물론, 내 안의 쓰라린 아픔과 어려운 이야기들을 꺼내려면 단단한 마음과 긍정의 힘이 필요할 것이다. 하지만 그로 인해 나 자신과 세상에 선한 영향력을 미칠 수 있다면 그걸로도 충분히 행복할 것이다.

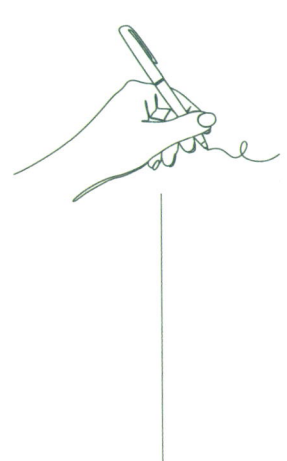

다섯 번째 질문
_고민을 해결해줄 수 있는가

물어보기 전에
답을 주는 '상담소'가 있다면

    고민이 있을 때 그것을 해결하기 위해 노력하는 방법은 다양하다. 나는 혈액형별로 각 상황에 어떻게 반응하는지 보는 걸 좋아하는데, 믿거나 말거나 O형인 나에겐 딱 맞을 때가 많아서 귀를 쫑긋 세우곤 한다.

    고민이 생기면 A형은 혼자 골똘히 생각에 잠길 때가 많다고 한다. 그래서 생각을 환기시킬 다른 방법을 찾거나 사람들을 만나서 조언을 받는 것도 좋단다. B형은 화가 나서 행동을 격하게 할 때가 있는데 그래도 비교적 고민을 빨리 해결하기 위해 노력하는 편이라고 한다. 혼자

조용히 시간을 가지면서 생각을 정리하고 비슷한 고민을 지닌 다른 사람의 사례도 좀 찾아보면서 상대를 이해하기 위해 노력하는 게 도움이 된다고 한다. AB형은 일단 푹 잠을 자고 일어나서 차근차근 생각을 정리하고 책을 찾아보거나 나름의 방식으로 고민을 해결한다고 한다.

O형은 실제로 스트레스를 잘 받지 않고, 고민이 생겨도 일단 주변 사람들과 그 고민을 나누면서 해결해 나가는 경향이 있다고 한다. 나도 그런 편인데, 아마도 그리스 철학자 에픽테토스가 "우리가 통제할 수 없는 일에 대해 괴로워하는 것은 무의미하다."라고 했던 말을 믿어서 그런 듯하다.

가만히 생각해보면 나는 아주 큰 고민거리가 있을 때는 혼자 생각에 잠기기도 하지만, 대체로 누군가를 찾아가 조언을 구하거나 주변 사람들과 고민거리를 나누었는데 그러다 보면 해결되는 경우도 많았다. 또 불안한 마음과 힘듦을 참으면서 철학책을 읽다 보면 나도 모르게 고민이 해결되거나 다른 각도에서 고민을 바라보면서 깨달음을 얻을 때가 많았던 것 같다. 그렇게 우리는 저마다의 방식으로 고민을 해결해나간다.

고민으로 잠 못드는 날들이 많은데 누군가 속시원한 해결책을 준다면 얼마나 좋을까. 일본 작가 히가시노 게이고의 소설 『나미야 잡화점의 기적』에는 우리의 바람을 채워주는 이야기가 담겨 있다.

이 책에는 달토끼라는 가명의 여성의 사연이 있다. 그는 올림픽 국가대표를 꿈꾸는 펜싱선수였다. 그런데 결혼을 약속한 남자친구가 어느 날 갑자기 시한부 선고를 받게 된다. 그는 전지훈련을 떠나야 할지, 남자친구를 간호해야 할지를 고민하며 나미야 잡화점에 편지를 보낸다.

그런데 편지를 받은 이는 잡화점 주인 할아버지가 아니라, 달토끼보다 훨씬 미래에 살고 있는 좀도둑 3인방이었다. 그들은 편지가 과거로부터 온 것임을 알게 된 후 나름대로 달토끼에게 도움이 될 만한 조언을 편지로 적는다. 달토끼는 고민 끝에 자신의 의지에 따라 선택하고, 최선을 다했기에 후회가 없다며 3인방에게 감사의 편지를 전했다.

『나미야 잡화점의 기적』에는 이 외에도 여러 편의 인상적인 이야기가 담겨 있다. 이 책은 우리나라에서 소개된 게이고의 소설 중 가장 높은 판매고를 올렸다. 좀도둑 3인조가 폐점된 나미야 잡화점에 숨어들었다가, 과거로부터 온 편지 한 통을 받게 되고 그 편지에 답장하면서 벌어지는 이야기이다. 이 책을 읽으면서 현실 세계에도 이렇게 우리의 고민을 들어주고 답을 해주는 상담소가 있다면 얼마나 좋을까 하는 생각을 했다.

누구나 고민이 있으면 해결책을 찾고자 노력하게 된다. 가족이나 친구 등 가까운 사람들에게 물어볼 수도 있고 인터넷으로 검색해보거나 책을 찾아볼 수도 있다. 어떤 방법을 선택하는지는 사람마다 차이가 있겠지만, 공통점은 고민을 방치하지 않고 해결에 나서려 한다는 사실이다. 고민이 있으면 무척 괴롭기 때문이다. 해결되지 않은 고민이 이어지면 머리가 아프고 가슴이 무겁고 답답해지는 등의 신체 증상으로까지 번진다. 건강한 삶을 살고 싶다면 고민을 품지 말고 풀어버려야 한다.

그러나 만약 고민이 타인에게 드러내기 어려운 주제라면 주변 사람들에게 문의하는 게 꺼려질 것이다. 이럴 땐 검색이나 책 찾기를 선택할 수 있다. 나중에 가서는 관련 전문가들을 찾아가야 할 문제라 해도 일단은 답답한 속을 풀어줄 일차원적 해답을 얻고 싶으니까 말이다. 인터넷이 발달된 덕분에 고민 해결에 도움이 되어줄 만한 콘텐츠를 찾기에 쉬운 세상이 되었다.

'아는 변호사'는 이지훈 변호사가 운영하는 유튜브 채널이다. 구독자 수는 38.5만 명, 누적 조회수는 8천2백만이 훌쩍 넘는다. 사람들은 왜 그의 채널을 좋아하는 걸까? 일단 채널에 들어가 보면 다양한 콘텐츠를 접할 수 있다. 그는 자신의 여러 소송 경험을 바탕으로 결혼과 이혼, 임대차관계, 증여 등 폭넓은 이슈를 다룬다. 또 육군 군법무관으로 일한 경험이 풍부해 군 관련 소송 이야기도 정리해두었는데, 다른 곳에서 접할 수 없는 이야기들이라 매우 흥미롭다.

채널에서 가장 비중이 높은 콘텐츠는 '현명한 결혼과 이혼'이다. 이 변호사는 자신의 결혼과 이혼 경험을 바탕으로 『결혼은 신중하게, 이혼은 신속하게』를 쓴 작가이기도 하다. 그는 결혼과 이혼, 논어, 인생론 등의 강의 콘텐츠를 VOD로 만들어 판매하고 있고, 대형 등신대와 머그컵도 판매 중이다.

그의 채널 콘텐츠는 단지 다양한 소송 사례에 대한 질문과 답만 제공하지 않는다. 국민적인 관심이 높았던 사건과 사고에 대한 자신의 의견을 체계적으로 정리하였고, 독서와 멘탈 관리 등 자기계발 콘텐츠도 꾸준히 다루고 있다. 논어의 구절을 이용해 인생의 지혜를 말하는 '아류논어'는 퍽 인상적이다. 대중은 온갖 인생 고민 집합소와 같은 그의 채널에서 자신이 가진 고민에 대한 해답을 골라 볼 수 있다.

눈여겨볼 만한 변호사 유튜브 채널 중에는 김지수 변호사가 운영하는 '킴변'도 있다. 구독자수는 13.5만 명, 누적 조회수는 1천4백만 회가 넘는다. 그는 취미로 가수, 작곡, 디제잉을 하는 독특한 이력을 가지고 있는데, 음악을 좋아하는 나로서는 더욱 흥미가 간다. 자신의 전문성을 잘 유지하면서 색다른 취미를 가진다는 건 남들이 볼 때 동경심이 생기고 대리만족이 되기도 한다. 그의 채널에는 전세사기 등 소송 관련 콘텐츠 외에 변호사 시험 Q&A, 판사 임용 면접, 변호사 개업 준비, 휴가 즐기기 등 법조인의 일상과 관련된 콘텐츠가 풍부하게 담겨 있다. 법조인을 꿈꾸는 청년들이라면 그의 채널을 보고 충분히 동기부여를 받을 수 있을 법하다.

고민 상담 콘텐츠 영역에서 변호사들이 인기가 있는 이유는, 다양한 세상사를 접할 수 있는 대표적 직업이기 때문이다. 어려운 일이나 혼자서 해결하기 힘든 일이 생겼을 때 법적 조언이 필요하거나 어떻게 해결해야 하는지 알아보고 싶지만 뾰족한 수가 없을 때가 많다. 상담만 하는데도 터무니없는 비용이 들어가진 않을까 걱정이 되고, 인터넷에 떠도는 수많은 정보는 모두 믿기가 힘들다. 그런데 실제로 변호사로 일하는 사람이 직접 이야기를 해주니 얼마나 좋은가. 세상에 이뤄지는 온갖 복잡다단한 일들을 법이라는 거울을 통해 비춰볼 기회는 그리 많지 않다. 물론 우리가 가진 모든 고민을 법으로 해결할 수 있는 건 아니다. 하지만 법은 감정이 배제되고 가장 중립적인 선을 지키고 있어, 이를 통해 내 고민을 비춰보면 객관적 판단을 하는 데 상당히 도움이 된다.

사람들은 고민이 생기면 감정적으로 불안정한 상태가 되기 쉽다. 감정적으로 불안정해지면 괜히 마음이 불안하고 절망적인 생각이 들거나 흥분하게 된다. 하지만 우리는 잘 알고 있다. 이런 감정 상태는 문제를 악화시킬 뿐이라는 걸. 이를테면 바람피우는 배우자에 분노해 상간녀(혹은 상간남)에게 공개적으로 망신을 준다거나, 돈을 갚지 않은 사람에게 돈을 갚으라고 하다가 몸싸움이 벌어지는 것이다. 감정적 흥분은 우리의 고민을 해결해주지 못할 뿐 아니라 상황을 훨씬 더 복잡하게 만들어버린다. 막연히 알고 있던 이런 사실들도 변호사들이 실제 사례를 바탕으로 만들어놓은 콘텐츠를 보면 더 확실하게 알게 된다.

고민 상담 콘텐츠를 만드는 것은 변호사들에게도 의미가 있다. 변호사들 이야기를 들어보면 과거와 달리 변호사업계의 고객 유치 경쟁이 날이 갈수록 치열해진다고 한다. 때문에 유튜브 콘텐츠 제작은 이들이 자신의 전문성을 대외적으로 널리 알려서 고객을 유치하기 위한, 아주 효과적인 마케팅 수단이 된다. 고객의 고민을 해결하면서 자신의 마케팅도 되는, 일석이조의 방법인 것이다.

고민을 해결해주는 콘텐츠는 많은 사람을 불러 모을 수 있다는 점에서 가치가 높다. 지금까지 변호사들의 콘텐츠를 소개했지만, 고민 상담 영역은 이게 다가 아니다. 심리, 건강, 미용, 경제(투자), 대화·소통, 가족 및 직장 내 인간관계, 자녀 학습 등등 상당히 많다. 이렇게 다양한 영역 중에서 사람들의 고민에 답을 해줄 전문성이나 풍부한 경험이 내게 있다면, 그것이 바로 나의 상품성이므로 적극적으로 발전시켜야 한다.

이렇게 자신만의 콘텐츠로 타인의 고민을 상담해주는 콘텐츠를 하나 더 소개하려고 한다.

유튜브 '후니언'은 메이크업하는 방법, 화장품 비교 정보, 피부 관리법 등을 취급하는 뷰티 채널이다. 채널의 구독자수는 40.8만 명, 누적 조회수는 1억8천만 회가 훨씬 넘는다.

이 채널의 운영자 후니언(본명 박상훈)은 남성으로, 여성이 압도적으로 많은 뷰티 유튜브 영역에서 인기 유튜버로 활약 중이다. 후니언처럼 남성 유튜버들이 점점 인기를 얻고 있는데, 이들 중에는 메이크업 아티스트가 직업인 경우가 있다. 이를테면 구독자 139만 명을 보유한 남성 뷰티 유튜버 1위 레오제이가 그러하다. 레오제이는 직업과 연관된 콘텐츠를 만듦으로써 직업적 전문성을 강화하고 마케팅에도 효과적으로 활용하고 있다.

반면에 후니언은 그와 같은 직업은 아니다. 그가 처음 유튜브 채널을 시작하게 된 건 '말하기를 너무 좋아해서'라고 하며, 처음으로 올렸던 프로듀스101 'PICK ME' 커버댄스 영상이 화제가 되면서 이름이 알려졌다. 처음에는 가수 패러디 영상을 올리다가 화장품 사용 소감을 담은 영상을 올리기 시작했다. 그리고 점점 피부관리와 색조화장에 대해 관심을 갖고 연구하여 자신의 강점 콘텐츠로 만들어냈다.

그가 웬만한 여성보다 훨씬 더 섬세하게 화장법과 피부 관리법을 설명하는 걸 보면 절로 감탄이 나온다. 보고 있다 보면 '오, 나도 한번 해볼까?' 하는 생각이 들 정도다. 주로 색조화장품에 대한 소개가 많은

데, 다양한 상품들을 직접 사용하면서 장단점을 꼼꼼하게 짚어주어 남녀 모두의 시선을 사로잡았다.

아마 후니언과 같은 남성 뷰티 유튜버 덕분에 피부관리와 자연스러운 화장법에 대해 남몰래 고민하는 남성들이 많은 도움을 받았을 것이다. 남성이 화장을 하거나 외모에 신경을 쓰는 것에 대해 편견을 가지는 사람들이 아직 존재하기에, 남성들은 여성들처럼 피부와 화장에 대해 드러내놓고 말하지 않는 편이다. 뷰티 유튜버의 콘텐츠는 이런 분들의 갈증을 채워주는 역할을 한다고 볼 수 있다. 고민하는 걸 묻기 전에 말해주면 참 고마운 법이다. 내가 제공한 콘텐츠로 갈증이 충족된 사람들은, 자연스럽게 내 팬이 될 것이다.

타인의 고민을 발굴하는 방법

"내가 이 분야에서는 엄청 전문가거든요. 그래서 내가 아는 정보들을 깨알같이 담았는데 왜 인기가 없는 걸까요? 일주일에 두세 개씩 정말 부지런히 콘텐츠를 올리는데 별로 반응이 없어요. 고민입니다."

오랫동안 심리 분야에서 일해온 분이 고민을 안고 왔다. 그분의 아이템은 내가 들어도 굉장히 솔깃한데, 인기가 없다고 말하는 걸 보니 의문이 들었다. '도대체 왜 그럴까?' 그가 만들었다는 유튜브를 직접 찾아서 보니 이유를 알 것 같았다. 한 편 한 편의 내용은 정말 구체적이고 알찼지만, 일단 쉽게 열어서 보고 싶다는 생각이 들지 않았다. 주제도 너무 다양했다. 심리라는 것이 얼마나 범위가 넓은가. 그중 가장 특화

된 몇 가지로 주제를 좁혀서 정리를 해줘야 하는데 그렇지 않아서 무엇을 보아야 할지 헤매게 되었다.

사실, 이런 경우는 생각보다 많다. 다른 사람의 고민을 해결하기 위해 콘텐츠를 만든다면 그 콘텐츠는 '내 입장'이 아니라 '상대의 입장'을 잘 반영하고 있어야 한다. 그러려면 '대중이 가진 실질적인 고민이 뭘까?'를 잘 발견하는 게 무엇보다 중요하다. 나도 철학을 좋아하다 보니 철학을 궁금해하거나 어렵게 생각하는 사람들의 고민을 듣고 어떻게 시작하고 배워나가야 하는지 알려줄 때가 있다. 만약 그들이 원하는 것이 아니라 내가 원하는 방식으로만 생각하고 글을 쓰고 강의를 한다면 아마 지금처럼 큰 호응을 얻진 못했을 것이다. 즉 대중이 아닌 자신의 입장에서 콘텐츠 주제를 선정하는 건 매우 위험하다. 대중의 관심사가 어떤지 이해하지 못하니 '잘되는' 콘텐츠와는 거리가 먼 것들을 자꾸 만들어내게 되는 것이다.

한번은 지인으로부터 책을 만들고 싶다는 의사를 소개받은 적이 있었다. 그는 내과 전문의였는데, 위장 장애에 대한 책을 쓰고 싶어 했다. 한때 위암 전 단계로 불리는 장상피화생으로 고생한 적이 있어서, 관심 있게 그의 이야기를 경청했다.

"이렇게 책을 써볼까 해요."

이야기를 다 마친 후 그는 직접 만들어봤다며 목차를 내밀었다. 살펴보니 위장 장애의 개념부터 원인, 주요 증상, 치료법, 평소 관리법 등이 순서대로 나열돼 있었다.

"이 목차대로 유튜브 채널 콘텐츠도 만들려고요."

책도 내고 유튜브도 만들겠다며 의욕에 가득 차 있는데, 아무리 봐도 이렇게 해서는 인기를 얻을 것 같지가 않았다. 열심히 해왔는데 무조건 아니라고 말하면 기분이 상하지 않을까 고민이 되었지만, 그래도 멀리 보았을 때 지금 잠깐 기분이 상하고 나중에 웃는 게 낫겠다 싶어 돌리지 않고 이야기했다.

"목차를 다시 잡아야 할 것 같아요. 저도 위장 장애로 고생을 많이 했는데 여간 힘든 게 아니더라고요. 그런 심정으로 솔깃해서 보았는데, 목차가 너무 방대하고 복잡해서 흥미가 잘 생기질 않아요. 좋은 콘텐츠를 갖고 계시니 다시 한번 만들어보는 게 좋겠어요."

그는 고개를 갸웃했다. 사실 위장 장애로 고민하는 이들이 알고 싶어 하는 건 병과 관련된 '개념'이 아니지 않은가. 이들이 알고 싶어 하는 건 우리 생활 속에서 일어나는 일들, 직접 겪고 있는 일들과 관련한 실질적인 정보다. 예를 들어, 자신이 즐겨 마시는 술이 위장 장애와 관련이 있는지, 왜 새벽이 되면 역류성 식도염이 더 심해지는지, 상사에게 혼이 난 후 소화가 잘 안 되는 이유가 뭔지, 만성 위염에 시달리는데 위암으로 발전하지는 않을지… 등등 일상생활에서 주로 겪는 증상들에 대한 명확한 답을 전문가를 통해 듣고 해결하고 싶은 것이다.

"저한테는 너무 어려운 얘긴 것 같아요. 그냥 위장 장애에 대해 아는 걸 다 알려주면 되는 줄 알았는데…"

구체적으로 설명을 했는데도 그는 자기 관점을 바꾸는 걸 상당히 어려워했고, 대중이 궁금해하는 방식으로 콘텐츠 주제를 선정하는 방법을 모르겠다고 했다.

"그럼, 이렇게 한번 해보시겠어요?"

일전에 한 책에서 마케팅의 기본은 고객이며, 마케팅을 잘하는 방법은 바로 '고객에게 직접 물어보는 것'이라는 글을 본 적이 있다. 우리가 흔히 '니즈(Needs)'라고 하는 것, 즉 고객이 원하는 게 무엇인지 가장 잘 아는 사람은 바로 고객 자신이기 때문이다. 콘텐츠도 마찬가지다. 대중이 원하는 방식으로 구성을 해야 잘 먹히고 잘 팔린다. 그렇다면 대중이 원하는 걸 어떻게 찾을 수 있을까? 여러 방법이 있겠지만, 내가 그날 그에게 알려준 방법은 매우 쉽고 간단한 것이다.

인터넷을 활용하는 것인데, 포털사이트나 해당 콘텐츠 관련 카페에서 사람들의 질문을 탐색하는 것이다. 한 마디로 대상이 될 고객에게 직접 물어보는 것이다. 포털 검색창에 자신이 알고 싶어 하는 콘텐츠 주제를 검색하면 관련된 블로그와 카페 글이 검색되는데 그걸 읽어봐도 좋다. 네이버 지식인의 경우 교육/학문, 컴퓨터통신, 게임, 엔터테인먼트/예술, 생활, 건강, 사회/정치, 경제, 여행, 스포츠/레저, 쇼핑 등으로 구분돼 있는데, 해당 분야로 들어간 다음 자신이 찾고 싶은 콘텐츠 주제를 검색해보면 사람들이 올린 질문을 볼 수 있다.

만약 사람들을 많이 만난다면 그들에게 어떤 게 궁금한지, 어떤 점이 좋았거나 불편했는지 등을 물어보는 것도 좋은 방법이다. 예를 들어 내가 재무설계사라면 고객들에게 보험 가입이나 청구와 관련돼 있었던 일들을 물어보고, 피부과 의사라면 고객들이 진료 때 물어오는 피부 고민을 잘 기록해두었다가 콘텐츠로 만드는 것이다.

고민을 직접 건드려주는 콘텐츠에 사람들은 관심과 호기심을 갖게 된다. 그러나 자신의 전문성을 드러내고 싶은 욕망이 있는 사람일수록 '순서대로' 설명하고자 하는 욕망이 있다. A부터 Z까지 정석대로 풀어야 제대로 된 설명이고, 해답이라고 생각하는 것이다. 그렇게 만든다면 대중의 관심을 끌어낼 수 없고, 강점 콘텐츠가 될 수 없다. 기억을 더듬어보면 지금까지 숱하게 접한 콘텐츠 중에서 시선이 끌리지 않은 것들도 많았다는 게 생각날 것이다. 같은 변호사의 콘텐츠라 해도 A변호사에는 관심이 가고, B변호사에는 아예 무관심하다. 마찬가지로 같은 뷰티 콘텐츠라 해도 A유튜버에게는 관심이 없고, B유튜버에 관심이 간다. 콘텐츠가 얼마나 대중의 관심을 받느냐는, 주제 선정 때 얼마나 대중의 입장을 반영했는가에 달려 있다.

우리는 '끌리는 콘텐츠'라는 말을 자주 쓴다. 내 마음을 잘 반영하거나 필요를 채워주는 콘텐츠를 지칭하는 말이다. 그런 콘텐츠일수록 다른 것보다 훨씬 재미있고 매력적으로 느껴진다. 그래서 끌리는 콘텐츠를 만들고 싶다면, 그 무엇보다 대중의 마음을 잘 반영하기 위해 노력해야 한다. '내가 말하고 싶은 주제'가 아닌 '대중이 알고 싶은 주제' 쪽으로 더 많이 갈수록 성공적인 콘텐츠를 만들 확률이 높아진다는 걸 잊지 말자.

CHAPTER 2

돈 되는 콘텐츠를 만드는 글쓰기 실전 테크닉

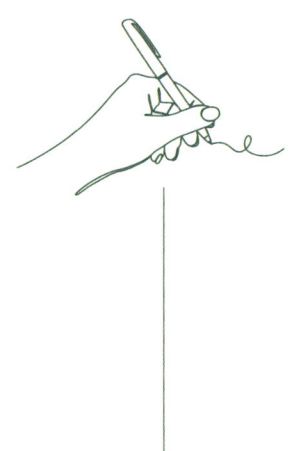

10분짜리 강연 원고부터
시작해야 하는 이유

큰 목표를 달성하기 위한 작은 시작

"대표님, 몸짱 한번 되어보시겠어요?"

몇 년 전 몸짱에 도전해본 적이 있다. 골프를 제외하고는 다른 운동에 그리 관심을 갖지 않았는데, 헬스장에서 멋진 몸매 사진들을 보여주며 이렇게 만들어준다고 하니 나도 모르게 벌써 그렇게 되기라도 한 것처럼 심장이 쿵쿵거렸다. 마음을 먹으면 일단 끝까지 해보는 성격이기에 몇 년 동안이나 체중 관리를 하면서 하루도 빠지지 않고 운동을 했다. 처음엔 설레는 마음 반 '내가 정말 할 수 있을까?' 하는 두려운 마음 반이었지만, 어느 순간에는 자연스럽게 매일 루틴에 따라 운동을 하는 나를 발견하고 놀라곤 했다. 좀처럼 근육이 생기지 않는 몸이란 걸 깨달은 데다 또 다른 일에 꽂혀 그만두긴 했지만 즐거웠던 기억으로 남아 있다.

우리는 새로운 도전을 할 때 설레고 기대하는 마음이 들기도 하고 두려운 마음이 들기도 한다. 특히 그것이 매일 꾸준히 해야 할 일일 때는 '내가 잘할 수 있을까?' 하는 두려운 마음부터 드는 게 당연하다. 여유로운 일상을 보낼 수 있는 사람이 몇이나 될까. 그런 가운데 또 다른 도전을 한다는 것, 새로 배우고 알아가고 또 잘 해낸다는 건 늘 어렵기 마련이다.

강점 콘텐츠를 만드는 일 역시 큰 도전이다. 우리는 앞에서 강점 콘텐츠를 만드는 일이 얼마나 중요한지, 그것을 어떻게 발견할 수 있는지 보았다. 내 안의 강점 콘텐츠를 발견하고 키워가는 일에는 많은 장점이 있다. 나의 매력을 사람들에게 어필함으로써 자신감을 얻게 되고, 치열한 경쟁에서 승리할 수 있는 경쟁력을 가지게 된다. 나아가 돈까지 벌게 해줌으로써 삶을 윤택하게 해준다.

이렇게 큰 장점들이 있는데도 불구하고 우리는 왜 강점 콘텐츠를 만드는 일에 쉽게 뛰어들지 못하는 걸까. SNS, 책, 유튜브 영상 등 플랫폼이 뭐든지 간에 장기적인 관점에서 꾸준히 만들어 쌓아두어야 하는데, 이게 말처럼 쉽지 않아서이다. "아니, 매일 글을 써야 한다고요?" "매주 영상을 만들어야 한다고요?" 하면서 말이다. 콘텐츠를 만드는 데는 상당한 인내와 성실함이 필요하다. 이러한 전제조건 때문에 처음부터 덜컥 겁을 내는 사람들이 많다.

강점 콘텐츠의 중요성을 알지만 바쁜 일상에 쫓기는 분들을 위해 조금 쉬운 방법을 소개하고자 한다. 처음부터 근사한 책이나 긴 글을 쓰겠다는 목표를 세우면 금방 지치게 된다. 난 글을 많이 읽고 쓰는 편인데도 일단 하나의 원고에 들어가면 '이걸 언제 다 쓰나?' 하는 생각부터 든다. 아무리 잘 쓰는 작가도 긴 글을 아무렇지도 않게 쭉쭉 쓰진 못한다. 하지만 목표를 '한 편만 써보자'라고 잡으면 어느새 성큼성큼 목표에 도달해 있는 것을 발견하게 된다. 성취감이 높아서 쉽게 포기하지 않고 할 수 있기 때문이다.

그래서 나는 처음 콘텐츠를 만드는 이들에게 거창한 목표 대신 10분짜리 강연 원고 하나를 만드는 걸 목표로 삼으라고 말해준다. 이렇게 하면 부담도 되지 않고 '오, 해볼 만하겠는데?'라고 생각할 수 있다.

그렇다면 10분, 좀 더 정확히 말해 10~15분짜리를 권하는 이유는 무엇일까. 내 경험상 10~15분간 말할 수 있는 원고는 (작성 방식에 따라 차이가 있지만) A4 약 1페이지~2페이지 반에 해당한다. 일반적인 책 원고를 쓸 때 한 꼭지(혹은 한 편)에 해당하는 분량이다. 글을 쓰는 행위 자체가 낯선 분들에게 책 한 권을 쓰는 미션은 숨이 턱 막힐 만큼 부담스럽지만, 한 편을 쓰는 건 상대적으로 쉽게 느껴진다.

자, 그러면 자신이 잘 아는 콘텐츠 영역에서 대중이 가장 궁금해하고 관심 있어 하는 주제를 골라서 한 편을 써보자. A4 약 1페이지~2페이지 반 분량을 작성하면 그걸로 10~15분짜리 영상을 찍을 수 있다.

이렇게 하여 한 편의 글과 영상이 완성되면 자신감이 생긴다. 그러면 같은 방식으로 또 한 편의 글을 쓰도록 한다. 이렇게 한 편씩 늘려가면 점점 콘텐츠의 양이 많아질 것이고, 나중에 가서는 충분히 책 한 권을 엮을 정도의 분량이 될 것이다.

10~15분짜리 강연 원고 작성을 강점 콘텐츠를 만드는 첫 단계로 삼는 것은, 내가 진행하는 책쓰기 강의에서 수강생들에게 이미 알려 드린 바 있다. 일반적인 책쓰기 방법과 다르기에 '거꾸로 책쓰기'라는 이름을 붙였다.

거꾸로 책쓰기, 즉 10~15분짜리 강연 원고 작성으로 시작해 책처럼 깊이 있는 콘텐츠로 발전시켜 나가는 방법이다. 이것은 내가 직접 실행한 방법이기도 하다. 수년 전 외부에서 처음 책쓰기 특강을 해달라는 요청을 받고 고심 끝에 30분짜리 특강을 만들었고, 그것이 첫 책 『책쓰기가 이렇게 쉬울 줄이야』의 기초가 되었다. 두 번째 책, 세 번째 책 그리고 지금 쓰는 네 번째 책도 그동안 해왔던 강연 원고를 기반으로 쓰게 된 것이다. 나 역시 처음부터 책을 쓰겠다는 마음으로 도전했다면 목차를 만들려고 끙끙대다가 그만뒀을지도 모른다. 30분짜리 강의안을 만드는 것으로 부담을 최소화했기에 책쓰기까지 발전할 수 있었다.

SNS에서 글을 쓸 때도 마찬가지다. 처음 SNS를 시작했을 때는 문장 한 줄을 써놓고도 마치 신춘문예에 내보낼 시라도 한 편 쓰는 것처럼 지웠다 썼다를 반복했다. '이것 보고 잘 못썼다고 하면 어쩌지?' 하는 소심한 마음도 들었다. 하지만 우리가 SNS를 볼 때 '이 글이 얼마나 완성도가 있느냐?'를 평가하기 위해 보지 않는다. 그저 진솔한 마음과 마음이 공감이라는 이름으로 공유된다. 좋은 아이디어나 일상 속 작은 감성들의 나눔 그 자체가 중요하다. 그래서 나는 그때그때 쓸 주제가 떠오르면 곧바로 썼다. 마음 가는 대로 일단 쓴 다음에 조금씩 수정해 나갔다. 너무 잘해보려고 하다가 아예 한발도 떼지 못하는 것보다 일단 시작하는 게 중요하니까.

콘텐츠를 만드는 작업은 긴 호흡이 필요하다. 그렇기에 좀 더 쉬운 요령이 필요하다고 생각한다. 그래야 모든 사람들이 자기 강점 콘텐츠를 발견하고 키워갈 수 있기 때문이다. 쇼펜하우어는 일생을 통해 정말 많은 글을 오래도록 쓴 사람으로 유명하다. 그는 "시작과 끝의 범위는 항상 정해져 있어야 한다. 스스로 정한 범위 내에서 자신의 상태와 성격이 조화된 최적의 규칙을 만들어 나가야 한다."라고 했다. 이 말을 자신의 콘텐츠를 만드는 데 잘 적용해보길 바란다. 우리는 자주 커다란 목표를 달성하기 위해 거창한 발걸음을 시작하는 데 초점을 맞춘다. 그리고 자주 실패하고 포기한다. 하지만 처음부터 잘할 수 있는 사람이 어디 있을까. 내가 얼마나 할 수 있을지, 성공할 수 있으려면 어떻게 해야 할지 그것을 잘 살펴본 후 한 걸음씩 작은 시작을 해나가길 바란다. 오늘의 한 걸음이 내일의 삶을 좀 더 여유 있고 풍요롭게 만들어줄 것이다.

군살을 발라내고 핵심 또렷하게 드러내는 PPT 글쓰기

'거꾸로 책쓰기' 수업을 하다 보면 많은 분들을 만나게 되는데, '10분짜리 원고 작성하기'에 열의를 갖고 멋지게 해내는 분들이 의외로 많다. 이 책을 읽는 여러분 역시 내 가이드에 따라 10~15분간 강연을 할 수 있는 원고를 작성하는 데 성공했다면 박수를 보내주고 싶다. 드디어 강점 콘텐츠를 만들기 위한 첫 시도를 성공한 셈이니까 말이다. 첫 번째 관문을 무사히 통과했다면, 이제 다음 단계로 가보자. 이번에는 직접 쓴 원고를 기초로 PPT를 만들어 보는 것이다.

PPT에 들어갈 원고는 간결한 문장으로 정리돼야 하고, 한 페이지에 많은 양의 텍스트를 넣지 않는 게 원칙이다. 따라서 앞서 한글 혹은 워드 프로그램에 줄글로 작성한 10~15분짜리 원고에서 뼈대를 뽑아내 만들면 된다.

여기서 말하는 뼈대란 '문제 제기(서론) ☞ 해답 제시(본론) ☞ 핵심을 강하게 부각하며 마무리(결론)'를 말한다. 그동안 내가 수많은 강연장에서 보았던 PPT의 원고 구조가 이러했는데, 마치 생선에서 살을 발라낸 후 뼈대만 추려낸 것 같았다. 10~15분짜리 줄글에 있었던 군살적인 표현이 떨어져 나가면 청중에게 전달하고자 하는 핵심이 또렷하게 드러난다.

뼈대의 세 단계 중에서 가장 공을 들여야 할 곳은 강연의 시작점인 문제 제기(서론)이다. 이때 청중의 시선을 사로잡지 못하면 나머지 내용도 관심을 받을 수 없기 때문이다. 그래서 나는 강연을 할 때마다 항상 초반에 임팩트를 주기 위해 노력한다.

『나는 죽을 때까지 지적이고 싶다』를 출간한 후 한 기업에 초청된 적이 있다. 20~30명의 사내 관리자들 앞에서 강연을 해달라고 했다. 이전에도 기업 강연을 가본 경험이 있어 그곳의 분위기가 어떨지 예상하는 건 어렵지 않았다.

　강연 당일, 현장에 도착해서 들어가 보니 예상대로 사람들의 모습은 심드렁했다. 누군가는 자기 손끝을 쳐다보고 다른 누군가는 휴대폰 검색에 여념이 없었다. 팔짱을 끼고 자꾸만 감기는 눈을 치켜뜨는 사람도 있었다. 진지한 표정으로 나를 바라보는 사람은 1~2명 정도에 불과했다. 열심히 강연을 준비했지만 그대로 얘기해봐야 듣는 사람이 거의 없을 터였다. 사람들을 집중시킬 만한 방법이 필요했다. 그래서 강의를 시작하면서 불쑥 이렇게 질문을 던졌다.

　"잠을 자고 일어났더니 통장에 1억 원이 들어와 있습니다. 여러분이라면 어떻게 하시겠어요?"

　느닷없는 내 질문에 사람들의 시선이 내게로 쏠렸다. 한눈팔던 사람은 물론이고 졸던 사람들까지 눈을 번쩍 떴다. 통장에 1억 원이? 진짜 그런 일이 있을까? 일단 차부터 바꿀까? 실제로 일어난 게 아님에도 사람들의 표정이 일순간 밝아졌다.

　누구나 부자가 되고 싶고, 뜻하지 않은 행운을 만나고 싶어 한다. 내 질문은 그런 사람들의 심리를 건드린 것이었다.

　"일단 회사부터 그만둬야죠. 한 1년은 그 돈으로 쉬고 싶네요."

　"와이프 몰래 비상금으로 꼬불쳐 둬야죠. 그리고 야금야금 하고 싶은 걸 하려고요."

　"일단 비행기 티켓부터…."

　한두 명씩 자기 생각을 밝히기 시작했고, 제각각 참신한 발언들에 웃음이 터지기도 했다. 분위기는 완전히 뒤바뀌었다.

그날의 강연은 성공적으로 마무리되었다. 나중에 기업 담당자로부터 들은 강연 후기에 따르면 직원들이 무척 재미있어 했다고 한다. 이것이 흥미로운 서두의 힘이라고 생각한다. 어떤 콘텐츠이든 간에 사람들과 만나는 첫 지점에서 매력을 발산해야 한다. SNS에서 썸네일을 공들여 만드는 이유도 썸네일로 사람들을 사로잡지 못하면 클릭이 이뤄지지 않기 때문이다. 강연을 만들 때도 마찬가지다. 준비한 내용을 교과서처럼 풀려고 하지 말고 무조건 사람들의 흥미를 자극하는 장치를 넣어야 한다. 그렇게 해야 내 콘텐츠에 집중하게 할 수 있다.

청중을 사로잡는 PPT를 만들고 싶은 이들이라면 스티브 잡스의 PPT 작성 원리를 참고하는 것도 도움이 될 것이다. 스티브 잡스는 한 페이지에 하나의 문장 혹은 단어만 넣는 것으로 유명했다. 하나의 문장 혹은 단어는, 그날의 발표 주제 및 목적과 관련이 깊다.

김경태 작가가 쓴 『스티브 잡스의 프레젠테이션』에 따르면, 잡스의 PPT 뼈대는 3-3-3이라는 트리 형태였다고 한다. 자신이 전달하고픈 내용을 세 개로 묶은 후 각각을 세 개로 나누었다. 이렇게 짜임새 있는 구조로 만들면 청중이 이해하기가 쉽고 내용을 잘 기억할 수 있다.

잡스는 PPT 디자인을 화려하게 꾸미는 데 관심이 없었다. 배경은 어두운 색으로 간결하게 표현하고, 그 위에 글자 혹은 이미지 하나를 얹어 청중의 시선 집중을 유도했다. 스티브 잡스와 같은 PPT 글쓰기를 연습하면, 콘텐츠의 구조를 간결하게 설계하고 주제와 발표 목적에 부합하는 키워드를 선정하는 데 능숙해질 수 있다. 이렇게 간결한 내용을 담은 PPT를 만들기 위해서는 내용을 충분히 숙지하고 풀어낼 수 있어야 함은 물론이다.

자, 10~15분짜리 강연 원고에 이어 PPT 파일까지 만들었다면 이제 여러분은 짧은 특강 1회를 할 수 있는 콘텐츠를 보유한 창작자가 되었다. 이걸 바탕으로 유튜브 영상을 만든다면 1~2편 정도는 능히 만들 수 있을 것이다.

1개를 만들었다면 2, 3개를 못 만들 리 없다. 앞서도 말했듯이 시작이 가장 어렵다. 가장 어려운 시작을 해냈으니 같은 방식으로 하나씩 추가해보자. 하다 보면 어느새 책 한 권의 분량, 4회차 이상 강의 프로그램에 해당하는 분량, 유튜브 최소 10편 이상의 분량이 만들어질 것이다.

1회분을 만든 후 좀 더 살을 붙여서 분량을 늘리는 것도 좋다. 10~15분이 아닌 60~90분짜리로 만드는 것이다. 10~15분 원고는 세바시처럼 짧은 강연이나 유튜브 영상 등으로 만들 수 있지만, 60~90분 원고는 기업이나 도서관, 독서 모임 등에 출강할 수 있는 정도가 된다. 해당 주제와 관련된 사례, 사람들이 궁금해하는 질문과 답, 잘못된 상식 등을 추가하는 식으로 살을 붙일 수 있다.

이러한 과정을 성실하게 수행한다면 여러분은 지금까지 보유했던 이력에 '콘텐츠 창작자'란 한 줄을 추가할 수 있게 된다. 자신만의 콘텐츠를 가진 사람을 세상에서는 '전문가'라고 불러준다. 힘들어도 어려움을 딛고 시도한 사람이 가질 수 있는 명함이다. 얼마나 큰 변화인가. 생각만 해도 가슴이 벅차오를 것이다.

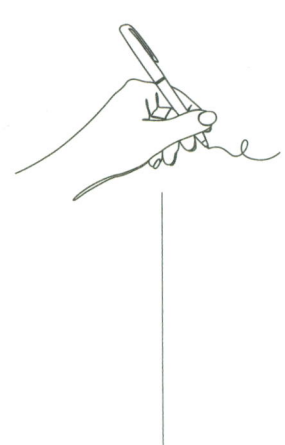

SNS에 무작정 올린다고 돈이 될까

어떤 콘텐츠가 돈이 될까

"누가 인스타그램에 올린 글을 엮어서 책을 냈는데 대박이 났대!"

"페이스북에 글을 계속 올렸는데 광고가 엄청나게 들어와서 돈을 엄청 벌었대!"

SNS는 유명한 사람이 아니라도 누구나 사용할 수 있는 자유로운 소통 수단이다. 내가 어떻게 살고 있는지, 얼마나 멋진 사람인지를 어필하는 도구로 사용되기도 한다. 하지만 이제는 그 용도가 매우 달라졌다. 특히 SNS를 통한 성공담이 널리 알려지면서 많은 이들이 특별한 목적을 가지고 SNS를 시작했으며, 너도나도 SNS를 통해 돈을 벌고 싶어 한다. 출판계에도 SNS에 쌓아놓은 콘텐츠를 바탕으로 책을 만들고 싶다는 문의가 많이 들어온다. 하지만 SNS에 열심히 글을 올린다고 무조건 돈을 벌 수 있을까.

두 개의 인스타그램 모두 우리가 SNS에서 자주 볼 수 있는 콘텐츠를 담고 있다. 두 개 중 어느 것이 주인에게 돈을 벌어줄 수 있을까. 아마 여러분은 모두 B의 콘텐츠를 고를 것이다. B의 콘텐츠에서 더 돈이 보이는 이유는, 전문성과 콘텐츠의 일관된 특성이 보여서다. B는 강연을 할 정도의 전문성을 갖추고 있고, 타인을 자기 의도대로 리드할 만큼 뛰어난 설득력을 가지고 있다. 만약 B가 사회생활 속 인간관계, 대화법, 이미지 메이킹에 대한 강연을 한다면 사람들은 관심을 가질 것이다.

반면에 A가 올린 건 즐거운 일상이고, 신변잡기식 콘텐츠이다. 나의 행복한 일상을 많은 사람들에게 알리고 싶은 욕구는 괜찮은 것이다. 그러나 SNS를 통해 돈을 벌겠다는 목적과 신변잡기식 콘텐츠는 서로 어울리지 않는다. 사람들은 A의 행복함을 부러워할 수는 있지만 그러한 콘텐츠를 비용을 주고 사고 싶어 하지는 않는다. SNS로 돈을 벌고 싶다면 '돈을 불러들일 만한' 콘텐츠를 만들어야 한다. 무작정 쓰고 만든다고 해서 사람들이 내 콘텐츠에 관심을 가지지 않는다. SNS에도 기획에 필요하다.

SNS 콘텐츠 기획이란 뭘까. '내가 누구이고, 어떤 콘텐츠를 만든다'라는 특징, 일관성을 정의하는 것이 기획이다. 앞서 A의 사례처럼 어제는 친구들과 파스타 집에 간 얘기, 오늘은 홀로 커피를 마신 얘기, 내일은 배우자와 등산에 간 얘기, 이런 식으로 올린다면 콘텐츠의 일관성을 찾기 어렵다. 커피를 주제로 정하고 원두·카페·핸드드립 등에 대해 이야기하거나, 홈 트레이닝을 주제로 정하고 스트레칭 방법·홈트 기구·

홈트 어플 등을 이야기하는 식으로 일관된 특징이 있어야 사람들이 기억하고 필요할 때마다 내 SNS를 찾게 된다.

   무엇보다 내가 생산하는 콘텐츠가 사람들이 필요로 하고 관심 있는 것이어야 한다. 내가 알리고 싶은 게 아니라, 사람들이 알고 싶은 걸 만들어야 한다. 떡을 먹고 싶어 하는 사람에게 떡을 주어야지, 빵을 폭포수처럼 쏟아준다고 환영받는 게 아니다. 사람들이 필요로 하고 관심이 있는 콘텐츠가 돈을 불러올 수 있다.

틀에 박힌 고정관념이나 인습의 굴레에 갇혀 지극히 당연한 것처럼 여겨왔던 대상들, 혹은 현상들을 향해 우리는 평생 '질문'을 던져야 한다.
존재의 근원과 그 지속성에 의문을 제기하고 가치의 절대성을 부정하고 상식과 고정관념의 틀에 반기를 들면서 대상의 참모습을 바라보기 위해 끊임없이 노력해야 한다.
해질녘 무렵 나는 끝없는 질문과 성찰을 통해 우리가 당연히 알고 있다고 믿었던 사실들을 다시 되짚어 본다.

'베스트셀러'라는 단어는 '책'을 좋아하는 사람들의 마음을 참 설레게 한다. 특히 한번쯤 '나도 책 한번 써보고 싶다'고 생각한 사람들에게는 더욱 그렇다.

요즘 책쓰기 강의를 하면서 사람들의 마음속 깊은 곳에 '언젠가 나의 이야기를 쓰고 싶다'는 생각이 담겨 있음을 절감한다.

유명하거나 전문성을 갖춘 사람들의 전유물이었던 책이 이제는 누구나, 취미든 특기든 이야기든 개성이든 모든 것을 소재로 글을 쓸 수 있는 시대가 된 것이다.

나는 그런 모든 이를 응원한다. 100년도 채 되지 않는 인생을 살다 가는 우리에게, 자신만의 이야기를 담은 책 한 권 정도를 남기는 것은 얼마나 의미가 있는 일인가. 그리고 책을 쓴다는 것은 우리에게 많은 유익함을 가져다준다.

단순히 '글쓰기'라는 활동을 넘어 자신이 누구이며, 무엇을 좋아하며, 어떤 것에 관심이 많은지를 들여다보고 되새기고 끄집어내는 시간을 가질 수 있게 한다. 차분하게 생각하고 그것을 글로 담아내는 과정은 자기계발의 시간이요, 자기 성장의 순간이다.

앞의 두 글은 인스타그램에 내가 게시해둔 콘텐츠다. 내 인스타그램의 특징을 한마디로 정의한다면 '콘텐츠 기획자·마케터·CEO인 양원근의 일과 생활'이라고 할 수 있다. 일상 이야기지만, 일과 절대 분리되지 않는 일상을 담았다. 콘텐츠를 다루는 직업을 갖고 있으므로 콘텐츠 이야기가 주류를 이룬다. 내가 쓴 책, 철학자들의 책, 글쓰기와 출판, 일상 속 성찰 등등이 대부분을 차지한다. 그러다 보니 글쓰기와 책쓰기에 관심이 있고, 독서와 사색을 즐기는 분들이 내 인스타그램에 방문하는 편이다.

'안녕하세요? ○○에 사는 ○○○라고 합니다. 제가 평소 책을 정말 쓰고 싶었는데, 도움을 받을 수 있을까요?'

'대표님의 코칭이 절실합니다. 꼭 만나서 상담을 하고 싶어요.'

'저는 지금 삶에서 중요한 순간을 지나고 있습니다. 제가 꼭 이루고 싶었던 꿈들이 있었는데 대표님이 저를 잘 이끌어주실 것 같아요. 도움을 요청해도 될까요?'

이렇게 수많은 문의가 들어오면 비대면 혹은 대면을 통해 이분들이 콘텐츠를 만드는 걸 돕고, 직업적 경험도 쌓아간다. 세 권의 책을 출간하면서 활동 영역이 넓어졌는데, SNS를 활용하니까 더더욱 넓어졌다. 활동 영역이 넓어지면 돈을 벌 기회는 자연히 늘어나게 된다.

돈이 되는 콘텐츠를 만들고 싶다면 SNS를 두루두루 살펴서 일관된 특징이 있는 콘텐츠, 사람들이 필요로 하는 콘텐츠를 찾아보고 그것을 참고해서 자신의 것을 만들어보기 바란다. 참고자료는 무궁무진하다. 노력하는 사람은 그걸 자신의 노하우로 만들 것이고, 방법을 모르겠다고 불평하는 사람은 눈앞의 기회를 지나쳐버릴 것이다.

감동을 주면
사람들이 저절로 따라온다

'대표님, 제가 출판을 고민하고 있는데요. ○○○이란 회사와 해봐도 괜찮을까요.'

'○○○은 자비출판을 주로 하는 업체인데, 비용이 합리적이라고 알

려져 있어요. 견적 받아보시고, 다른 업체 2~3곳과 비교하셔서 결정하시면 될 것 같아요.'

도영 씨는 메신저를 이용해 연락을 하는 사람이다. 어떤 모임 자리에서 만났는데, 당시 인사만 나누고 헤어졌고 따로 만난 적은 없었다. 가끔 출판과 콘텐츠와 관련된 질문을 메신저로 해서, 성심성의껏 답을 해주었다. 아쉬운 것은, 나름 성의있게 답을 보내면 '알겠다', '고맙다' 등의 회신이 일절 없다는 것이다. 처음엔 그 같은 사실을 인식하지 못했다가 나중에 알아챘다.

어떤 날은 그가 출판기획안을 만들었다면서 살펴달라고 부탁을 해왔다. 출판기획안, 특히 그 안에 들어 있는 목차와 샘플원고를 분석하려면 적잖은 시간을 투자해야 한다. 늘 시간 부족에 시달리는지라 부담스러웠지만 도움이 되고 싶은 마음에 살펴보았다. 상업적인 주제를 잘 선정했고, 글을 알아보기 쉽게 썼다는 점이 좋아 보였다.

도영 씨에게 콘텐츠 내용이 괜찮다고 해주면서, 앞으로 작가가 되면 어떻게 활동해야 할지 설명하는 내용을 덧붙였다. SNS 활동을 활발하게 하고, 출간 후 독서 모임 등에 적극적으로 나가서 독자들과 소통해야 한다고 했다. 출판사들은 '가만히 있는' 작가보다는 '활발하게 돌아다니는' 작가를 선호하기 때문이다. 독자들은 작가가 진정성을 가지고 다가가면 감동해서 콘텐츠를 소비하게 된다. 작가의 활약이 출판사들이 펼치는 상업 광고보다 훨씬 더 효과가 있다.

이런 내용을 구구절절 적어서 보냈는데, 도영 씨는 이전처럼 어떠한 회신도 주지 않았다. 답답해서 그를 알고 있는 지인에게 물어보았고,

그제야 그가 가진 '문제'를 알 수 있었다. 그는 사람에게 관심을 갖기보다, 자신의 필요에 의해 연락을 주고받는다는 것. 볼일이 끝나면 연락하지 않는다고 했다. 지인의 말을 듣고 너무나 안타깝다는 생각이 들었다. 재능이 많은 사람이고 콘텐츠도 참 잘 만들었는데, 사람의 마음을 잡아끌고 관계를 맺는 능력은 없었다. 어쩌면 없다기보다 스스로가 그런 것에는 관심이 없는 것 같았다.

잘 팔리는 콘텐츠를 만든다는 건 어떤 의미일까? 그건 바로 '사람의 마음을 움직일 줄 안다'는 뜻일 것이다. 이건 단지 재주만 가지고 되는 게 아니라 진정성이 바탕이 되어야 한다. 내가 진정성을 가지고 사람들에게 다가서야, 사람들 역시 나와 내 콘텐츠에 애정을 쏟아준다. 우리는 뛰어난 재주로 콘텐츠를 만들어 인기를 얻었지만, 진정성이 없거나 아예 거짓투성이었다는 것이 드러나 인기가 추락한 사람들의 사례를 적잖이 알고 있다. 콘텐츠만 잘 만든다고 사람들이 벌떼처럼 몰려든다면 이 세상에 얼마나 많은 부자가 탄생했을까.

반대로 완성도와 상관없이 진솔함으로 승부를 본 경우가 많다는 것도 우리는 잘 알고 있다. 책 중에서도 유명한 사람이 아니거나 글을 아주 잘 쓰는 사람은 아니지만, 자신의 이야기를 진솔하게 풀어내고 독자에게 진심으로 다가가서 크게 성공하는 경우가 있다. 드라마나 영화 역시 블록버스터가 아닌데 우리의 마음을 울리는 진정한 콘텐츠로 의외의 큰 성공을 거둔 사례들이 있다. 결국 우리는 필요에 의해 콘텐츠를 선택하지만, 그 필요는 곧 감동과 공감, 마음과 마음의 소통으로 이루어지기 때문일 것이다.

돈이 되는 SNS로 키워가려면

이 책을 집어 든 분들은 '부자가 되고 싶다'는 큰 꿈을 가지고 있을 것이다. 특히 콘텐츠를 통해서. SNS 역시 돈을 벌기 위한 좋은 수단이 될 수 있는데, 앞에서도 말했지만 그러기 위해 가장 중요한 건 바로 '진정성'이다. 아무리 숨기려고 해도 대중은 우리가 어떤 사람인지 결국엔 알게 되어 있다. 콘텐츠를 제공하는 사람도 보는 사람도 함께 성장하는 게 오늘의 시대다. 옛날처럼 일방적으로 '제공자'가 있고 그것을 필터링 없이 보는 시대는 끝났기 때문이다. 하지만 진심을 느끼고 추종하기 시작하면 충성스러운 고객을 넘어 팬이 되기도 하는 것이 오늘날의 시대이기도 하다.

나 역시 SNS에서 인연을 시작해 '팬'이라고 말하는 사람들을 만날 때가 있다. 정말 감사하면서도 감격스럽다. 그저 내가 할 수 있는 것을 나누었을 뿐인데, 그 진심과 정성이 전달된 것 같아 감사하다.

이렇게 진정성 있게 콘텐츠를 만드는 것이 SNS의 첫 번째 열쇠라면, 그다음은 구독자가 늘어날 수 있도록 노력해야 한다. 좋은 콘텐츠를 만들어도 알아봐주는 사람이 없다면 아무 소용이 없을 테니까. 그러면 어떻게 해야 사람들이 나를 따르게 할 수 있을까.

가끔 보면 팔로워를 비용을 주고 구매하는 사람들이 있다. 물론 그것도 하나의 선택지이겠지만, 그렇게 확보된 팔로워는 SNS 속 숫자로 존재할 뿐 진정한 잠재고객이라고 부를 수 없다. 잠재고객은 나와 내 콘텐츠에 관심을 갖고, 내 콘텐츠가 상업화될 때 기꺼이 구매해줄 사람이다. 이런 사람을 돈을 주고 확보할 수는 없다.

진짜 나를 좋아해주는 팔로워를 만드는 가장 좋은 방법은 두 가지이다. 첫째는 콘텐츠를 규칙적으로 업로드하는 것, 둘째는 댓글을 반드시 달아주는 것이다. 나는 1~3일에 한 번씩 사람들에게 도움이 될 만한 글을 올린다. 꾸준히, 규칙적으로 올려야 관심을 유지시킬 수 있기 때문이다. 주요 콘텐츠는 책 내용, 일상 속 성찰, 일 얘기 등이다. 진지한 이야기만 올리면 분위기가 무거워질 수도 있으므로 가벼운 일상 이야기도 올린다. 어떤 글을 쓰든 간에 읽는 이들이 내 진심을 느낄 수 있도록 노력한다.

그리고 게시글에 댓글이 달리면 반드시 화답한다. 200개가 달려도 모두 댓글을 단다. 뿐만 아니라 팔로워를 걸어준 이들이 게시글을 올리면 댓글을 달아 관심과 애정을 표현한다. 바쁜 와중에 나에게 관심을 가져준 고마운 사람들에게, 마음을 표현하는 것이다. 그러면 사람들도 감동받아서 내 SNS에 지속적으로 찾아온다. 이렇게 관리하면 팔로워를 돈 주고 사는 일이 필요하지 않다. 마케팅의 원리는 어려운 게 아니다. 늘 그렇지만 우리는 성공의 원리를 모르는 게 아니다. 실천하지 않을 뿐이다.

콘텐츠를 규칙적으로 업로드하고 꾸준히 댓글을 다는 것, 이 두 가지만 잘한다면 돈을 들이지 않고도 진정한 잠재고객을 확보할 수 있다. 상대의 진심을 얻고 싶다면 나 역시 진정을 다해 다가가야 한다는 점을 기억하자.

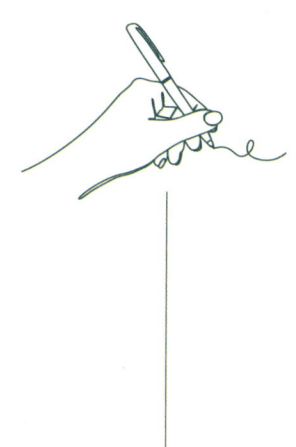

보는 순간 머릿속에 각인되는 언어의 특징

직관적 언어의 위력

우리는 지금껏 콘텐츠에 대해 계속 이야기해왔다. 그렇다면 여기서 질문을 한번 해보자.

"콘텐츠를 표현하는 가장 기본적인 요소는 무엇일까?"

아마 눈치가 빠른 분이라면 바로 정답을 떠올렸을 것이다. 그렇다. 바로 '글'이다. 영상으로 만들더라도 그걸 구성하는 건 말과 글이다. 그래서 글을 잘 다루는 능력은 강점 콘텐츠를 만드는 데 있어 매우 중요하다. 잘 팔리는 콘텐츠를 만들고 싶다면 글을 잘 쓸 수 있도록 노력해야 한다. 평소 책을 비롯해 드라마, 영화, 광고, 유튜브 등에서 좋은 언어 표현을 찾아보고 기록해두면서, 그런 표현을 구사할 수 있도록 연습해야 한다. 나도 책을 읽거나 영상물을 보면서 기억에 남는 것을 바인더에 그때그때 기록해두는 습관이 있다.

특히 직관적인 표현에 주목해볼 필요가 있다. 직관(直觀)이 무엇일까. "판단이나 추리 등 사고의 과정을 거치지 않고 바로 인식하는 것"을 의미한다. 요즘엔 직관적인 카피와 제목이 먹히는 세상이다. 돌려 말하는 걸 좋아하지 않고 오래 생각하기보다 바로 이해하게끔 해주어야 '아, 그렇구나!' 하며 수긍하게 된다.

나는 생각이 단순한 편이고 복잡한 것도 단순하게 정리하는 걸 좋아한다. 그래야 스트레스도 덜 받고 관계에 얽힌 문제나 여러 고민거리에서 쉽게 벗어날 수 있기 때문이다. 그렇다 보니 책 제목을 정하거나 카피, 목차 등을 짤 때도 직관적인 걸 좋아한다. 작가들뿐 아니라 출판사 대표님들도 나에게 수시로 전화해서 "양 대표님, 저 좀 도와주세요. 제목 아이디어가 필요해요!"라고 말하곤 한다. 그들도 베테랑이고 아이디어가 분명 많을 텐데 왜 그러지 싶어 물어보면 하나같이 "직관적인 거, 들었을 때 딱 와닿는 뭐 그런 거 없을까요?"라고 말하는 것이다. 내가 그런 제목을 잘 뽑는다고 생각되었는지 연락이 자주 오는데, 강의 때도 이야기하지만 그 방법은 간단하다. 바로 상대의 입장에서 생각했을 때 더 와닿는 것을 선택하면 된다. 그것이 콘텐츠와 잘 어우러지면서 독자들의 마음을 움직일 수 있을 테니 말이다.

영화를 퍽 즐겨보는 편인데, 근래 봤던 영화 중에 인상 깊었던 작품은 장재현 감독의 「파묘」였다. 「파묘」는 누적 관객수가 1,190만이 넘은 영화로, 한국형 오컬트를 표방하는 작품 중에서 최초로 천만 관객을 달성하였다. 거액의 의뢰를 받은 젊은 무당 화림(김고은 분)과 봉길(이도현 분)이 풍수사 상덕(최민식 분), 장의사 영근(유해진 분)과 함께 악지에 묻힌 묘를 파묘하고 이장하면서 벌어지는 사건을 그렸다.

스토리도 흥미롭지만, 제목에 얽힌 비화를 알게 된 후 호감이 더 높아졌다. 장재현 감독이 어느 방송사와의 인터뷰에서 밝힌 바에 따르면 본래 이 영화의 원제는 '한국의 미이라'였다고 한다. 영화를 구상할 때 제목을 '한국의 미이라'라고 적어두었고 '파묘'란 단어는 좀 어렵다고 생각했다는 것. 그런데 친구들과 이야기하는 와중에 생각이 바뀌었다고 한다.

"파묘가 더 직관적이고 임팩트가 있어."

이 조언 덕분에 최종 영화 제목은 '파묘'가 되었다. 이 인터뷰를 본 영화팬들은 장 감독이 영화를 잘 만들지만 제목은 그렇지 않으니, 제목만큼은 다른 사람의 의견을 따라야 한다며 재미있다는 반응을 보였다. 이 사례는 직관적인 언어의 위력을 잘 보여준다.

그렇다면 대중을 상대로 한 콘텐츠를 기획할 때는 왜 직관적인 언어를 구사해야 흥행 확률이 높아질까. 직관적 언어가 가진 강점은 누구나 쉽게 이해할 수 있다는 데 있다. 이해하기 쉬우니까 사람들이 내 뜻을 오해할 염려가 없다. 듣는 사람마다 해석이 달라진다면 혼선이 생길 텐데 정확하게 이해하면 그럴 일이 없고, 금세 머릿속에 새겨지므로 기억도 잘된다. 예시를 통해 직관적 언어의 강점을 좀 더 경험해보자.

> - 제목 : 책쓰기가 이렇게 쉬울 줄이야
> - 부제 : 20년차 출판기획사 대표가 알려주는 책쓰기의 모든 것
> - 카피 : "누구나 마음속에 책 한 권을 가지고 있다!"
>   이 책 한 권이면 당신도 베스트셀러 작가가 될 수 있다

이것은 내 첫 책의 제목·부제·카피이다. 세 가지를 모두 살펴보면 알 수 있겠지만, 모두 직관적 언어이고 이해하기 어려운 단어가 하나도 없다.

첫 책을 쓸 때 목표했던 것은 '정말 쉬운 책'이었다. 이 책의 독자들은 분명 책쓰기에 도전하는 초보 작가들일 테니까 어려운 말로 내가 아는 것들을 늘어놓는다면 독자들이 달아날 것만 같았다. 그래서 카피도 쉽게, 직관적으로 뽑았고 책 안에 들어가는 내용도 다음과 같이 쉽게 정리했다.

'강점 콘텐츠를 만들어서 책에 담아보세요. 당신도 충분히 할 수 있어요.'

'유명해지고 싶나요? 돈을 벌고 싶나요? 책을 쓰는 것이 삶을 바꾸는 계기가 될 수 있어요.'

'전문성이 없어도 글쓰기를 못해도 얼마든지 할 수 있어요. 도전해보세요!'

당시 책쓰기책은 이미 수십 권 출간돼 있었다. 방법론을 꽉꽉 담아 상당히 알차고 실용적인 책들이 많았지만, 책에 제시된 방법을 따라 하기가 어렵다고 평가하는 독자들도 있었다. 그래서 책쓰기에 대한 사람

들의 두려움을 없애줄 수 있는, 쉬운 안내서를 쓰고 싶었다. 그것을 표지에 들어갈 제목·부제·카피에 드러내고 싶었다. 이런 의도에는 무엇보다 직관적인 언어가 잘 어울린다.

뒤에서도 설명하겠지만, 제목은 상품의 특징을 드러내는 가장 중요한 언어 표현이다. 그래서 이 책을 읽으면 책을 쉽게 쓸 수 있다는 의도를 담아 '책쓰기가 이렇게 쉬울 줄이야'라는 제목을 완성했다. 또한 작가로서의 강점(출판기획사를 20년간 운영한 전문가)과 책의 특징(책쓰기에 대한 A~Z)을 합하여 부제를 만들었고, 누구나 강점 콘텐츠를 만들 수 있고 그걸로 책을 쓸 수 있다는 사실을 담아 카피를 만들었다. 직관적인 제목·부제·카피로 인해 책의 특징이 잘 드러났기에, 출간 직후부터 독자들로부터 뜨거운 관심을 받을 수 있었다고 생각한다. 독자들이 용기를 내서 책을 써서 베스트셀러 작가가 되길 바라는 내 마음이 직관적인 언어로 잘 나타났을 테니 말이다.

물론 직관적인 언어 표현을 사용하지 않았는데도 대중으로부터 많은 관심과 사랑을 받은 책들이 있다. 이를테면 국내에서만 50만 부 이상 판매된 『그릿』이나 전 세계에서 200만 부가 판매된 『넛지』와 같은 책들이다. 그릿은 '성공과 성취를 끌어내는 데 결정적 역할을 한 용기 혹은 투지'를 뜻하는 말이고, 넛지는 '사람의 선택을 유도하는 부드러운 개입'을 뜻한다. 두 단어 모두 우리나라 독자들이 직관적으로 느낄 수 있는 표현은 아니다. 그러나 해외에서 화제가 된 베스트셀러였고 작가들이 권위 있는 학자들이기에, 독자들이 관심을 갖게 되었다고 생각한다. 어렵고 낯선 단어에 대한 호기심으로 책을 보게 된 독자들이 있었을 수도 있다.

이들 작가처럼 자타가 공인하는 권위가 있는 게 아니라면 이왕이면 쉬운 언어, 직관적 언어를 구사하는 게 낫다고 생각한다. 그래야만 대중에게 내 콘텐츠를 쉽게 알릴 수 있다.

- 중고로 샀을 때 가장 만족도가 높은 차
  (3천으로 차를 산다면 무조건 이 차를 사세요)
- 성형하려고 공장 다니는 생산직 여성 인터뷰
  (나는 예뻐지고 싶습니다)
- 도박을 너무 잘해서 재판까지 받은 청년
  (고려대 수학과 대학생이 토토를 하면 생기는 일)

이 예시는 황해수 씨가 운영하는 유튜브 채널 '직업의 모든 것'에서 조회수가 높은 인기 영상 중 세 개를 골라 제목과 썸네일(괄호 안 내용)을 정리한 것이다. 언어 표현만 봐도 시선이 확 끌리지 않는가. 보는 순간 클릭하지 않을 수 없을 것이다. 조회수를 살펴보면 첫 번째 영상은 500만, 두 번째 영상은 201만, 세 번째 영상은 340만이다.

첫 번째 영상은 중고차 판매상이 나와서 중고차 시장에서 선호하는 차종을 설명해주는 영상이다. 차를 사거나 팔려고 고민 중인 사람들이라면, 중고차 시장의 현실을 정확하게 알고 있는 판매상이 제공하는 정보에 관심이 갈 수밖에 없다.

두 번째 영상은 생산직에서 성실하게 직장생활을 하는 30대 여성의 이야기로, 그는 자신이 왜 성형을 꿈꾸는지를 경험을 바탕으로 설명한다. 그의 이야기를 들으면 우리 사회가 남녀 불문하고 얼마나 외모에 집착하는지를 새삼 깨닫게 된다. 오죽하면 소통 전문가 김창옥 교수도 한 강연에서 "외모가 훌륭해봐야 오래 못 가지만, 외모가 훌륭하지 않으면 아예 못 간다."는 우스갯소리를 했을까. 외모 때문에 스트레스를 받은 경험이 있는 남녀라면 영상 주인공의 이야기를 들으며 공감하지 않을 수 없다.

세 번째 영상의 주인공은 20대 청년인데, 모든 이들의 선망의 대상인 명문대에 다니면서 불법 토토에 빠져서 돈을 잃은 경험을 이야기한다. 도박으로 돈을 딸 수도 없지만, 도박중독자에게 돈을 빌려주는 것 또한 내 삶을 위태롭게 할 수 있다는 사실을 일깨워준다.

황해수 씨를 포함한 인기 유튜버들은 대중의 관심사와 흥미를 집어내는 데 탁월한 능력이 있다. 영상 콘텐츠를 보면 하나 같이 사람들이 관심이 있고 궁금해하며 고민이 많은 주제이다. 또한 직관적인 언어 표현을 활용하여 대중의 호기심을 효과적으로 자극한다. 잘 팔리는 콘텐츠를 만들고 싶은 분들은 인기 유튜브 영상의 주제 선정과 썸네일의 언어 표현을 연구해보면 많은 도움이 될 것이다. 그들이 고민하고 또 여러 차례 시도해보면서 최상의 것을 선택했을 테니 이미 정리된 좋은 자료들을 연구하는 셈이다. 처음부터 '나는 잘 못하는데…'라고 하지 말고 자꾸 연습하면서 상대를 사로잡을 수 있는 표현능력을 키워보자.

입버릇 같은 말에 마음이 들어 있다

> Just Do It

 이 문장을 모르는 사람은 아마 없을 것이다. 스포츠 의류·용품을 제조하는 세계적 기업 나이키의 등록상표이자 핵심 슬로건이다. 이 문장은 1988년에 '위든 앤 캐네디'라는 광고 대행사 회의에서 만들어졌다. 광고 대행사 대표 댄 와이덴은 나이키의 광고 시안을 준비하던 중에, 희대의 살인마 개리 길모어가 사형 집행장에서 남긴 마지막 말 "Let's do it"을 다듬어 "Just Do It"이란 슬로건을 만들었다. 나이키는 이 슬로건으로 캠페인을 벌이기 시작하여 스포츠 슈즈 시장 점유율을 18%(1988년)에서 43%(1998년)까지 끌어올리는 데 성공했다. 전 세계 사람들의 머릿속에 이 슬로건은 깊이 각인되었다.

 평범해 보이는 이 문장이 사람들에게 강렬한 인상을 준 이유는 무엇일까. 우리에게 꼭 필요한 변화를 말하고 있기 때문이다. 더 나은 삶을 위해 오늘부터 뭔가를 시도해야 하는데도 망설이는 사람들이 얼마나 많은가. 운동도 마찬가지다. 입버릇처럼 운동해야 한다고 하지만, "내일부터!"를 외치며 늘 미룬다. 그런 사람들에게 "생각은 그만하고 그냥 좀 해."라고 권하고 있는 것. 이 슬로건은 매사 생각만 하고 실천하지 않는 사람들의 습관에 대한 경종을 울리고 있다.

 사람들은 이 문장을 볼 때마다 나태한 자신을 돌아보고 이제는 실천해야 한다며 마음을 다진다. 나도 매일 글쓰기를 실천한다고 해놓고 며칠 빠뜨릴 때면 '에잇, 이 핑계 저 핑계 그만 대고 얼른 쓰자' 하면서 책상 앞에 앉을 때가 한두 번이 아니다. 이런 문구는 오래도록 우리 마음에 새겨져서 중요한 순간에 떠오르곤 한다. 그게 문장의 힘이기도 할 것이다.

> **그래, 이 맛이야!**

우리나라에서 많은 사랑을 받은 광고 카피 중 하나로 꼽히는 것이 제일제당의 '고향의 맛 다시다' 카피이다. 이 카피가 대히트를 치면서 따뜻하고 자애로운 어머니의 대명사로 불리는 김혜자 배우는 다시다 광고를 무려 15년간 촬영할 수 있었다. 한국 CF의 신화라고 불리는 고(故) 윤석태 감독의 작품이다. 촬영 현장에서 배우가 음식 맛을 보는 모습을 보면서 카피를 착안했다고 한다.

왜 우리나라 사람들은 이 문장에 그토록 열광했던 것일까. 우리에게 너무나 익숙하고 공감이 가는 표현이기 때문이다. 요리가 입에 꼭 맞을 때 감탄하면서 말하는 게 바로 이 문장이다. 음식 맛이 마음에 들 때 이 문장처럼 간결하고 정확하게 만족감을 표현할 수 있는 게 없다.

또한 김혜자 배우는 어머니를 연상시킨다. 그가 푸근한 미소를 지으면서 "그래, 이 맛이야."라고 하는 걸 보면 자연스럽게 집에 계신 어머니 생각이 떠오르고, 어머니가 만든 찌개를 먹고 싶다는 생각을 하게 된다. 어머니가 끓여주시던 찌개 맛, 과거의 시간에 대한 그리움을 자극한다. 곱씹을수록 참으로 뛰어난 카피라는 생각이 든다.

콘텐츠를 만들 때 멋진 문구, 명언, 어려운 용어 등을 찾는 사람들이 있다. 그런 표현이 자신의 전문성을 더 부각시켜 주고 대중이 좋아해줄 거라고 믿어서다. 그러나 지금까지 살펴보았듯이 많은 이들의 사랑을 받은 언어 표현은 그렇게 근사하거나 어렵지 않다. 듣는 순간 의미를 이해할 수 있고, 마음에 와닿는 공감 표현들이 대부분이다.

그렇기에 콘텐츠를 만들고 싶다면 우리의 일상을 직관적으로 표현한 말, 마음을 솔직하게 담고 있는 말을 찾아서 기록해두고 연구하기 바란다. 사람들이 입버릇처럼 하는 말에는 마음이 들어 있다. 많은 사람들의 심금을 울리고 머릿속에 각인될 만한 언어 표현을 구사할 수 있다면, 콘텐츠는 그만큼 경쟁력을 갖추게 되는 것이다.

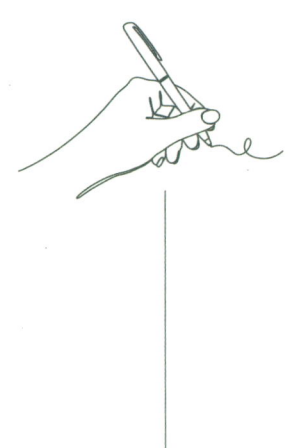

짧아질수록 강렬하고, 길어질수록 희미해진다

열심히 썼는데 왜 읽어주지 않을까

"제 딴에는 쓴다고 썼는데, 주변에서 자꾸 어렵다고 해요."

책쓰기 특강을 마친 어느 날 어떤 분이 찾아왔다. 그는 자기 글을 꼭 읽어봐 달라면서 이런 말을 했다. 아니나 다를까 글을 읽는데 내용을 이해하기가 어려웠다. 왜 이렇지? 가만히 읽다 보니 그 이유를 알 것 같았다. 문장들이 대부분 너무 길어서 어려운 내용이 아닌데도 복잡하게 느껴진 것이다. '휴…' 정말 집중해서 두어 번 읽기를 반복한 후에야 글쓴이가 무슨 말을 하려고 하는지를 파악할 수 있었다. 나는 그분에게 이렇게 말해주었다.

"제가 글을 다 읽긴 했지만 잘 읽히지 않아서 어렵다고들 하는 것 같아요. 두세 개로 잘라야 할 문장도 많고, 문장이 길어서 주어, 서술어가 명확하게 읽히지 않는 부분도 많습니다. 아마 일부러 그런 건 아니실 거예요. 알고 있는 내용을 쭉 적다 보면 자기도 모르게 그렇게 되기 마련이거든요. 그러다 보면 이해하기가 어려운 글이 되기 쉬워요. 문장이 짧으면 실수가 훨씬 줄어들고 가독성도 좋아요. 한번 연습해보시겠어요?"

설명을 들은 그는 내가 추천해준 몇 권의 책을 보면서 필사도 하고 열심히 연습해야겠다고 했다.

이분처럼 자기도 모르게 문장을 길게 쓰는 습관을 가진 이들이 있다. 글을 쓸 때 문장이 자꾸만 길어지는 건 하고 싶은 말이 많기 때문이다. 아마도 자세하게 알려줘야만 사람들이 내용을 이해할 수 있다고 생각해서일 것이다. 좀 더 잘 설명하려 하다 보니, 이것도 저것도 말하고 싶어서 그걸 다 표현하려다 보니까 문장이 길어진다. 다음의 예시를 보자.

> 너도나도 경기가 어렵다고 하는데 우리 회사는 끄덕없다. 우리 회사는 창립 25주년을 지나면서 부실 거래처라고 생각되는 회사는 대금결제를 완료하면 거래를 중단하고 경쟁사보다 상대적으로 우위에 있는 상품을 개발했고 가격을 합리적으로 책정했고 재고를 쌓아두는 창고를 충분히 만들었고 단골이 필요로 하는 정보를 수시로 제공해서 단골에게 믿음과 신뢰를 쌓았으며 그 결과 우리 회사를 선택한 고객이 많아졌다.

어떤 의미인지 이해할 수 있는가. 이 글은 어려운 용어가 하나도 없는데도 불구하고 이해하기가 어렵다. 문장이 길어지면 읽는 사람은 지루함을 느끼고 집중력을 유지하기가 힘들어진다. 글쓴이의 의도를 정확하게 이해할 수 없어 오해를 할 수도 있다. 읽는 이의 이해를 돕겠다고 늘어놓은 말들이 되레 이해력과 집중력을 해친다니 참 아이러니하다.

수많은 문장가들이 추천하는 문장 표현은 간결하게 쓰는 것이다. 단문(單文)이라고 표현하는데, 한 문장에 하나의 주어와 서술어가 있는 걸 말한다. 한 번에 길게 설명하려 하지 말고, 문장을 나눠 쓰는 것이다. 위의 예시도 의미에 따라 문장을 나눈다면 이해하기가 훨씬 쉬워진다.

> 우리 회사는 올해로 창립 25주년을 맞이했다. 너도나도 경기가 어렵다고 하는데 우리 회사가 건재한 이유는 다섯 가지이다. 첫째, 부실 거래처의 경우 대금결제를 완료하는 대로 거래를 중단했다. 둘째, 경쟁사보다 상대적으로 우위에 있는 상품을 개발했다. 셋째, 가격을 합리적으로 책정했다. 넷째, 재고를 쌓아두는 창고를 충분히 만들었다. 다섯째, 단골이 필요로 하는 정보를 수시로 제공해서 믿음과 신뢰를 쌓았다. 그 결과 우리 회사를 선택한 고객이 많아졌다.

읽기 쉬운 문장을 쓰기 위한 또 하나의 방법은 꾸밈말, 설명, 반복되는 표현 등을 정리하는 것이다. 덕지덕지 붙은 군더더기를 덜어내면 훨씬 가볍고 명료해질 수 있다.

> ① 당신 정말 아름다워.
> ② 당신은 누가 봐도 깜짝 놀랄 만큼 참으로 아름다워.
> ③ 당신은 햇살처럼 눈부시고 보석처럼 찬란하게 아름다워.

"오늘 내 모습 어때?"라고 묻는 연인에게, ②, ③처럼 꾸밈말과 설명을 동원하는 것보다 ①번처럼 담백하게 고백하는 것이 훨씬 진실한 느낌을 전할 수 있다.

> ① 진수는 화가 많이 났다.
> ② 진수는 화가 나서 얼굴이 붉어졌고 화 때문에 숨까지 차오르는 기분이었다. 화는 진수의 몸을 용광로처럼 달구었다.

비슷한 표현이 반복됐을 때 읽는 이들이 어떻게 느낄지를 보여주는 문장 예시이다. 유사한 의미의 문장이 반복되니까 화가 났다는 사실에 집중하기보다 화로 인한 진수의 몸 상태에 시선이 쏠리게 된다. 의미를 강하게 전달하고 싶다면 중언부언 반복되는 표현을 줄이는 게 좋다. 우리가 말을 할 때도 했던 말을 반복하거나 정리되지 않은 채 길게 말하면 그의 말을 듣기가 힘들어진다. 글도 마찬가지다. 할 말을 간결하게 정리해 단문으로 표현하면 읽는 사람이 빨리 읽고 쉽게 받아들이며 이해하게 된다.

간결한 문장의 향연을 보고 싶은 이들에게 김훈 작가의 작품을 추천한다. 나는 김훈 작가의 작품 중에서 특히 『남한산성』을 좋아한다. 『남

『한산성』은 2007년 출간돼 10년에 걸쳐 100쇄를 찍었다. 대중에게 오래오래 사랑받을 만큼 수작인데, 수년 전 회사 팀장 독서 모임에서 이 책을 읽게 되었다. 너무 좋아서 단번에 읽은 다음 천천히 읽기를 두어 번 반복했다. 그때 가장 인상 깊게 보았던 글을 소개한다.

> 성 안에 남은 사대부와 궁녀들이 서문 앞에 모여 통곡하며 절했다. 임금은 돌아보지 않았다. 서문은 홍예가 낮았다. 말을 타고 홍예 밑을 지날 때 임금은 허리를 숙였다. 서문 밖은 내리막 경사가 가팔랐다. 말이 앞쪽으로 고꾸라질 듯이 비틀거렸다. 말은 힝힝거리며 나아가지 않았다. 임금은 말에서 내려 걸었다.
>
> -출처 : 김훈, 『남한산성』 중 「흙냄새」

청나라에게 항복하기로 결정한 인조가 남한산성 밖으로 나가는 장면을 묘사한 것이다. 주변 환경과 말의 움직임을 통해, 초라한 임금의 처지와 풍전등화처럼 위태로운 나라의 운명을 매우 효과적으로 표현해 냈다. 오랑캐라며 업신여기던 청나라 황제에게 무릎을 꿇어야 하는 인조의 심정이 어땠을지를 구구절절한 설명이 없어도 느낄 수 있다. 간결한 문장의 미학이란 이런 것이다.

만약 이 글이 꾸밈과 설명이 들어간다면 어떻게 바뀔까. 간결한 문장과 그렇지 않은 문장의 차이를 나타내기 위해 위의 예시를 바꾸어 보았다. 감히 김훈 작가의 글에 변형을 가하게 됨을 작가님과 독자들에게 너른 이해를 구한다.

> 성 안에 남은 사대부와 궁녀들이 서문 앞에 모두 모여 눈물을 비오듯이 흘리며 통곡하고 엎드려 절했다. 임금은 눈을 질끈 감으며 절대 뒤를 돌아보지 않았다. 서문의 홍예는 일반적으로 다른 문들의 홍예에 비해 낮았다. 말을 타고 홍예 밑을 지날 때 임금은 허리를 숙였다. 서문 밖은 내리막 경사가 가팔랐다. 한 발 한 발 걸어가던 말이 갑자기 앞쪽으로 고꾸라질 듯이 비틀거렸다. 말은 힝힝거리며 두렵다는 듯이 나아가지 않았다. 임금은 하는 수 없이 말에서 내려 걸었다. 발걸음에 기운이 하나도 없었다.

어떤가. 원문과 확연한 차이를 느낄 수 있을 것이다. 사실 우리는 여러 책이나 SNS에서 이것보다 훨씬 더 길고 복잡한 문장을 만난다. 부연 설명이 길어질수록 명료함이 약화되고 읽는 이들의 상상의 여지가 줄어든다.

간결한 문장을 쓰고 싶다면 어떻게 해야 할까. 문장력은 거저 얻을 수 있는 게 아니다. 김훈 작가는 끊임없이 고쳐쓰기를 반복한다고 한다. 문학동네에서 김 작가의 작품을 담당했던 이연실 이야기장수 출판사 대표는 한 언론과의 인터뷰에서 "그는 무수히 많은 지우개 가루 속에서 머문다."고 증언했다. 김훈 작가와 같은 대가도 글을 수없이 고쳐쓰는데, 글쓰기에 익숙하지 않은 우리가 글을 다듬지 않는다는 게 이상하지 않은가. 이해하기 쉽고 뜻이 명료한 문장을 쓰고 싶다면 문장을 갈고 닦는 데 게으름을 부려서는 안 된다.

나도 처음 글쓰기를 시작했을 때는 한 문장을 길게 쓰는 버릇이 있었다. 전혀 모르고 있다가 어느 날 글을 한번 읽어봐달라고 누군가에게 보여줬는데, "대표님, 그래서 하고 싶은 말이 뭐인 거예요?" 하고 묻는 게 아닌가. 내 딴에는 하고 싶은 말, 독자들에게 주고 싶은 정보를 최대한 잘 정리했다고 생각했는데 그게 아니었다니. 집에 와서 내가 쓴 글을 읽고, 또 다른 사람들이 쓴 글을 읽어보면서 깨달았다.

'대박! 이렇게 주저리주저리 썼던 거야? 아, 부끄럽다 정말.'

조금이라도 많은 걸 전달하고픈 건 나의 욕심이지만, 그 욕심만큼 독자가 받을 수 없다면 그 글은 의미가 사라진다. 마음 가는 대로 쓰다 보면 어김없이 문장이 길어진다는 걸 깨닫고 일단 쓰고 나서 간결하게 만드는 연습을 많이 했다. 일단 초고를 완성하되 최대한 길게 늘어지지 않도록 노력하고 다 쓴 후에도 수정, 즉 퇴고에 공을 많이 들인 것이다.

아직 습관이 다듬어지지 않은 초보 작가들은 다 쓰고 나서 검토하고 또 검토하면서 문장을 다듬는 과정이 꼭 필요하다. 절대 한술 밥에 배부르려 하지 않고 글이 좋아질 때까지 차근차근 고치고 또 고치는 것이다. 원고를 하도 많이 고쳐서 내 사정을 아는 지인들은 고개를 절레절레 젓는다. 글을 쓰고자 하는 사람이라면, 반복된 수정작업을 숙명으로 받아들여야 한다. 다듬기를 반복하면서 문장은 차츰 간결해지고 의미는 강하게 부각된다.

간결한 문장 쓰기를 강조하면 무조건 짧은 문장으로만 써야 한다고 이해하는 사람들이 있다. 하지만 언제나 단문 쓰기를 해야 하는 건 아니다. 복문(複文, 한 문장에 주어와 서술어가 2개 이상인 것)이라서 문장이 다소 길어져도 이해하기가 쉽다면 꼭 나눠 쓰지 않아도 된다. 때로는 긴 문장을 곱씹어 읽으면서 그 의미를 되새기는 것도 독서의 묘미가 되기도 하니까. 그렇지만 설명이나 꾸밈말을 줄줄이 늘어놓다가 문장이 꼬이는 건 주의해야 한다. 가장 중요한 건 작가의 의도가 독자에게 잘 전달되는 것이므로, 그 부분이 항상 가장 우선이 되어야 한다.

상대방이 눈을 부릅뜰 수 있도록

거래처와 미팅을 끝내고 돌아온 직원이 사장에게 보고를 하겠다고 찾아왔다.

"그래요, 어떻게 됐나요? 정리해서 말해주세요."

"네, 대표님. 오늘 거래처와 미팅을 했는데 담당자가 저희가 제시했던 가격을 잘 이해하지 못하겠다고 해서 설명을 했는데, 담당자 입장이 좀 완강한 편이라 이해를 시키기가 어려웠지만 팀장님이 들어오셔서 좀 더 설명을 보태주셨거든요. 담당자는 제 얘기보다 팀장님 얘기에 귀를 기울여서 기분이 퍽 좋진 않았는데 저희 설명을 듣고 자기 쪽 주장을 말하는데 듣다 보니 일리가 있는 말도 있었습니다. 그래서…"

원래도 이 직원의 말이 일목요연하지 않다는 걸 알았기에 '오늘은 참고 들어주자!'라고 다짐했지만, 결국 또 폭발하고 말았다.

"그래서, 오늘 대체 무슨 일이 있었다는 겁니까?"

"그, 그게, 그러니까…."

다들 이런 경험을 겪은 적이 있을 것이다. 아무리 귀를 기울여도 상대방이 무슨 말을 하려고 하는 건지 알 수 없는 경우 말이다. 성격이 급한 사람, 인내심이 약한 사람은 기나긴 말이 시작됨과 동시에 귀를 닫기도 한다. 난 어지간하면 다른 사람의 말을 잘 들어주려고 애쓰는 편이지만 상대가 중언부언 이야기를 하면 핵심을 따라가다 포기하고 딴생각을 할 때도 있다.

글도 마찬가지다. 열심히 읽어도 글쓴이의 의도와 핵심이 보이지 않으면 더 이상 읽고 싶은 마음이 들지 않는다. 이런 문제를 극복하려면 글의 시작 지점에 글쓴이의 의도를 담은 주제문장을 알려주면 된다. 등대가 또렷이 보이면 배가 방향을 놓치지 않듯이, 글에서도 주제문장이 분명히 드러나면 사람들은 글에 집중해서 끝까지 읽을 수 있다.

> **자기 업에 충실한 사람**
>
> 나는 자기 직업에서 프로페셔널한 사람이 성공할 수 있다고 생각한다. 우리 회사를 찾아오는 예비 작가들 중에는 긴 세월을 묵묵히 한길을 걸어온 사람들이 책 출간으로 소위 포텐을 터뜨리는 경우가 적잖다. 《집공부》(봄풀출판)를 쓴 손지숙 작가는 30여 년간 고등학교 교사로 일하면서 고3 입시 지도를 했던 경험이 있다. (중략)
> 이처럼 자신의 업에 충실한 사람은 전문가로 인정받을 뿐 아니라 자신만의 콘텐츠를 확실하게 구축할 수 있다. 교사로서, 비즈니스 전문가로서, 명상·상담 전문가로서, 유치원 원장으로서 진심 가득한 마음과 깊이 있는 콘텐츠 모두 갖추고 있었기에 기회를 만났을 때 빛을 발할 수 있었다.
>
> -출처 : 『부의 품격』 중 「좋은 인연이 되는 사람은 따로 있다」

이러한 글의 구성을 두괄식(頭括式)이라고 한다. "그래서, 하고 싶은 얘기가 뭐야?" "핵심이 뭐야?"에 대한 대답을 앞부분에 배치하는 것이다. 이렇게 주제문장을 배치한 뒤에 이를 뒷받침해주는 설명을 넣으면,

읽는 이가 글의 핵심을 곧바로 파악할 수 있다는 장점이 있다.

타인의 콘텐츠를 처음 접할 때 '이 사람은 무슨 얘기를 하려고 할까'라는 궁금증을 느낀다. 그 궁금증이 빨리 해소되지 않으면 답답해지지만, 해소되면 집중력이 올라간다. 첫 문장에서 바로 글쓴이의 의도를 파악하면 뒤이어 나오는 문장들에 자연스레 집중하게 되고, 글의 내용을 잘 이해하게 된다.

두괄식 구성은 상대의 시선을 곧바로 사로잡는 데 뛰어나다. 경쟁에서 오래오래 살아남고, 좀 더 많은 자본을 벌겠다는 목적으로 실용적인 콘텐츠를 만드는 이들은 두괄식 구성을 활용할 것을 추천한다.

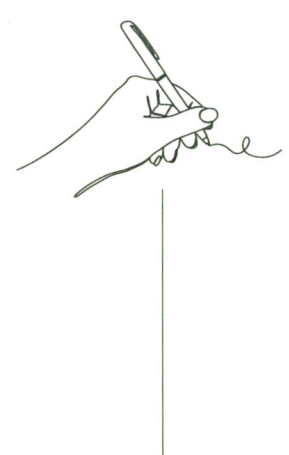

세상에서 두 번째로 쉬운
글의 뼈대 짜는 법

기승전결, 글의 목적성을 명확하게 빛내준다

　나는 자주 서점에 간다. 서점에 갈 수 있는 시간이 생길 때면 차를 몰고 가는 내내 콧노래가 나온다. 어떤 신간이 나왔을까? 요즘 어떤 책이 잘나가지? 내 책은 아직 잘 놓여 있나? 오늘도 좋은 책을 만났으면 좋겠다! 이런저런 생각으로 신이 나는 것이다.
　서점에는 다양한 목적으로 간다. 내 책쓰기에 필요한 책을 사기 위해, 요즘 트렌드를 읽기 위해, 카피나 제목을 뽑는 데 아이디어를 얻기 위해, 예쁜 디자인을 구경하기 위해 등등. 그리고 좋은 작가들이 쓴 좋은 글을 보면서 문장 훈련을 하고 싶을 때도 책을 사러 간다. 온라인으로 책을 구입해도 되지만, 이런저런 책들의 냄새를 맡으며 직접 책장도 넘겨보고, 가만히 앉아 문장을 들여다보는 시간은 나만의 힐링 타임이다.

그런데 가만히 책을 보다 보면 어떤 책은 한두 장만 넘기다 그냥 내려놓게 되고, 어떤 책은 한 번 손에 잡으면 계속 보게 되고 결국 테이블에 앉게 만든다. 보통 후자의 책들은 문장이 쉽게 이해되고 물 흐르듯이 흐른다. 작가의 의도가 마음에 쏙쏙 들어와서 이심전심으로 통하고, 감동이 전해오기도 한다.

하지만 전자의 경우는 다르다. 몇 장 읽다가 나도 모르게 툭 하고 덮는 책은 보통 읽다가 어렵다고 느끼는 책이다. 앞에서 말했듯 문장이 너무 복잡하거나 글의 뼈대가 잘 잡혀 있지 않아 작가의 의도를 읽을 수가 없을 때가 바로 그렇다. 글은 내 생각을 보여주는 것인데, 마구잡이로 늘어놓으면 남들이 내 의도를 알아볼 수가 없지 않은가. 그래서 뼈대를 잘 잡아야 글의 목적성이 또렷해지고 설득력이 있는 글이 된다. 다음의 예시를 보자.

> 많은 사람들은 늙지 않고 젊게 살고 싶어 한다. 그렇게 살기 위해서는 식사를 잘 챙겨 먹어야 한다. 우리 몸에 필요한 비타민과 미네랄이 충분히 포함된 식사를 차려 먹어야 한다. 어떤 사람들은 탄수화물이 제한된 식사를 하기도 한다. 탄수화물 때문에 살이 찌고 건강이 나빠진다고 생각하는 것이다. 비타민 D는 햇빛을 잘 쐬는 것만으로 얻을 수 있고 우유 같은 식품을 통해서도 섭취할 수 있다. 비타민 D가 부족하면 뼈가 약해질 수 있어서 영양제를 섭취하기도 하는데, 기본 생활습관을 고치면 별도의 영양제

를 섭취하지 않아도 된다고 생각한다.

운동을 열심히 하는 사람도 많다. 매일 최소한 30분 이상 운동을 해야 한다고 생각한다. 짐 같은 곳에 가지 않아도 걷기와 달리기, 가벼운 근력 운동을 하는 것만으로도 괜찮다고 생각한다. 운동을 할 때 머리부터 발끝까지 값비싼 운동복을 갖춰 입고 값비싼 운동화를 신는 데 신경을 쓰는데, 중요한 건 운동을 꾸준히 하는 것이다. 다른 사람의 시선은 그다지 중요하지 않다. 어떤 사람들은 수영을 하고, 필라테스나 요가를 하는 사람들도 있다. 다양한 운동을 취향대로 할 수 있다는 게 참 좋다고 생각한다.

너무 많은 카페인 섭취, 과도한 음주와 흡연은 건강에 좋지 않다. 스트레스를 달래기 위해 하는 것들인데, 되레 숙면을 방해하고 몸 건강을 해치게 된다. 그보다는 명상이나 요가와 같은 걸로 마음을 달래는 게 좋다고 생각한다. 특히 명상을 하는 사람들이 정말 많아지고 있고, 인터넷에 보면 명상법이나 명상 때 활용할 수 있는 음악을 쉽게 찾을 수 있다. 하겠다는 마음만 먹는다면 충분히 명상을 할 수 있다. 문제는 마음을 먹지 않는다는 것이다. 달라지겠다는 생각을 했다면 꼭 실천해야 한다. 실천해야 바뀌는 것이다.

자, 이 글만 보면 글쓴이가 어떤 의도를 전하고 싶은지 알 수 있을까? 솔직히 나는 잘 모르겠다. 젊게 살기 위해 식사를 잘 챙겨야 한다는 건지, 운동을 하자는 건지, 운동할 때 고가의 제품을 착용하지 말라는 건지, 다양한 운동법이 많아서 좋다는 건지, 생활습관을 고치자는 건지, 명상을 하자는 건지, 통 알 수가 없다. 여러분의 눈앞에 이렇게 말하는 사람이 있다면 그가 다 말하기도 전에 "도대체 뭔 소리를 하는 거냐고!"라고 소리치고 말 것이다.

이처럼 글의 뼈대가 제대로 잡혀 있지 않으면 독자는 글쓴이의 의도를 알아보기가 어렵고, 중요한 정보가 있어도 받아들이지 못한다. 의도를 알 수 없는 글을 끝까지 읽어줄 사람은 없다. 열심히 썼는데 읽어주는 사람이 없는 것이다. 콘텐츠를 만들어 돈을 많이 벌면서 오래오래 시장에서 살아남고 싶었는데, 그 꿈이 공염불이 되고 마는 것이다. 너무 속상한 일이다.

이렇게 되지 않으려면 글의 뼈대를 잡고 글을 쓰는 연습을 해야 한다. 글의 뼈대는 어떻게 잡는 걸까. 가장 널리 알려진 방법이 서론-본론-결론의 3단 구성 혹은 기승전결의 4단 구성이다. 두 가지는 큰 차이가 없으므로, 기승전결(起承轉結)을 가지고 설명하겠다. 『부의 품격』에서 설득을 잘하고 싶다면 기승전결을 활용한 설득법을 활용할 것을 권했는데, 전 세계적으로 많은 작가들이 인정하는 말과 글의 뼈대가 기승전결이다. 문제를 제기하고, 본격적으로 풀이하고, 좀 더 깊이 있게 다루고, 핵심을 반복하며 마무리하는 것이다. 하나씩 짚어보자.

먼저 기(起)는 글의 시작 지점으로, 사람들의 관심을 잡아끌어야 한다. 독자와의 첫 만남에서 시선을 붙들지 못하면 뒤이어 나오는 내용이 읽히지 못한다. 간결하고 명료한 문장으로 주제를 전달하거나, 글쓴이의 경험담을 제시하는 방법으로 관심을 잡아끌 수 있다.

승(承)은 글이 본격적으로 진행되는 것이다. 독자가 '기'에서 매력을 느꼈다면 쉽게 '승'으로 진입하게 된다. 글쓴이가 전하고픈 주제에 대한 설명, 즉 예화나 객관적 자료 등이 제시되는데, 이를 통해 글쓴이의 의도에 대해 신뢰감이 높아질 수 있다.

전(轉)은 글의 깊이가 좀 더 깊어지거나 새로운 관점이 제시돼 주의가 전환되는 지점을 말한다. 주제와 관련돼 한층 더 깊이 있는 자료나 새로운 관점, 이를 뒷받침할 만한 자료가 제시된다. 독자는 더욱 읽는 재미를 느낄 것이고, 풍부한 자료 제공에 만족스러울 것이다.

결(結)은 글의 마무리 지점으로, 핵심 주제가 다시 한번 강조된다. 독자는 '결'을 통해 글쓴이의 의도를 확실하게 기억하게 되고, 앞으로 어떻게 살아야 하는지를 생각하게 된다. 만약 기-승-전이 잘 진행되었더라도 결이 제대로 정리되지 않으면 독자의 머릿속에 글쓴이의 의도가 각인되지 못한다.

돈이 되는 콘텐츠를 만들고픈 이들은, 글을 쓰기 전에 기승전결 방식으로 글의 뼈대를 세우기 바란다. 뼈대가 잘 잡힌 글이어야 사람들이 내 의도를 정확하게 이해하고, 글 속에 들어 있는 정보의 가치를 알아볼 수 있다.

내가 인스타에 올렸던 글을 가지고 기승전결을 구별해 보겠다. 이 글은 자연스러운 기승전결 구조를 가지고 있고, 행복과 고통의 관계를 점진적으로 심화시켜 나가면서 독자에게 감동과 희망을 전하는 걸 목적으로 한다.

[기] 얼마 전, "어떻게 하면 건강하고 행복한 삶을 살 수 있을까?"라는 주제로 강연을 했다. 이 주제는 누구나 한 번쯤 깊이 고민해 본 삶의 궁극적인 질문일 것이다. 하지만 행복이라는 것이 과연 순수한 기쁨과 편안함으로만 이루어져 있을까? 나는 그렇지 않다고 생각했다.

☞ **설명** : 강연 주제와 행복에 대한 의문 제기. 이 글에서 다루고자 하는 행복과 고통의 관계를 도입하며 독자의 호기심을 유발한다.

[승] 진정한 행복은 고통을 통해 더욱 빛나며, 이 두 감정은 떼려야 뗄 수 없는 관계에 놓여 있다는 생각을 사람들에게 전하고 싶었다. 강연을 준비하는 과정은 결코 쉽지 않았다. 때로는 자료를 찾으며 밤을 새우기도 했고, 말하고자 하는 메시지를 어떻게 전달할지 고민하며 많은 수정을 거쳤다.

이런 준비 과정 속에서 자연스럽게 느껴진 것은 "고통 없이 얻는 행복은 과연 진정한 행복일까?"라는 질문이었다. 만약 이 과정이 수월했다면, 강연 후에 느낄 성취감과 기쁨도 그만큼 덜했을 것이다. 나는 그 점을 청중에게 솔직히 이야기했다. 행복이란, 고통과 노력을 통해 더욱 깊이 느낄 수 있는 감정이라고 말이다.

☞ **설명** : 행복과 고통의 상관관계에 대한 고민을 설명. 강연 준비 과정에서 경험한 고통과 노력을 통해 행복이 더욱 깊이 느껴진다는 개인적 경험을 공유하며 주장을 강화했다.

[전] 행복은 단순히 고통이 없는 상태가 아니라, 고통을 통해 비로소 그 가치를 느낄 수 있는 것이다. 마치 빛이 어둠 속에서 더 강렬하게 빛나듯이, 행복은 고통이라는 배경 속에서 더욱 빛난다. 우리는 누구나 고통을 피하고 싶어 하지만, 그 고통은 때로 우리를 강하게 만들고, 행복의 소중함을 알게 해주는 중요한 요소가 된다.

☞ 설명 : 행복과 고통의 본질적인 관계를 강조하며 주제의 핵심을 전달. 행복이 고통을 통해 더욱 가치 있어짐을 비유를 통해 설명하며 감정적으로 고조된 메시지를 전한다.

[결] 혹여 지금 마음을 짓누를 만큼 깊은 고통 속에 있다면, 어쩌면 그것은 신이 당신에게 다가올 큰 행복을 정성스럽게 포장하고 있는 시간일지 모른다. 그러니 잠시 눈을 감고, 그 선물이 당신에게 도착할 순간을 기다려 보라! 당신이 견뎌온 시간은 결코 헛되지 않을 테니까.

☞ 설명 : 고통 속에 있는 독자들에게 위로와 희망을 전하며 글을 마무리. 고통이 큰 행복을 위한 준비 과정임을 강조하며 고통을 긍정적으로 바라보도록 권유한다.

쓰기 쉽고, 읽기 쉬운 글 구성법

"인스타그램에 오늘 하루에 있었던 일을 쓰려고 하는데, 기승전결로 쓰려니까 잘 안 써져요. 몇 번을 썼다 지웠는지 모르겠어요…."

내 책쓰기 수업을 들었던 수강생들 중에 어떤 분이 이런 고충을 호소했다. 내가 강의를 하면서 "기승전결이 정말 중요합니다. 글을 쓸 때 항상 구성을 잘 정리해서 써보세요. 그러면 사람들이 쉽게 이해하는 글, 인기 있는 글이 될 수 있습니다."라고 말해서 그 내용을 충실하게 반영하려고 했는데 생각보다 잘되지 않는다는 것이다.

내 의도를 상대에게 논리적으로 전개해야 할 때 기승전결은 굉장히 효과적인 구성법이다. 그런데 기승전결 구성이 모든 글에 통하는 건 아니다. 특히 일상을 잔잔하게 담아내는 글을 쓰려고 할 때 논리적인 구성을 짜는 게 쉽지 않다. 불가능한 건 아니지만, 일상 이야기를 정리하는 데 그렇게까지 하지 않아도 된다는 뜻이다.

"그런데 일상적인 잔잔한 글도 뼈대 같은 게 필요하지 않나요? 꼭 기승전결이 아니더라도 어떤 방식이 있으면 훨씬 쉬울 것 같은데…."

그렇다. 감성적인 글, 일상의 글을 기승전결로 쓰기는 어렵지만 그래도 쉽게 활용할 수 있는 틀이 있다면 쓰기가 좀 더 쉬울 것이다. 그래서 독자 입장에서도 이해하기 쉽고 쓰는 사람도 쉬운 간단한 방법 하나를 알려주려고 한다. 바로 '경험 + 내 생각'이라는 공식이다. 아마 이건 누가 설명하더라도 같을 것이다. '경험 + 내 생각'은 자기 일상을 바탕으로 쓰는 SNS 콘텐츠와 에세이에서 흔하게 발견되는, 아주 쉬운 구성이다.

> <u>태어나서 가장 많이 걸었다.</u>
> <u>아침 9시 반에 걷기 시작해서 저녁 8시 반에 숙소에 도착.</u>
> 이 정도면 나도 힘들다는 산티아고도 갈 수 있겠지?
> 오늘도 살아 있음에 감사하고 걸을 수 있음에 감사한 하루였다.

이 글은 4월 제주에서 하루 종일 걷기를 하면서 썼던 것이다. 정말 단순하지 않은가. 몇 시간을 걸었고 이를 통해 산티아고 순례길 걷기라는 꿈을 꾸게 되었다는 내용이다. 마지막 문장은 걷기를 통해 살아 있음에 감사함을 느끼게 되었다는, 이 글에서 독자에게 전하고픈 메시지이다. '경험(표시된 부문) + 내 생각'의 단순한 구조이고 고작 네 문장이지만, 하고 싶은 말을 다 했다.

> <u>부산으로 후원미팅 하러 KTX와 지하철을 타며 뚜벅이가 되어 걸어가는데 날씨가 너무 춥다.</u> 차 없이 출퇴근 하는 사람들은 얼마나 추울까.
> 모든 게 감사하게 느껴지는 하루다.
> 지금 여기에 살아 있음에 감사하고, 걸을 수 있어 감사하고,
> 나와 함께 할 수 있는 동료가 있어 감사하고, 눈코 뜰 새 없이 바쁘지만
> 내가 할 수 있는 역할이 있음에 감사하고, 맛있는 음식을 즐겁게
> 먹을 수 있어 감사하고, 나의 호흡이 온전함에 감사하고,
> 내 몸이 존재함에 감사한다.
> 그리고 부족한 이 글을 읽어 주신 모든 분들에게도 진심으로
> 감사의 마음을 전하고 싶다.

이 글 역시 인스타그램에 작성했던 것이다. 이 글의 경우 경험은 한 문장이고(표시된 부문), 나머지 문장은 모두 내 생각이다. 에세이나 SNS 글의 구조를 잡을 때, 경험을 길게 쓰는 경우가 많다. 경험은 이야기 형태이므로 길게 쓰기가 쉽다. 그런데 이 글처럼 생각을 길게 써도 괜찮다. 경험이 길든, 생각이 길든, 이는 글쓴이의 선택이다. 두 가지 모두 가능하므로 주제에 맞는 형태로 쓰면 된다.

좋은 뼈대를 만드는 것은, 궁극적으로 독자와 올바른 소통을 할 수 있는 밑바탕이 된다. 체계적으로 구성된 글은 주제와 정보의 가치를 드러내어, 독자가 다른 것에 주의를 빼앗기지 않고 글쓴이의 의도를 이해하고 공감할 수 있도록 해준다. 단지 정보의 전달에 그치는 게 아니라 독자와 글쓴이를 가깝게 만드는 것이다. 그렇기에 뼈대를 세우는 걸 중요하게 생각하고, 글을 쓰기에 앞서 효과적인 구성을 만드는 데 신경을 써야 한다. 신경을 쓴 만큼 글을 잘 쓸 것이고, 그 글에 집중하는 독자가 많아질 것이다.

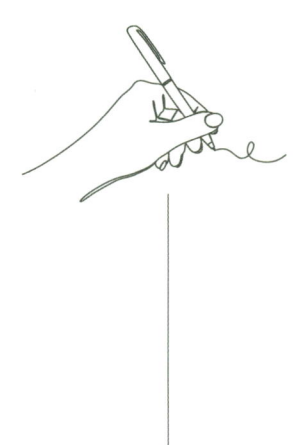

함께 웃고 함께 우는
스토리텔링의 힘

콘텐츠의 매력을
부각시키는 가장 쉬운 방법

뛰어난 학자가 있다고 가정하자. 그는 오랫동안 연구를 거듭한 끝에 획기적인 성과를 거둘 수 있었다. 학자는 자기 연구 성과를 공표하기 위한 발표 행사를 하기로 결정했고, 언론에 이 같은 사실을 알리고자 보도자료를 보냈다. 언론은 놀라운 성과를 발표하는 자리라고 여러 차례 보도해서 대중의 관심을 집중시켜 주었다.

대망의 발표일. 학자는 두근거리는 가슴을 안고 행사장을 찾았다. 행사장은 사람들로 가득 찼다. 학자는 거대한 화면에 PPT를 띄워놓고 발표를 시작했다. 연구를 시작하게 된 이유, 목적, 성과 등을 열정적으로 설명하던 그는 어느 순간 청중의 모습에 신경이 쓰이기 시작했다. 하품을 하는 사람, 꾸벅꾸벅 조는 사람, 심드렁한 표정으로 듣는 사람 등등 발표에 집중하는 사람을 찾아보기 힘들었기 때문이다.

'학계에 한 획을 그을 수 있는 성과인데, 이토록 관심이 없다니!'

학자는 내심 실망감을 금할 수 없었다. 하지만 인내심을 발휘해 발표를 끝마치고는 상한 마음을 안고 집으로 돌아갔다. 한편 행사에 참석한 사람들은 "오늘 들은 얘기 중에 중요한 얘기가 뭐였어?"라고 서로에게 물어보았지만, 제대로 알고 있다고 답한 사람은 없었다.

사실, 이 사례를 쓰면서 내심 찔리는 게 있었다. 처음 강의를 시작할 때 나도 그랬기 때문이다. 당시엔 내가 아는 걸 모두 전달해야 한다는 욕심에 주어진 시간 동안 빡빡하게 열심히도 설명을 했다. 하지만 생각보다 강의가 좋았다는 피드백이 없었다. 어떤 사람은 "대표님 강의 좋았어요!"라고 말해주었지만, 그분이 평소 워낙 친절한 사람이란 걸 알기에 진심으로 느껴지지 않았다. 청중의 반응을 살필 수 없을 정도로 긴장했고, 또 일방적으로 내가 말하고자 하는 바에만 치중해 있었던 것 같다.

나는 한번 실수하거나 실패한 일이 생기면 마음이 좀 쓰라리더라도 피드백을 정확히 받고, 다음번에는 더 잘하기 위해서 확실하게 노력한다. 그래서 강의를 들은 사람 중에서 가장 독설을 잘하는 사람을 찾아가 말했다.

"솔직하게 이야기해주세요. 강의 어땠어요?"

그러자 앞에서 사례를 든 것과 비슷한 반응이 돌아왔다.

"너무 졸렸어요."

그의 말에 웃었지만 속은 홍당무가 되었다. 너무 부끄러웠지만 용기를 내서 물었다.

"어떻게 하면 좀 더 재밌을 수 있을까요?"

"너무 설명만 하려고 하지 말고, 이야기를 좀 해주세요. 재밌는 경험도 엄청 많으신데, 왜 그런 이야기보따리는 꽁꽁 싸매두시는 거예요?"

그의 말에 무릎을 쳤다. 내가 얼마나 많은 사람을 만나고 또 상담을 하는가. 그때마다 일어난 수많은 사례들을 이야기로 풀어낸다면 사람들이 정말 좋아할 것 같았다. 마치 자신의 이야기인 듯 빨려들어서 절대 졸지 않고 들을 테니 말이다. 그의 조언을 귀담아듣고 강의안을 파격적으로 바꾸고 다시 도전했다. 다음 강의부터는 어떻게 됐을까? 스토리텔링으로 풀어내는 강의는 늘 인기가 많은 법! 자료에 없는 내용까지도 애드리브로 하게 되면서 감사하게도 사람들이 내 강의를 무척이나 좋아해주었다.

이런 실수는 누구나 할 수 있다. 사실 많은 이들이 자기 콘텐츠를 논리적으로, 자세하게 설명하려는 경향이 있지 않은가. 하지만 설명하는 언어가 길어지면 상대방은 지루하고 식상하게 느끼기 쉽다. 아무리 중요한 지식이나 철학이라 해도 매력적으로 여겨지지 못할 것이다. 그래서 항상 상대가 쉽게 이해할 수 있고 흥미로워할 만한 방식으로 만드는 게 중요하다.

콘텐츠의 매력을 부각시킬 수 있는 가장 쉬운 방법이 스토리텔링이다. 스토리텔링은 이야기를 통해 메시지를 전달하는 방법으로 책, 영화, 드라마, 광고, 게임 등 콘텐츠 영역 전반에 걸쳐 사용되고 있다.

사람들이 스토리텔링에 매력을 느끼고 귀를 기울이는 이유가 뭘까. 거두절미하고 재미있기 때문이다. 설명문보다 스토리가 재미있는 건 동서양을 막론하고 통용되는 진리이다. 재미있는 걸 마다할 사람이 누가 있겠는가. 게다가 요즘처럼 볼거리가 넘치는 세상에 재미없는 콘텐츠를 꾹 참고 봐줄 사람은 없다. "제 콘텐츠는 무척 유익해요." "사람들에게 꼭 필요한 내용이니까 널리 알려져야 해요." 등등 콘텐츠의 필요성을 목청껏 강조한다고 사람들이 소비해주는 게 아니다. 물론 콘텐츠는 질적으로 알차야 한다. 하지만 솔직히 크게 대박이 난 콘텐츠 사례들 중에, 유익함이 조금 떨어지는데도 재미와 오락성이 뛰어난 경우가 적잖다. 잘나가는 콘텐츠를 만들고 싶다면, 전달하고픈 내용과 연관성 있는 스토리를 찾아서 재미를 부여해야 한다. 그래야 대중이 콘텐츠를 매력적으로 느낄 수 있다.

스토리텔링은 콘텐츠의 매력을 매우 효과적으로 부각시킬 수 있다는 강점 때문에 많은 기업에서 마케팅 전략으로 사용하고 있다. 논리적이고 체계적인 PPT 구조를 짜서 신제품 발표 때 활용했던 스티브 잡스는, 스토리텔링 마케팅의 대가였다. 그가 애플을 잠시 떠났다가 돌아와서 1997년부터 시작한 브랜드 캠페인 'Think Different(다른 것을 생각하라)'는 지금까지도 회자되는 뛰어난 스토리텔링 마케팅 사례로 손꼽힌다. 기존의 컴퓨터 광고가 성능을 보여주는 데 치중했다면, 잡스의 광고는 애플의 브랜드 가치를 전하는 데 목적을 두었다. 그래서 전 세계 유명인들 중 남들과 다른 길을 걸어갔던 이들을 선정해 소개했다. 알버트 아인슈타인, 토마스 에디슨, 파블로 피카소, 마하트마 간디, 마틴 루터 킹 등이 광고에 등장한 인물들이다.

당시 애플의 광고를 보면 브랜드 가치를 길게 설명하는 글은 존재하지 않는다. 단지, 인물의 흑백 사진을 크게 배치하고 한쪽 구석에 'Think Different'와 애플 로고를 작게 넣은 게 전부였다. 지면을 화려하게 디자인하여 대중의 집중력을 분산시키지 않았고, 오직 인물의 스토리를 떠올릴 수 있도록 단순화시켰다.

일련의 광고를 통해 잡스가 말하고자 했던 애플의 브랜드 가치는 '기꺼이 남다른 것을 생각하고 도전하는 것'이다. 늘 하던 대로 하기보다, 새로운 도전을 시도하는 것이다. 아무리 어려운 난관이 있어도 굴하지 않고 기꺼이 새로운 길을 개척한다면 이를 통해 인류는 더욱 발전할 수 있다. 애플이 바로 그런 기업이라는 걸, 도전적이고 창의적 인물들의 스토리를 통해 말하고 싶었던 것이다.

이처럼 스토리텔링은 백 마디 설명보다 더 강력하게 콘텐츠의 매력을 부각시켜 준다. 잘나가는 콘텐츠를 만들고 싶다면 매력적인 스토리를 찾아 나서야 한다.

오늘 하루 어떤 일이 있었나요

스토리텔링은 타인에게 내 의도를 잘 이해시킬 수 있는 효과적인 방법이다. 스토리텔링을 잘하고 싶다면 오늘 하루 나에게 있었던 일을 돌아보는 것에서부터 출발하는 게 좋다. 오늘 겪었던 일 중 인상 깊었던 일, 깨달음을 얻게 된 사건을 기록하는 것이다.

> 한번은 회사에서 뜻하지 않은 일로 직원들 사이의 갈등을 마주하게 되었다. 문제는 그것을 지은 사람들이 풀어야 하는 법이지만, 그냥 두어선 좀처럼 해결될 것 같지 않아 끼어든 게 오히려 화를 부르고 말았다. 최대한 좋은 쪽으로 결론을 내기 위해 여러 차례 대화를 시도했지만 적절한 타이밍이 아니었던 듯싶다. 문제가 해결되지 못한 채로 며칠이 흘렀다. 그러다 일정이 잡혀 찜찜함을 뒤로한 채 제주도로 출장을 가게 되었다. 바쁘게 움직이며 일찌감치 일을 다 처리하고 난 후 숙소로 돌아왔다. 제주도에 와 있는 동안 읽으려고 가져온 책을 펴 들었으나 좀처럼 눈에 들어오지 않았다. 책을 덮고 가만히 있다가 마음을 먹었다.
> '그래, 이러지 말고 나가자.'
> 운동화를 꺼내 신었다. 그리고 숙소 근처 올레길을 걷기 시작했다. '어떻게 하면 좋을까?' 하는 상념에 사로잡혀 시간을 보내던 나는 운동화를 신은 발을 자연 속에 내딛자마자 모든 생각이 '무(無)'로 바뀌는 것을 경험했다. 그때는 오롯이 자연 속 풍광들만이 눈에 들어왔다. 해마다 오는 제주도였건만, 이렇게 아름다운 곳들이 있었나. 나는 걷는 동안만이라도 모든 것을 떨쳐버리고자 했는데, 그렇게 걷다 보니 어느새 다섯 시간 가까이 걷고 있는 나를 발견했다. 그 시간에 흠뻑 젖어 있다 보니 생각이 떨쳐내어지는 것이 아니라 오히려 정리되어 있었다.
>
> -출처 : 『나는 죽을 때까지 지적이고 싶다』 중 「걷기는 곧 숨쉬기다」

내 경험담을 기반으로 쓴 글이다. 글을 쓸 때 이야기를 많이 활용하는 편이다. 겪었던 일을 주로 쓰고, 때때로 주변 지인들에게 들었던 일들, 책에서 본 이야기를 활용하기도 한다.

이 이야기를 통해 전하고 싶었던 것은, 걷기가 우리에게 주는 유익함이었다. 걷기는 몸뿐 아니라 마음까지 숨을 쉬게 해준다. 걷는 동안 생각이 정리되어 자연스럽게 해답을 찾을 수 있게 된다. 그런데 이런 내용을 팩트만으로 설명한다면 사람들은 어떻게 느낄까. "걷기는 어디에 좋고요, 걸으면 이런 게 도움이 되고요…."라고 표현했다면 걷기의 유익함을 다 같이 체험하길 바라는 작가의 진심이 전달되지 않을 것이다. 남들도 다 아는, 뻔한 얘기라며 흘려버릴 것이고 지루하다고 여길 것이다.

그런데 실제 경험담을 바탕으로 풀어쓰니까 독자들은 걷기의 장점을 자연스럽게 이해할 수 있었다. 글의 앞부분에 걷기의 유익함을 설명하는 내용은 없다. 그런 내용은 위의 이야기 뒤에 썼다. 내 이야기를 통해 걷기의 유익함을 이해한 분들은 뒤이어 나오는 설명에 집중하게 되고, 걷기를 해봐야겠다는 생각을 자연스럽게 하게 된다. 강하게 주장을 펼치는 노력을 하지 않아도 내 진심에 따라주는 것이다. 이것이 이야기가 가지는 힘이다.

많은 사람들 앞에서 자신의 이야기를 들려주는 강연이 인기가 높은 것 또한 같은 이유이다. 테드(TED)의 한국 버전이라고 할 수 있는 세바시는 '세상을 바꾸는 시간 15분'의 줄임말로, 다양한 경험을 가진 이들이 출연해 더 좋은 세상을 만들어가기 위한 생각과 아이디어를 공유한다. 테드는 과학, 환경보호, 기업 동향 등 인류사의 발전에 필요한 학문적 주제가 등장할 때가 많은데, 세바시는 강연자의 경험을 바탕으로 삶에 대한 성찰을 이야기하는 편이다. 청중은 강연자의 이야기에 공감하면서 자신의 삶에 변화를 만들 수 있는 단초로 삼는다.

내 경험을 털어놓았을 때의 장점은 상대에게 진정성을 전달할 수 있다는 것이다. 이야기의 당사자가 바로 나니까 감정을 진심으로 표현할 수 있고, 이를 통해 대중은 나에게 공감하게 된다. 특히 같은 일을 겪은 사람이라면 내게 동질감을 느끼고 위로와 용기를 얻게 될 수도 있다. 설명하는 글을 통해 대중과 나를 가깝게 만들기는 쉽지 않다. 그러나 이야기는 "야, 너두?"와 같은 공감을 만들면서 대중과 나 사이의 간격을 좁혀준다. 대중이 나에게 관심을 갖고 더 나아가 좋아하게 될 수 있는 것이다. 대중이 나와 내 콘텐츠에 갖는 호감이 높아지면 이 치열한 경쟁사회에서 오래오래 살아남을 수 있는 힘이 생긴다.

이야기가 가진 힘을 깨달았다면 오늘부터 자신의 이야기를 찾고 기록하기 바란다. 머릿속에만 두면 잊기 쉬우므로 그때그때 수첩이나 컴퓨터 파일, 휴대폰 메모장 등에 정리해둔다. 기록하는 방법은 특별한 게 없다. 누군가에게 편하게 이야기를 들려준다는 마음으로 적으면 된다. 왜 이런 사건이 있었는지 배경을 복잡하게 설명하려 하기보다는, 담담하게 있는 그대로 보여주는 방식으로 기록하는 게 바람직하다.

이야기를 기록할 때 주의점은 '시시해 보이는데 이런 것까지 기록해야 할까?'란 생각을 하지 않아야 한다는 것이다. 기록이 쌓이고 쌓이면 그것이 바로 콘텐츠가 된다. 보잘것없어 보여도 그 속에 내가 있고, 내가 사는 세상이 보인다. 이 콘텐츠가 내 것이라는 정체성을 확실히 드러내자면 내 이야기만 한 것이 없다.

2장 핵심 정리

Yang's Tips

- 10~15분짜리 강연 콘텐츠를 발전시키는 방법

    1. A4 1~2페이지 반 분량의 강연 원고를 먼저 작성할 것
    2. 원고의 뼈대를 잡아 PPT 파일을 만들 것
    3. 뼈대를 바탕으로 내용을 추가해 분량을 늘일 것
    4. 첫 소절로 청중을 집중시킬 것

- 잘 팔리는 SNS 콘텐츠를 만드는 법

    1. 콘텐츠의 주제가 일관될 것
    2. 글쓴이의 정체성이 확실하게 보일 것
    3. 사람들이 필요로 하고 관심 있는 주제일 것

- 보는 순간 머릿속에 각인되는 언어의 특징

    1. 이해하기 쉬운 직관적인 언어
    2. 늘 입버릇처럼 반복하는 언어

- 글쓴이의 의도를 빠르고 정확하게 전달할 수 있는 문장 표현

    1. 단문(單文) 쓰기
    2. 두괄식 구성을 활용하기

- 글의 뼈대 잡는 방법

    1. 논리적 콘텐츠의 경우 기승전결 구조로 쓰기
    2. 일상 이야기를 쓰는 에세이나 SNS의 경우, '경험 + 내 생각'의 구조로 쓰기

- 스토리텔링의 힘

    1. 대중에게 재미있게 내용을 전달할 수 있다.
    2. 내 이야기를 털어놓으면 대중의 호감이 높아질 수 있다.

CHAPTER 3

콘텐츠의 가치를 극대화하는 책쓰기 노하우

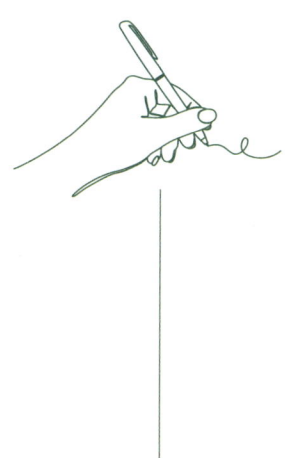

주제 정의
_한 줄이면 충분하다

충분히 무르익어야 표현된다

나의 주중 스케줄러는 다양한 사람들을 만나는 일정으로 빼곡하다. 그중에서도 책을 쓰고 싶어 하는 사람들을 만나는 일정이 가장 많은데, 아마도 내 삶에서 가장 중요한 부분을 차지하는 일이기 때문이 아닐까 싶다. 사업가이므로 수익을 극대화하는 일을 중심으로 움직여야 하지만, 책을 쓰고자 하는 사람들을 돕는 일의 의미는 좀 다르다. 때로는 수익과 전혀 관계가 없는데도 열정을 다해 뛰어들게 되는 이유, 아마도 그들의 꿈을 이루는 일에 가치와 보람을 느껴서일 것이다. 그런 일은 돈을 뛰어넘는 의미가 있다고 생각한다.

그동안 살아왔던 자신의 이야기를 정리해보고 싶어서, 비즈니스를 더욱 홍보하고 싶어서, 전문성을 좀 더 강화하고 싶어서 등등 이유는 제각각이지만 삶의 목표를 이루고 꿈을 실현한다는 점은 모두 같다. 그래서 없는 시간을 쪼개고 또 쪼개어 그들을 만나고, 함께 머리를 맞대고 긴 시간 고민해오고 있는지도 모르겠다.

이들과 만날 때면 꼭 물어보는 것이 있다.

"어떤 책을 쓰고 싶으신가요?"

이 질문은 내가 가장 많이 하는 질문이기도 하지만, 출판사가 작가를 만나면 하게 되는 필수적인 질문이기도 하다. 그만큼 핵심적인 질문이라는 뜻이다. 그런데 이 질문을 들은 예비 작가들은 보통 한 마디로 대답을 하기보다는 장황하게 이 얘기 저 얘기를 늘어놓기 마련이다. 이때는 자신이 무슨 책을 쓰고 싶어 하는지를 한 문장으로 표현한 다음 부연 설명을 이어가면 매우 효과적인 의사 전달이 이뤄질 수 있다.

> 쓰고 싶은 책 주제 : 시니어 요가.
> 제2의 인생을 위한,
> 자기다운 삶을 위한,
> 건강하고 아름다운 노년을 위한,
> 하늘 같은 마음과 땅처럼 튼튼한 몸을 위한,
> 자유로운 마음과 건강한 몸을 위한

내가 진행했던 책쓰기 수업에 참여한 박관영 원장의 책 주제이다. 박 원장은 30년 수련 경력의 요가 전문가로, 요가 스튜디오를 운영하고 있다. 그는 자신을 "웃으며 밥 먹고 여행하는 요가원장"으로 소개하였고, 시니어가 신체적·정신적 건강과 웰빙 생활을 실천할 수 있도록 요가하는 법을 알려주는 책을 쓰고 싶다고 했다. 그는 전 연령층에 요가를 가르치고 있지만, 특히 시니어에 대해 각별한 애정을 표현했다. 그가 한 줄로 적은 주제를 보면 책 내용이 어떨지 충분히 짐작이 간다. 한 줄 정리는 이렇게 하는 것이다. 자신이 어떤 콘텐츠를 만들고 싶은지 다른 사람들이 정확하게 이해할 수 있도록 적으면 된다.

> 쓰고 싶은 책 주제 : 실천 독서가 답이다

이것 역시 책쓰기 수업에 참여한 수강생 백창희 작가의 과제물이다. 그는 지역 독서모임에서 20년간 활동한 경험과 그림책을 출간한 경험 등을 살려 독서로 인생을 바꿔 가는 책을 만들고 싶어 했다. 한 줄로 정리된 문장을 보면 작가가 독서를 통한 변화와 성장을 만들어낸 이야기를 볼 수 있을 거란 기대감이 생긴다. 물론 독서 관련 도서는 워낙 스테디셀러가 많고 다양한 콘셉트의 책들이 출간된 만큼 "좀 더 차별화된 방식으로 기획을 보강할 필요가 있다."는 피드백을 백 작가에게 전해주었다.

> 쓰고 싶은 책 주제 : 100억을 부르는 소통법

수업에 참여했던 이단비 작가의 한 줄 주제 정리이다. 그는 20년간 방송 리포터로서 수많은 사람들과 인터뷰하여 소통 기술을 배울 수 있었고, 이를 바탕으로 사람들에게 성공하기 위한 세일즈 스피치를 알려주고 싶어 했다. '100억'이라는 구체적 숫자를 통해 사람들의 관심을 끌려고 시도한 점이 좋아 보였다. 실제로 돈을 버는 스피치가 어떤 것인지를 잘 정리해내고, 이를 제목이나 부제 등에서 좀 더 보완한다면 괜찮은 기획이 될 거라고 생각한다.

이렇듯 주제를 한 줄로 적을 수 있다는 것은, 작가가 자기 콘텐츠의 성질을 명확하게 정리했고 이를 효과적으로 설명할 준비가 되었다는 의미이다. 작가는 한 줄 정리를 하면서 어떤 내용을 책에 담을지 생각할 수 있고, 핵심 콘텐츠가 가진 장단점을 따져서 무엇을 보충해야 하는지도 생각할 수 있다.

돈이 되는 콘텐츠를 만들고 싶은 사람들 그리고 책을 쓰고 싶은 예비 작가들은 반드시 자기 콘텐츠의 주제를 한 줄로 쓸 수 있어야 한다. 만약 쓰기가 어렵게 느껴진다면 그만큼 콘텐츠의 성질이 분명하지 않다는 것이므로 충분한 고민을 거쳐 성질을 가다듬어야 한다. 콘텐츠가 충분히 무르익을수록 한 줄로 정리하기가 수월하다.

주제를 한 줄로 정리할 때 문장을 꾸미려고 하는 사람들이 있는데 굳이 그러지 않아도 된다. 제목을 만드는 게 아니고 말 그대로 주제를 정리하는 것이므로 근사하게 쓰려고 애쓸 필요가 없는 것이다. 또한 한 줄로 주제를 쓸 때 되도록 직관적인 언어를 사용하라고 권하는 편인데, 직관적인 언어는 군더더기가 없어 내 콘텐츠를 정확하게 표현해주고 잘못 해석될 여지도 줄여주기 때문이다. 꾸미는 표현이 많을수록 의미의 정확성이 떨어지고 인상도 희미해진다. 어려운 전문 용어나 불필요한 꾸밈 표현을 피하고, 핵심 주제를 간결하게 전달할 수 있는 단어를 선택하는 게 좋다. 주제를 효과적으로 표현할수록 콘텐츠에 대한 사람들의 기대감과 관심이 커질 수 있다.

한 줄로 주제 정리, 꾸준한 연습이 필요하다

자기 콘텐츠를 한 줄로 정리할 줄 아는 능력은 단지 책쓰기에서만 필요한 게 아니다. 학교에서 과제를 할 때, 회사 업무를 수행할 때, 비즈니스를 할 때, 한 줄 정리능력은 꼭 필요하다. 내가 아는 이들 중에 한 줄 정리능력이 뛰어난 청년이 있다. '이 능력이 그렇게 중요한가?' 하는 의문을 품는 이들에게 꼭 이 친구의 이야기를 들려준다. 한 줄 정리능력 덕분에 비즈니스 현장에서 인정을 받을 수 있다는 걸 잘 알려주는 사례라서 그렇다.

투자 회사에서 일하는 찬호 씨는 문장을 다루는 능력이 뛰어나서 일찍부터 상사의 관심을 받았다. 상사는 중요한 프레젠테이션이 있는 날마다 찬호 씨에게 최종 보고서 파일을 만드는 일을 맡겼다. 찬호 씨는 투자자들에게 소개할 기업에 대해 속속들이 조사하고 그걸 일목요연하게 파워포인트로 만들었다. 반드시 들어가야 하는 내용을 엄선해서 간결하고 임팩트 있는 문장으로 표현했고, 한 페이지에는 한두 문장 정도만 들어가도록 정리했다. 그렇게 만들어진 파워포인트가 설명회장에서 한 장씩 넘어갈 때마다 투자자들의 관심이 집중됐다.

"핵심이 뭔지 확실하게 알겠어요."

"투자자들이 궁금해하는 점들을 정확하게 짚어줘서 좋아요."

나도 설명회에서 그가 발표하는 내용과 PPT를 접했는데, 청중의 입장에서 이해하기 쉽도록 잘 정리했다는 생각이 들었다. 찬호 씨가 앞에 서는 날은 그렇지 않은 날보다 분위기가 훨씬 좋다.

콘텐츠의 핵심을 한 줄로 정리할 수 있는 능력은, 여러 가지 강점이 있다. 첫 번째로, 독자나 청중이 콘텐츠를 빠르게 이해하고 기억할 수 있게 해준다. 시선이 분산되는 걸 막고 핵심에 집중하게 되기 때문이다.

두 번째로, 한 줄로 정리된 주제는 콘텐츠의 성질이 일관성 있게 유지되는 데 도움을 준다. 한 줄 주제는 청중이나 독자뿐 아니라 작가의 집중력을 높여준다. 작가들은 콘텐츠를 만들면서 욕심껏 다양한 주제를 다루려고 하는 경향이 있는데, 너무 많은 주제를 한꺼번에 다루게 되면 글이 꼬이기 쉽다. 한 줄 주제는 콘텐츠의 구성이 산만해지지 않고 뼈대를 안정적으로 유지하면서 결론으로 도달할 수 있게 해준다.

세 번째로, SNS 플랫폼에 적합한 콘텐츠를 만드는 데 유리하다. 짧고 간결한 문장 표현으로 이뤄진 숏폼 영상이 인기가 높다. 책을 홍보하는 데 SNS 플랫폼이 매우 중요한 역할을 하는 만큼, 한 줄로 주제를 잘 정리한다면 매우 효과적인 홍보 콘텐츠를 만들 수 있다.

그렇다면 어떻게 해야 한 줄로 콘텐츠를 정리하는 능력을 키울 수 있을까. 가장 좋은 방법은 책을 통해 훈련하는 것이다. 책을 읽고 나서 자신이 생각하는 핵심 주제를 한 줄로 적어보는 것이다. 혹은 책 제목을 직접 지어보는 것도 좋겠다. '나라면 이 책 제목을 어떻게 지을까?'라고 생각해보고 적어보는 것이다. 책 제목을 살펴보면 좋은 표현들이 정말 많다. 실제로 출판사는 제목 한 줄, 카피 한 줄을 뽑기 위해 수십 수백 개의 문장을 뽑아본다. 제목이 정해지지 않아 몇 달씩 출간하지 못하는 책이 있을 정도니 말이다. 사람들이 나에게 "대표님은 책 제목 제조기 같아요!"라고 말하지만, 나 또한 수많은 책의 제목을 참고하면서 시안을 기록하곤 한다. 국내서뿐 아니라 일본, 미국 등 해외 도서의 제목까지 참고한다. 이렇게 책 제목을 보면서 한 줄 정리 방법을 꾸준히 훈련한다면 문장 표현력이 좋아질 수밖에 없다.

물론 훈련하려면 제법 긴 시간과 노력이 필요하다. 하지만 노력하는 만큼 문장 표현은 분명히 나아질 것이다. 최선을 다할수록 내 콘텐츠가 많은 사람을 사로잡는 기적을 일으킬 가능성이 커지는 것이다.

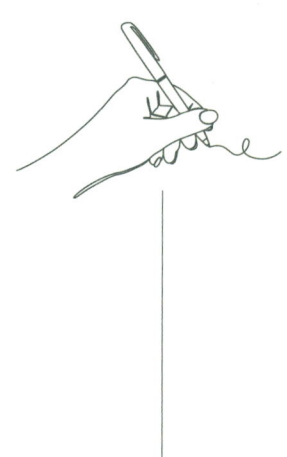

목차 설계_골치 아픈 목차, 그나마 쉽게 짜는 고수의 기술

지식 콘텐츠는 논리적으로, 감성 콘텐츠는 감성적으로

예비 작가들이 가장 골치 아파하는 작업이 목차를 만드는 것이다. 방대한 콘텐츠를 일목요연하게 정리한다는 게 어찌 쉬운 일일까. 나도 책을 낼 때마다 목차를 만드는 데 상당히 많은 시간을 투자하게 된다. 목차는 분야별·아이템별로 다양하고, 작가가 전하고자 하는 콘텐츠에 따라서도 다르게 짤 수 있다. 어찌 보면 정답이 없는 게 목차를 짜는 방법이다. 그래서 첫 책 『책쓰기가 이렇게 쉬울 줄이야』에서는 일단 쓰고 싶은 대로 써 본 다음 시간을 가지고 다듬는 게 좋다고 설명했다. 똑똑 떨어지는 목차의 형식이 아니라 전체적인 내용과 흐름을 표현하는 정도로 작성한 다음에 다듬어가는 것이다. 자신이 쓰고 싶은 책과 비슷한 주제의 책들을 골라서 그 목차를 꼼꼼하게 살펴보고 '나라면 어떻게 만들까?'라는 생각으로 만들어 보는 것도 큰 도움이 된다.

이 책에서는 예비 작가들이 비교적 이해하기 쉽고 따라 하기 쉬운 목차 구조를 만드는 법을 좀 더 구체적으로 다뤄보고자 한다. 먼저 해야 할 일은 여러분이 현재 보유하고 있는 책들을 골라서 목차를 살펴보는 것이다. 이때 살펴보면 좋을 책은 타인의 경험담이나 지식을 배울 수 있는 실용서들로, 이런 책들의 목차를 여러 개 살펴보면 대체로 일정한 패턴이 있음을 확인할 수 있다. 가장 일반적인 구조가 서론-본론-결론 혹은 기승전결의 구조이다. 이 구조는 글의 뼈대를 설명할 때 언급했는데, 목차를 만들 때도 적용할 수 있다. 지식 실용서들의 목차 구조를 살펴보면, 서론-본론-결론 혹은 기승전결 구조를 갖춘 책들을 꽤 많이 발견할 수 있다.

3단 혹은 4단 구조를 내 방식대로 풀어서 말한다면 이렇게 정리할 수 있다. '①주제-②실행 방안-③알아두면 좋은 정보'이다. 작가가 전하고픈 주제를 제시하고, 그에 대한 세부적인 솔루션을 순차적으로 제시하고, 부가적으로 알려주고 싶은 정보를 정리하는 것이다. ①과 ②는 반드시 있어야 하는 내용이고, ③은 있어도 좋고 없어도 무방한 내용이다.

> 추천사
> Prologue 베스트셀러 작가가 될 당신을 응원합니다!
>
> Part 1 **책쓰기는 처음이라서**
> 　　　1장 책은 성공한 사람이 아닌, 성공을 꿈꾸는 사람이 쓰는 것이다
> 　　　2장 당신도 베스트셀러 작가가 될 수 있다
> 　　　3장 베스트셀러의 5가지 조건
>
> Part 2 **책은 어떻게 만들어지는 걸까?**
> 　　　4장 기획부터 출판까지, 책쓰기에 필요한 16가지 과정
>
> Part 3 **펜을 들었다면, 이미 당신도 베스트셀러 작가!**
> 　　　5장 나는 어떤 책을 쓸까? 나만의 콘셉트 잡기
> 　　　6장 본격적으로 글을 써보자! 집필의 9가지 단계
> 　　　7장 출판사에서 서로 경쟁하는 책으로 어필하는 법
>
> Epilogue 들어도 들어도 또 듣고 싶은, 제임쓰양의 책쓰기 수업

　이는 『책쓰기가 이렇게 쉬울 줄이야』의 목차로, 꼭지 제목을 제외한 파트와 장 제목만 추려낸 것이다. 책 제목에서 알 수 있듯이, 이 책의 핵심 주제는 '책을 쓸 수 있는, 아주 쉬운 방법을 알려주겠다'는 것이다. 파트 1에서 책을 쓰기 어려워하는 예비 작가들에게 필요한 내용을 정리하고, 파트 2에서는 책쓰기의 기본 프로세스를 설명하고, 파트 3에서는 콘셉트와 목차, 집필, 출판사 투고와 관련해 반드시 알아야 할 정보를 정리했다. 위에서 설명한 대로 '①주제 - ②실행 방안 - ③알아두면 좋은 정보'의 구조를 갖추고 있음을 확인할 수 있다. 한 가지 예시를 더 살펴보자.

Prologue **후회 없는 삶을 살고 싶다면**

Chapter 1. **나는 왜 이렇게 생각이 많은 걸까?**
　　　　나는 왜 이렇게 생각이 많은 걸까?
　　　　긍정적인 생각과 부정적인 생각의 황금비율
　　　　지금 서른 살이 힘들 수밖에 없는 이유 (중략)

Chapter 2. **부정적인 생각을 멈추지 못하는 사람들에게 해 주고 싶은 말들**
　　　　감정 기복이 심한 사람들이 흔히 하는 착각
　　　　누구에게나 어떤 일이든지 일어날 수 있다
　　　　나는 왜 이렇게 부족한 게 많은 걸까? (중략)

Chapter 3. **당신을 힘들게 만드는 문제는 따로 있을 수도 있다**
　　　　그녀가 아이를 낳은 후 갑자기 나를 찾아온 이유
　　　　누구나 마음속에 상처 입은 어린아이가 살고 있다
　　　　정신분석을 공부하며 비로소 깨달은 것 (중략)

Chapter 4. **정신분석에서 배우는 단단한 어른의 태도**
　　　　첫눈에 반한 운명 같은 사랑이 위험한 이유
　　　　좋아하는 일도 지겨울 때가 있는 법이다
　　　　가까운 사람일수록 지켜야 할 최소한의 예의 (중략)

Chapter 5. **마흔이 되기 전에 배워 둬야 할 것들**
　　　　인생을 살면서 풀어야 할 가장 큰 숙제
　　　　'안녕'이라는 작별 인사가 중요한 이유
　　　　더 늦기 전에 꼭 해야 할 일 (중략)

Chapter 6. **이렇게 나이 들 수만 있다면**
　　　　내가 삶의 흉터들을 사랑하는 이유
　　　　혼자만의 시간을 가지면 인생의 많은 문제가 해결된다
　　　　내가 치열하게 산 30대를 후회하지 않는 까닭 (중략)

김혜남 작가가 쓴 『생각이 너무 많은 어른들을 위한 심리학』의 목차이다. 김 작가는 30년간 정신분석 전문의로 일해온 전문가이자 다수의 베스트셀러를 쓴 작가이면서, 20년 넘게 파킨슨병으로 투병 중이다. 이 책은 2011년 출간된 『어른으로 산다는 것』의 개정증보판으로, 누적 판매부수가 20만 부를 넘었다. 30년 동안 수많은 환자들을 만나면서 얻게 된 삶에 대한 통찰을 바탕으로 47가지 인생 조언을 기록한 것이다. 이 책을 읽으면서 어떻게 살아야 할지를 좀 더 깊이 있게 고민하게 되었고, 많은 사람에게 긍정적인 영향을 미치고 싶다는 꿈을 되새길 수 있었다.

　이 책의 주제는 제목에서 알 수 있듯이 '생각을 너무 많이 하지 말아야 한다'이고, 핵심 콘텐츠는 '생각이 너무 많아 괴로운 이들에게 하는 조언'이다. 여기서 생각이란 부정적인 생각을 말한다. 우리를 괴롭히는 생각은 긍정이 아닌 부정적인 생각이기 때문이다. 챕터 1에서 우리가 왜 생각이 많은지 원인을 짚어보고, 챕터 2~3은 부정적 생각을 몰아내는 방법을 알려주고, 챕터 4~6은 마음이 건강하고 행복한 어른이 되기 위한 방법을 정리했다. 챕터 1 주제 제시, 챕터 2~3 실행 방안 제시, 챕터 4~6 주제와 연관돼 알아두면 좋을 정보 정리로, 위에서 설명했던 3단 구조를 갖췄다고 할 수 있다. 자신의 콘텐츠가 실용적 지식 영역이라면 이와 같은 구조를 참고해 목차를 설계할 것을 권한다.

　여기까지 읽은 분들 중에 고민하는 경우가 있을 것이다.

　"내 콘텐츠는 위의 예시들처럼 논리적·체계적으로 구성하기가 어려운데 어떻게 하지?"

아마 일상적인 삶 이야기, 즉 에세이를 쓰고자 하는 분들이라면 논리적·체계적인 목차 구성을 짜기가 어렵다고 생각할 수 있다. 이분들을 위한 다른 예시가 있다.

Prologue 지적으로 산다는 건?

PART 1   배움의 의미
　　　　여행을 하면 누구나 철학자가 된다
　　　　나는 무엇을 알고 무엇을 모르는가?
　　　　빈 수레가 요란할까, 찬 수레가 요란할까? (중략)

PART 2   삶의 지혜
　　　　꽃이 언제 필지는 신도 모른다
　　　　꿀벌을 쫓아 꽃밭을 거닐 운명은 누가 만드는가?
　　　　지금 이 순간의 나와 바꿀 수 있는 게 있을까? (중략)

PART 3   관계의 법칙
　　　　너도 옳고 나도 옳고, 너도 틀리고 나도 틀렸다
　　　　변명도 설명도 단순하고 깔끔하게
　　　　나는 당신에게 어떤 존재인가? (중략)

EPILOGUE

『나는 죽을 때까지 지적이고 싶다』의 파트 제목과 꼭지 일부를 발췌한 것이다. 이 책의 주제는 '우리 다 함께 죽을 때까지 지적인 삶을 삽시다'이다. 지적인 삶을 선택한다면 결코 타인을 쉽게 판단하지 않게

되고, 삶의 모든 문제를 가볍게 받아들이지 않으며, 어떤 문제에서든 나 자신을 먼저 돌아보고 타인을 배려할 수 있게 된다는 깨달음을 정리했다. 철학을 밑바탕에 깔았지만, 일상 속에서 건져 올린 성찰이 주요 내용이다.

이처럼 책의 주요 내용이 일상 이야기인 경우, 목차 구성을 서론-본론-결론 혹은 기승전결처럼 일정한 논리적 체계로 만들기가 쉽지 않다. 일상 이야기, 즉 에세이는 작가가 무엇을 느꼈는지가 가장 중요한 장르이기 때문이다. 감성과 성찰을 잘 표현하는 게 좋고, 논리적으로 쓰는 게 중요하진 않다.

에세이에서 가장 중요한 점은 독자가 작가의 감정에 몰입하도록 만드는 것이다. 그래서 굳이 A~Z까지 논리적으로, 순서대로 목차를 만들지 않아도 된다. 에세이 책들을 보면 챕터를 나누지 않고 꼭지 제목을 쭉 나열하기만 한 목차가 많다. 책 주제를 정하고 그에 어울리는 내용으로 한 편씩 쓰기만 해도 된다. 지식 실용서들처럼 목차를 만들고 나서 원고를 쓰지 않아도 된다는 얘기다. 작가가 자기 경험을 기반으로 얻은 성찰에 독자가 푹 빠져들어서 읽을 수만 있다면 형식은 중요하지 않다.

『나는 죽을 때까지 지적이고 싶다』를 쓸 때, 앞서 두 권의 책 목차를 만들 때와 다른 방법을 선택했다.『책쓰기가 이렇게 쉬울 줄이야』와『부의 품격』에서는 먼저 목차를 만든 다음 원고를 썼지만, 세 번째 책은 책 주제와 관련된 이야깃거리를 생각나는 대로 나열한 다음에 한 편씩 써 나갔고 글을 쓰면서 목차 형태를 다듬었다. 이야깃거리를 모두 모아서 검토해보니까 '배움, 삶의 지혜, 인간관계'의 세 파트로 정리할 수 있었다. 나 스스로 만족스러웠고 독자들의 반응도 좋았다.

'잔소리'를 들을수록
내용은 좋아진다

"저 너무 속상해요. 이거 하느라 얼마나 힘들었는데…."

책쓰기 수업을 들은 한 수강생이 수업이 끝난 후 카톡으로 메시지를 보내왔다. 주제에 맞춰 목차를 만드는 과제를 했는데, 구구절절 이어지는 피드백에 속이 상한다며 이야기를 해온 것이다. 아무래도 처음 해보는 과제이다 보니 시간을 많이 들였고, 나름대로는 열심히 했는데 좋은 소리를 듣지 못해 못내 서운했던 모양이었다. 나는 칭찬에 인색한 사람이 절대 아니지만, 수업 때만큼은 마음껏 칭찬만 해줄 수가 없다. 칭찬은 잠깐이지만 멀리 보았을 때 결코 좋은 결과를 가져다주지 못한다. 냉철한 피드백으로 인해 잠깐은 속이 쓰릴 수 있어도 그 결과는 훨씬 긍정적일 것은 분명하다. 그 고비를 넘기면 반드시 한 단계 업그레이드가 될 테니 말이다.

"꼭지 제목이 임팩트 있게 수정된다면 책에 대한 기대감이 올라갈 거예요."

"1챕터에서 독자들의 시선을 끌 수 있는 내용이 강화되면 좋겠어요."

"작가님의 전문성이 초반부터 확실하게 드러나면 어떨까요."

주로 이러한 조언을 주는 편이다. 독학으로 책쓰기를 준비하는 사람이라 하더라도 목차에 대한 의견을 반드시 다른 사람들에게 물어보기 바란다. 작가는 자신의 창작물에 푹 빠져 있기 마련이라서 객관적인 시각으로 목차의 장단점을 따져보는 게 쉽지 않다. 작가가 책을 쓰지만 책을 사서 읽는 사람은 독자니까 독자가 재미있게 읽을 수 있도록 목차가 구성되었는지 확인이 필요하다. 예비 작가들이 서로의 생각을 주고받는 피드백 과정을 거치면 미처 생각지 못했던 통찰을 얻게 된다. 이를 목차에 반영해서 다듬으면 내용이 훨씬 더 좋아진다.

안타깝게도 수업을 하다 보면 타인의 조언에 쉽게 귀를 열지 못하는 경우가 적잖다. 자신이 틀렸다는 걸 인정하기 어려워하는 건데, 조언을 받아들이지 못한다면 아무리 좋은 피드백도 쓸모가 없어진다. 타인의 관점과 의견을 경청할수록 자신이 발전할 수 있다는 점을 이해해주었으면 하는 바람이다.

피드백을 적극적으로 수용해 목차를 수정하고 보완할수록 내용은 좋아진다. 타인이 제공해준 아이디어를 어떻게 목차에 적용할 것인지 고민하고, 자유롭게 생각을 나눠보는 게 좋다. 조언을 들을 때마다 고칠 필요는 없겠지만, 작가 스스로 만족스러움을 느낄 때까지 수정해보라고 권하고 싶다. 우리가 보통 '비포 앤 에프터(Before and After)'라고 말하듯이 그 결과가 놀라울 정도로 달라질 수 있다.

책쓰기 작업을 하면서 타인에게 피드백을 받아보고 싶다면 책쓰기 모임에 가입하는 게 좋다. 인터넷에 검색해보면 책쓰기 수업이 정말 많이 나오는데, 작가들이 삼삼오오 모여 있는 친목 형태의 모임도 많다.

자신이 원하는 취향대로 모임에 참여해서 활동하면 된다.

목차 완성 후
수정 단계에서 주의할 점

"목차를 완성한 다음에 글을 쓰고 있는데, 좀 더 덧붙이고 싶은 것들이 생각나더라고요. 그런 걸 목차에 반영해도 되나요?"

책쓰기 수업 때 수강생으로부터 이런 질문을 받고, 수정해도 좋다고 흔쾌히 답해주었다. 그런데 다음 수업 때 그가 가져온 목차를 보고 잘못되었다는 걸 느꼈다. 처음에 잘 정리됐던 목차가 헝클어진 것이다. 주제와 무관한 글감이 대거 들어와서 작가가 무엇을 말하고자 하는 건지 흐려지고 말았다. 이 점을 수강생에게 알려주고 다시 수정해야 한다고 했는데, 별로 달가워하지 않았다.

"새로 생각이 난 아이디어들이 참 재미있어요. 주제와 맞지 않다고 해도 버리기 아까운데요."

수강생은 추가한 내용을 빼고 싶지 않다는 뜻을 굽히지 않았다. 좀처럼 설득되지 않아 하는 수 없이 대화를 마무리했다. 얼마 후 그의 기획안을 여러 출판사에 소개했는데, 내 의견과 동일한 피드백이 속속 도착했다. 내용에 일관성이 없고 산만하다는 것. 잘 만들어진 원고가 아니라는 생각이 들어 계약하고 싶지 않다고 했다. 출판사들의 의견을 전해 들은 수강생은 그제야 후회하면서 고쳐 쓰겠다고 약속했다. 이미 원고를 60% 이상 쓴 상황이었지만 목차를 뜯어고쳐야 하기 때문에 거의 다시 쓸 수밖에 없었다.

　많은 작가들이 목차를 짜고 나서 글을 쓰면서 뒤늦게 생각난 글감 때문에 고민한다. 목차를 짜고 나서 웬만하면 바꾸지 않는 게 좋다는 조언 때문에 수정하면 안 되는 줄 알고, 좋은 아이디어가 생각나도 반영하지 않는다. 한번 만든 목차를 절대 고치면 안 된다는 법은 없다. 추가로 좋은 아이디어나 글감이 생각났다면 반영해도 된다. 추가 내용이 목차의 전체 흐름을 망가뜨리지 않을 수 있다면 말이다. 이것저것 군살을 붙이다가 뼈대가 흐트러지는 사태가 생길 수 있다.

　편집자들이나 작가들이 목차를 잘 지켜서 글을 쓰라고 조언하는 이유는, 원고 전체의 뼈대를 잘 유지해서 글을 써야 일관성이 유지되기 때문이다. 내용이 중구난방으로 산만하게 번지지 않고 체계적이면서 일목요연하게 정리되도록 하려고 목차를 만드는 것이다. 애써 만든 목차를 따르지 않고 생각나는 대로 쓴다면 목차의 존재 이유가 없어진다. 따라서 추가하고 싶은 내용이 생각난다면 주제와 연관 지어 생각해보고, 연관된다면 추가하고 그렇지 않다면 미련 없이 버려야 한다.

　목차를 수정할 때는 기존 목차를 검토해서 내용이 연결될 수 있도록 잘 끼워 넣어야 한다. 추가 내용이라고 아무렇게나 덧붙이면 콘텐츠의 일관성과 논리성 모두 떨어지게 된다.

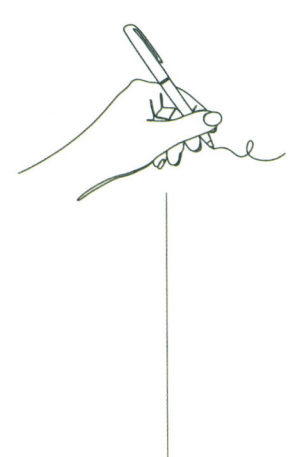

제목 짓기
_작가가 아닌 장사꾼의 마음으로

책에 대한 첫인상, 제목이 좌우한다

요즘 아주 인기 있는 연애 프로그램을 보면, '첫인상 선택'이라는 게 나온다. 남자들과 여자들이 한 사람씩 등장하며 서로의 얼굴을 처음으로 보게 되고, 인사 몇 마디를 나누는 시간이 전부인데 갑자기 PD가 "첫인상 선택, 하겠습니다!"라고 말하는 것이다. 그러면 그 짧은 시간의 만남에서 느낀 점들을 바탕으로 남녀는 마음에 드는 상대를 지목하게 된다.

프로그램 초기에는 출연자 대부분이 '첫인상은 그냥 첫인상일 뿐이고 생활하다 보면 다 바뀌지'라고 여기는 것 같다. 하지만 첫인상 때 찜했던 사람과 끝까지 커플이 되기도 하고 결혼하기도 하는 것을 보며 첫

인상이 얼마나 중요한지에 대해 다시 생각하게 되었다. 이제는 자신의 첫 이미지를 이성에게 잘 어필하기 위해 소소한 배려가 담긴 선물을 준비하거나 옷차림, 태도, 말투, 표정까지도 신경을 쓰는 분위기로 바뀌었다. 그만큼 '처음 보았을 때의 이미지'라는 것이 매우 강렬하게 각인되는 것 같다.

훌륭한 첫인상이 상대에게 나에 대한 호감을 심어줄 수 있는 것처럼, 예쁜 디자인의 책은 독자의 호감을 유도할 수 있다. 그런데 책을 예쁘게 만들려면 그에 앞서 제목을 잘 만들어야 한다. 왜 그럴까. 책 제목과 표지디자인의 관계를 알면 내 말을 이해할 수 있을 것이다.

책 제목을 만드는 사람과 표지디자인을 만드는 사람은 다르다. 책 제목은 편집자가 만들고, 표지디자인은 디자이너가 만든다. 디자이너는 편집자로부터 책의 내용 설명과 함께 제목·부제·카피를 받아서 표지를 디자인한다. 즉 디자이너에게 예술적 영감을 불어 넣어주는 게 제목·부제·카피이고, 그중에서도 제목이 가장 중요하다. 디자인이 잘 나오려면 디자이너 개개인의 스타일, 역량과 아울러 제목의 영향력도 생각보다 크다.

제목의 중요성을 알았다면 여러분의 집 책장에 꽂혀 있는 책을 꺼내서 제목과 표지디자인이 어떤 조화를 이루는지 살펴보길 권한다. 보는 순간 강렬한 느낌의 제목과 아울러 멋진 디자인이 조화를 이루는 책이 있는 반면, 무난한 제목과 밋밋한 디자인의 책도 있을 것이다.

보는 순간 강렬한 느낌의 제목과 아무리 봐도 밋밋하고 별다른 매력이 느껴지지 않는 제목. 둘 중 어느 것의 디자인이 더 잘 나올까. 전자라면 어떤 디자인으로 만들어야 할지 아이디어가 잘 떠오르지만, 후자의 경우는 아이디어를 쥐어짜느라 고생을 해야 한다. 당연히 시선이 확 끌리는 디자인이 탄생하기가 어렵다. 근사한 디자인의 책을 만들고 싶다면 그런 디자인을 탄생시킬 만큼 영감을 줄 수 있는 제목이 필요하다.

강의를 할 때마다 이 같은 제목의 중요성을 힘을 주어 강조한다.

"제목이나 카피는 출판사에서 만들지 않나요?"

이렇게 내 말에 의문을 표하는 분들이 있는데, 맞는 말이다. 출판사가 제목과 카피를 만든다. 하지만 작가로서 제목·부제·카피, 그중에서도 제목을 최선을 다해 지어볼 것을 권하고 싶다. 제목을 잘 지을 줄 알면 매력적인 콘텐츠를 만드는 데에도 그만큼 유리하지 않을까.

그러면 책 제목을 어떻게 지으면 좋을지 방법을 알아보자. 가장 중요한 건 독자들의 호기심을 자극하는 방식으로 제목을 짓는 것이다. 출판사 편집자들은 책의 내용을 잘 설명해주는 제목을 짓고 싶어 하는 경향이 있는데, 나는 그러한 편집자들을 만날 때마다 시선이 확 끌리는 제목을 지어야 한다고 설득한다. 독자들이 이해하기 쉬우면서도 강렬한 인상을 남기는 스타일의 제목 말이다. 직관적으로 시선이 꽂히는 방식의 글쓰기를 싫어하는 편집자들이 의외로 있다. 이들은 점잖고 정석적인 제목 스타일을 선호한다. 책 제목을 통해 내용을 설명하고 싶어 한다.

한 번은 어떤 출판사의 편집장과 책 제목을 두고 토론을 벌인 적이 있었다. 출판 경험이 많고 자기 주관이 뚜렷한 분이라 내 의견을 쉽게 받아들여 주지 않았는데, 며칠 후 그분은 내게 메일을 보내주었다.

"대표님 덕분에 제목에 대한 제 생각을 돌아볼 수 있었어요. 그동안 고정관념에 빠져 있었던 건 아닐까 하는 생각을 하게 되었어요. 진심으로 감사드립니다."

이런 인사를 받으면 나 또한 감사한 마음이 든다.

독자들이 책 제목을 통해 어떤 내용인지를 알 수 있는 것도 좋지만, 그에 못지않게 중요한 것은 독자들이 이 책을 매력적으로 느껴서 펼쳐보게 만드는 것이다. 펼쳐보고 읽어봐야 살 마음이 들지 않겠는가. 온갖 노력을 다해 원고를 썼어도 팔리지 않는다면 정말 안타까울 것이다.

책 제목은 독자를 유혹할 수 있는 가장 매력적인 언어여야 한다. 따라서 작가는 책을 반드시 팔아야겠다는 장사꾼의 마음으로 책 제목을 지어야 한다. 내가 좋아하는 문구가 아니라 독자들이 뭘 궁금하고 뭘 좋아할까를 파악하여 그에 맞는 제목을 지어야 한다. 독자들이 제목을 매력적으로 여길수록 많이 팔릴 것이고, 대박 날 가능성이 높아진다.

대박 제목을 짓는 여섯 가지 법칙

이제부터 제목을 짓는 노하우를 설명할 텐데, 『책쓰기가 이렇게 쉬울 줄이야』에서 먼저 공개한 여섯 가지 법칙이다. 일부 내용을 수정했고 최근 베스트셀러에 오른 책들을 바탕으로 다시 한번 설명하고자 한다. 잘 살펴보고 자신의 콘텐츠에 잘 맞고 마음에 드는 방식을 선택해서 활용하면 된다.

대박 제목을 짓는 법칙 첫 번째는, 이 책으로 인해 독자들이 어떤 도움을 받을 수 있는지를 제목에서 확실하게 드러내는 것이다. 예를 들어 빈현우 작가가 쓴 『나는 가상화폐로 3달 만에 3억 벌었다』는 가상화폐로 짧은 시간에 엄청난 돈을 번 노하우가 이 책에 담겨 있다는 사실을 명확하게 알려준다. 당시 가상화폐가 세간에 화제였지만, 이것이 진짜 돈을 벌 수 있는 아이템인지를 확신하지 못하는 사람들이 많았던 만큼 가상화폐와 관련된 책들의 판매 성적은 좋지 않았다. 우연찮은 기회에 빈현우 작가의 가상화폐 투자 경험담을 들은 나는 이 내용을 책으로 쓰면 대박이 터질 거라고 직감했고, '가상화폐로 3달 만에 3억을 벌었던' 작가의 경험을 고스란히 담은 제목을 지어주었다.

이 책은 출간된 지 1개월 만에 예스24에서 판매지수 8만이 넘었고 베스트셀러 1위가 되었을 정도로 뜨거운 관심을 받았다. 뿐만 아니라 하루가 멀다 하고 각종 언론사, 방송국 등으로부터 기사와 방송출연 섭외 요청이 끊임없이 들어왔다고 한다. 만약 출판사에서 처음 지었던 책 제목인 '가상화폐 투자 마법 공식'으로 출간되었다면, 기존의 가상화폐 관련 책들과 차별점을 부각시키지 못했을 것이고, 일약 스타가 되지 못하고 그대로 묻혔을지도 모른다. 누구나 다 부자가 되길 원하는 세상에서, 이 책이 독자에게 어떤 도움을 줄 수 있을지를 확실하게 드러낸 덕분에 대박의 행운을 잡은 것이다.

염승환 작가의 『주린이가 가장 알고 싶어 하는 최다질문 TOP 77』 역시 독자들이 책을 통해 무엇을 얻을 수 있는지를 제목에서 보여준 사례이다. 책으로부터 얻을 이익이 분명하게 보이는 만큼 독자들의 많은 관심이 쏟아졌고, 덕분에 2021년 교보문고 종합 베스트 2위를 차지할 수 있었다.

이 책의 인기 비결을 알기 위해서는 당시 상황에 대한 이해가 필요하다. 2020년 코로나19 사태가 터지면서 저금리와 풍부한 자금 유동성 때문에 초보 주식투자자들이 대거 주식시장에 진입했는데, 결과적으로 개인 투자자들의 수익률은 불안정해졌다. 이에 초보자들의 심리가 불안해질 수밖에 없었고 신뢰성 있고 알찬 주식정보가 절실히 필요했다. 그들이 눈여겨 본 사람이 염승환 작가였다. 염 작가는 공중파 3사를 비롯해서 삼프로TV 등 인기 있는 유튜브 경제 채널에 자주 출연하면서, 주식정보를 초보자의 눈높이에 맞춰 이해하기 쉽게 설명해주는 전문가로 인정받고 있었다. 여러 매체에 출연하면서 쌓은 작가의 인지도는 이 책이 베스트셀러가 되는 데 큰 도움이 되었다.

이처럼 독자들이 얻을 수 있는 이익이 무엇인지를 제목에서 확실히 드러내면 시선을 끄는 데 유리해진다. 예비 작가들은 독자들의 호기심을 자극하고, 그들이 원하는 답이 있다고 확신을 주는 책 제목을 지을 수 있어야 한다. 이것이 가능하다면 독자들에게 강렬한 인상을 남기고, 더 나아가 대박의 기회를 잡게 될 것이다.

대박 제목을 짓는 법칙 두 번째는, 제한된 개념으로 독자들의 마음을 유혹하는 것이다. 책을 읽어야 할 대상이나 독자가 알아야 할 정보량에 제한을 가함으로써 더 많은 관심을 유도하는 방법이다. 예를 들어

보겠다.

우리나라에 쇼펜하우어 신드롬을 불러일으킨 『마흔에 읽는 쇼펜하우어』는 40대를 겨냥한 철학책으로, 고려대학교 철학연구소 연구원인 강용수 작가가 썼다. 철학이란 게 40대에서만 중요한 게 아니고 쇼펜하우어가 특별히 40대를 겨냥한 적이 없는데도, 독자층을 제한시켰다. 2023년에 출간돼 엄청나게 잘 팔려서 무려 200쇄를 돌파했으며, 2024년 상반기 교보문고 종합 베스트 1위에 올랐다.

이 책의 제목에서 눈여겨볼 부분은 '마흔'이라는 단어이다. 독자를 제한한 것처럼 보이지만 사실상은 그렇지 않다. 출판계의 가장 중요한 독자층이 40대이므로, 실제로 판매가 위축되지 않은 것이다. 30대나 50대 등 다른 연령층에게는 '40대의 철학이라니, 내가 모르는 뭔가가 있을 거야'라는 호기심이 유발돼 판매로 이어졌을 것이다.

반면에 『만화로 보는 3분 철학』 시리즈는 『마흔에 읽는 쇼펜하우어』와 제목 스타일이 조금 다르다. 쇼펜하우어 책이 독자층을 제한한 스타일이라면, 이 책은 독자가 하루 책을 읽는 데 투자할 시간에 제한을 둔 스타일이다.

책을 읽는 시간은 사람마다 다른 게 당연한데 굳이 3분 철학이라는 숫자의 제한을 표현한 이유는, 하루에 3분만 투자하면 서양 철학사의 개념을 잡을 수 있다는 점을 알리기 위해서이다. 많은 사람들이 철학을 어렵게 인식하는데 이 책은 하루에 3분만 읽어도 이해할 수 있을 만큼 쉽게 쓰였다는 것이다. 서양 주요 철학자들의 삶과 그들의 핵심 사상을 챕터별로 나누어 목차를 구성했기 때문에, 인물별로 나눠 읽을 수 있다. 만화라서 줄글로 읽는 것보다 부담이 훨씬 적다. 철학이 어렵긴 해도 알고 싶어 하는 초보 입문자들에게는 매력적인 제목과 구성이 아닐 수 없다.

이처럼 제한된 개념을 사용하면 독자들의 호기심을 자극하는 데 효과가 있다. 자기 콘텐츠의 특징상 이 같은 제목 스타일이 잘 어울린다면 어떤 개념을 사용해 제한을 가할지 고민해보기 바란다.

대박 제목을 짓는 방법 세 번째는 독자들에게 '왜?'라는 호기심을 불러일으키는 것이다. 이런 스타일의 제목은 단순한 호기심을 넘어서 우리 마음속에 숨겨진 욕구를 자극한다.

김호연 작가의 장편소설 『불편한 편의점』은 화려한 마케팅 없이 입소문으로 베스트셀러가 된 책이다. 2021년 4월 출간돼 2023 교보 종합 베스트 5위에 올랐고, 언론에 공개된 누적 판매부수는 150만 부가 넘는다. 대중의 뜨거운 사랑에 힘입어 뮤직드라마와 연극으로도 만들어진 작품이다.

이 책을 처음 접했을 때 가장 먼저 든 생각은 '편의점인데 왜 불편하지?'였다. 편의점은 이름 그대로 상품을 편리하게 구입할 수 있는 공간이 아닌가. 편의점과 전혀 상반된 개념의 수식어가 붙어 있으니 호기심이 끓어올라서 책을 읽지 않을 수 없었다. 편의점 주인과 그곳에서 아르바이트하는 노숙인을 중심으로 그곳을 드나드는 손님들의 소소한 삶 이야기가 퍽 재밌고 감동적이었다. 독자들의 호기심을 불러일으킨 책 제목 그리고 감동과 재미가 있는 스토리가 인기 비결이라는 생각이 들었다. 책을 읽은 후에 나와 내 이웃의 삶에 대해 다시 한번 생각해보게 되었다는 점도 이 책이 가진 장점이다. 사람들이 책을 읽는 것은 여러 가지 이유가 있겠지만 결국은 '진짜 행복한 삶은 무엇인가'에 대한 해답을 찾기 위해서일 테니까 말이다.

2023년 교보 종합 베스트 6위를 차지한 『도둑맞은 집중력』은 지금까지 30만 부 넘게 판매된 베스트셀러이다. 집중력을 망가뜨리는 여러 가지 환경적 요인, 잘못된 생활습관 문제를 지적하고 앞으로 우리가 어떻게 삶을 개선해 나가야 하는지를 생각하게 해준다.

집중력이 부족한 건 개인의 인내력 문제인 줄 알았기 때문에 이 제목을 처음 봤을 때 '왜 저렇게 말하지?'란 의문 속에 작가의 의도가 궁금했고 책을 읽게 되었다. 작가는 그동안 알게 모르게 불편하게 느껴왔던 집중력 부족의 원인을 파고들어서, 우리가 시간을 쏟아가면서 매달려 왔던 것이 사실은 얼마나 해로운 것이었는지, 인간이 본래의 능력을 회복하고 건강하게 살아가려면 어떻게 해야 하는지를 생각하게 해주었다. 책을 다 읽은 후에 잘못된 생활 패턴을 바꾸는 방법을 진지하게 고민하게 되었다. 건강하고 인간다운 삶에 대한 사람들의 욕망을 건드려 준 책이다.

지금까지 설명했듯이 독자들에게 '왜?'라는 질문을 던지는 책 제목은 강한 호기심을 불러일으켜서 책의 상업적 성공을 이끄는 중요한 요소가 된다. 파격적인 제목은 독자들의 이목을 끌 뿐 아니라 작가가 제시하는 해결책을 기대하게 만드는 효과가 있다. 이러한 원리를 잘 적용해 책 제목을 만들면 독자들의 마음을 사로잡을 수 있을 것이다.

대박 제목을 짓는 방법 네 번째는 독자들이 '설마 그게 가능할까?'라고 생각할 정도로 흥미를 유발시키는 것이다. 독자들이 처음 제목을 봤을 때 말도 안 된다고 생각할 정도로 놀랄 만한 발상을 담아야 한다. 이를 통해 독자들의 호기심을 자극하고, 책을 선택하게 만드는 것이다.

2023년 교보문고 종합 베스트 14위를 차지한 김혜남 작가의 『만일 내가 인생을 다시 산다면』은 마흔이 된 독자들에게 전하는 삶의 지혜이다. 『오늘 내가 사는 게 재미있는 이유』의 개정증보판으로서 2022년에 재출간됐다. 김혜남 작가가 번역해 소개했던 미국 나딘 스테어 작가의 시 '만일 내가 인생을 다시 산다면'에서 제목을 따왔다.

2015년 작품도 좋았지만 2022년 책도 마음을 울리는 내용이 많았다. 무엇보다 제목이 와닿았다.

'인생을 다시 살 수만 있다면 그때의 실수를 지우고 싶어….'

'새로운 인생이 주어진다면 이전과 다르게 멋지게 살아볼 텐데.'

이런 생각을 한 번도 해보지 않은 사람은 없지 않을까. 나 역시 마찬가지다. 불가능한 걸 알지만 그래도 바라게 되는 소원. 그 소원을 제목으로 삼았기에 많은 독자들이 호응할 수 있었다고 생각한다.

예시 하나를 더 살펴보자. 히가시노 게이고의 101번째 소설 『당신이 누군가를 죽였다』는 호화로운 별장지에서 무더운 여름날 일어난 연속 살인사건에 관한 이야기인데, 가가 형사가 등장해 사건에서 살아남은 이들의 비밀을 파헤친다. 어느 날인가 서점에 갔다가 이 책이 매대에 있는 걸 봤는데, 제목이 워낙 독특해서 많은 책들 사이에서도 눈에 확 들어왔다. '당신이 누군가를 죽였다'라니, 얼마나 섬뜩하면서 자극적인가. 마치 누군가가 나에게 말하는 것 같고, '설마 정말 내가 그랬겠어?'라고 생각하게 만드는 것 같다. 추리소설 특성상 스포를 할 순 없으므로 더 설명할 순 없지만, 사람이 가지고 있는 은밀한 감정을 파고드는 제목이라 하겠다.

독자들에게 놀라움을 주는 제목은 책을 집어들게 만드는 강력한 힘이 있다. 흥미로운 제목은 독자들을 궁금하게 만들어 책을 읽도록 유도하는 역할을 한다.

대박 제목을 짓는 방법 다섯 번째는 독자의 마음을 위로하고 대변해주는 표현을 만드는 것이다. 사람들이 정말 듣고 싶어 하는 말을 제목으로 만들어주면, 위로와 공감을 받는다고 여겨 책에 대한 호감도가 높아질 수 있다.

『마케팅 때문에 고민입니다』를 쓴 이승민 작가는 병원마케팅을 전문으로 하는 마케팅회사를 운영하는 대표이다. 오래전부터 책을 쓰고 싶어 했지만 어떤 주제로 써야 할지 고민이 많았다. 그러다 마침내 책을 썼고 제목과 카피 후보들을 내게 보내왔는데, 안타깝게도 하나도 마음에 들지 않았다.

"죄송해요. 아무리 봐도 독자들이 관심을 보일 것 같은 제목이 없어요. 괜찮으시다면 제가 제목을 지어드리면 어떨까요?"

"저야 너무 고맙죠. 바쁘신데 도와주신다고 하니까 정말 감사해요."

그날부터 머리를 싸매고 수십 개의 제목을 짓기 시작했다. 내가 원했던 건 이승민 대표의 고객들이 평소 느끼는 감정을 담아서 제목을 짓는 것이었다. 고민 끝에 만들어준 제목이 '마케팅 때문에 고민입니다'이다. 마케팅을 어떻게 해야 할지 몰라서, 마케팅했는데도 결과가 안 좋아서 고민이 많은 대표들, 마케터들이 입버릇처럼 하는 말에서 따온 거라서, 제목만 봐도 그들이 위로를 받을 수 있다고 생각했다.

또한 부제를 '어떻게 마케팅할지 답답할 때 읽는 책'이라고 지었고, 카피 역시 마케팅 관계자들의 심정을 표현하는 글로 만들었다. 내가 만든 제목·부제·카피를 본 이 대표는 너무나 만족스러워했고, 출판사는 약간의 수정을 거쳐 최종본으로 확정했다.

내 마음을 알아주는 책이 있다면
사지 않을 수 없다. 마음에 와닿는 제목에
딱 어울리는 표지디자인까지 조화를 이룬 덕분에,
출간 후 좋은 반응을 얻을 수 있었다.

이 대표의 오랜 경험과 노력이 담긴 원고는, 원고의 매력을 최고치로 부각한 제목·부제·카피와 이에 걸맞는 디자인을 만나 훌륭한 상품으로 탄생하였다. 이 책은 출간 2주 만에 경제경영 베스트셀러에 오르면서 이 대표의 전문성을 시장에서 강렬하게 각인시켰고, 회사가 제2의 도약을 맞이하는 데에도 크게 기여했다. 독자들과의 공감력 높은 표현으로 콘텐츠를 상품화하는 데 성공했기에 가능했던 결과라 생각한다.

　김수현 작가의 『나는 나로 살기로 했다』는 국내에서 누적판매량 100만 부를 넘겼고 일본에서도 큰 화제가 되었던 그림 에세이다. 제목 그대로 스스로를 지키면서 살아가는 법을 담았다. 이 책의 인기 비결은 온 마음을 다한 응원이다. 작가는 사회학과 사회 심리학을 기반으로 하여 사람들이 힘들어하는 순간마다 따뜻한 위로와 응원을 기록했고, 성공을 강요하는 사회 분위기에 스트레스를 받고 있던 많은 이들이 이 책을 보고 열광했다. 이 책의 성공은 사람들이 따뜻한 말에 정말 목말라 하고 있다는 사실을 깨우쳐 준다.

　독자의 마음을 위로하고 대변해주는 제목은 당연히 인기가 있다. 내 콘텐츠에서 사람들의 마음을 위로하거나 고민에 공감할 만한 표현을 찾아서 정리하고, 이를 제목으로 만들어 보자. 위로와 공감만큼 사람들의 마음을 움직이는 것이 없음을 기억해주었으면 하는 바람이다.

　대박 제목을 짓는 방법 여섯 번째는 유명인을 앞세운 제목을 짓는 것이다. 나는 책 기획을 할 때 목차와 샘플원고를 살펴보면서, 콘텐츠와 관련된 유명인사가 있는지를 찾는다. 작가가 유명하다면 당연히 이름을 제목에서 드러내는 게 좋은데 『이어령의 마지막 수업』, 『김미경의 마흔 수업』, 『장하준의 경제학 레시피』, 『데일 카네기 인간관계론』 등이 그 예라고 할 수 있다.

　2023년 교보문고 종합 베스트 1위를 차지한 『세이노의 가르침』은

'세이노'라는 필명으로 오랫동안 재야의 고수로 활약한 1천억 원대 자산가의 책으로, 그가 20년 넘게 인터넷 카페와 언론에 올린 글을 모아서 책으로 엮은 것이다. 7,200원이라는 저렴한 책값, 무료로 배포되는 전자책 등과 같은 화제성이 아니었다고 해도 이 책은 탄생 즉시 베스트셀러가 될 운명이었다. 세이노의 이름이 오래전부터 알려졌고 그의 콘텐츠에 열광하는 팬층이 탄탄했기 때문이다. 그런 면에서 책 제목을 '세이노의 가르침'이라고 정한 건 훌륭한 선택이었다. 이 책을 표현하는 데 이보다 더 적합한 제목은 없을 것이다.

작가가 유명하지 않더라도 콘텐츠와 관련된 유명인이 있다면 이를 포함시켜 제목이나 카피를 만들 수 있다. 누구나 알 만한 유명인의 권위를 앞세우면 콘텐츠에 대한 신뢰도가 올라가고, 사람들의 호기심을 자극할 수 있다.

『대통령의 글쓰기』는 고(故) 김대중, 노무현 대통령 연설비서관을 지낸 강원국 작가의 책이다. 두 분이 빼어난 글쓰기 능력을 갖췄다는 건 잘 알려진 사실이다. 두 분을 앞세운 카피는 사람들의 시선을 잡아끌었을 뿐 아니라, 글쓰기 노하우를 배우고 싶다는 욕구를 자극하는 데 성공했다.

제목 외에 카피에 유명인을 활용해도 좋은 효과를 기대할 수 있다. 임홍택 작가의 『90년생이 온다』는 90년생의 특성을 설명하고 이들과 공존하기 위한 방법을 담은 책이다. 이 책의 카피는 '문재인 대통령이 청와대 전 직원에게 선물한 책'이다. 책을 많이 읽는 걸로 알려진 대통령이 추천하는 만큼 내용이 좋을 거라는 기대감을 들게 만든다. 90년생을 처음으로 깊이 있게 파고든 대중서였다는 의미에 대통령 추천이라는 매력까지 더해져 큰 화제가 되었다.

대박 제목을 짓는 일은 결코 단순한 작업이 아니다. 책의 내용을 기반으로 하고, 시장 트렌드에 부합하는 면이 있어야 한다. 사람들이 이해하기 쉽고 강렬한 인상 혹은 공감과 위로를 받을 수 있는 글 표현을 찾아내야 한다. 이런 제목을 하루아침에 뚝딱 만드는 건 거의 불가능하다.

그래서 추천하고 싶은 것은 평소 꾸준한 훈련을 하는 것이다. 기존 출간 도서를 보고 나서, 자신이 작가라면 어떤 제목과 카피를 지을지 작성해보는 것이다. 책을 다 읽고 나서 시도해도 좋고, 인터넷 서점에 공개된 책 정보만 보고 시도해봐도 된다.

나의 경우 평소에 책을 읽다가 좋은 제목이 생각나면 분야를 막론하고 메모를 해둔다. 언젠가『나는 죽을 때까지 재미있게 살고 싶다』를 읽고 감명을 받아 제목을 적어놨다가, 세 번째 책을 쓰고 나서 제목을 지을 때 참고해서『나는 죽을 때까지 지적이고 싶다』라는 제목을 만들었다. '죽을 때까지 ~하고 싶다'는 사람들이 습관처럼 하는 말이다. 이런 말을 활용해 제목으로 만들면 독자들이 친숙하게 여기고 공감을 얻을 수 있어 좋다.

제목을 지을 때 길이를 고민하는 이들이 있는데, 길이는 크게 상관없다. 중요한 건 독자들이 책 제목을 보고 책을 읽고 싶은 마음이 들게 하는 것이지, 긴 제목이냐 짧은 제목이냐는 문제가 되지 않는다.

콘텐츠와 작가의 강점, 반드시 카피에서 드러내길

제목을 짓는 법칙에 이어 잠시 카피를 이야기하고자 한다. 카피는 책의 매력을 독자에게 전달하는 중요한 요소 중 하나로, 제목에서 호감을 느낀 독자들을 한층 더 유혹하는 역할을 한다. 콘텐츠와 작가가 가진 강점을 최대한 드러내는 카피를 작성한다면 판매에 긍정적인 효과를 기대할 수 있다. 반대로 강점이 있는데도 불구하고 표현하지 않는다면 독자들을 유혹하는 데 성공할 수 없다.

서영순 작가가 쓴 『그래서 그녀는 젊다』는 작가의 강점을 카피에서 부각하지 못해 아쉬운 사례이다. 작가는 당시 메리케이 최고의 뷰티 컨설턴트로서 10억 원이 넘는 매출을 올리는 능력자였다. 평범한 전업주부에서 빼어난 실력의 커리어우먼으로 성공했음에도 불구하고 제목과 부제, 카피 어디에도 그 매력이 부각되지 못했다. '그래서 그녀는 젊다'라는 제목은 어떤 의미인지 모호하고, '꿈이 있어 나는 멈추지 않는다'라는 부제는 주제의식을 드러내긴 해도 작가의 화려한 경력이나 성과를 표현하는 글은 아니다.

만약 내가 이 책의 편집자라면 부제 '꿈이 있어서 나는 멈추지 않는다'를 제목으로 삼아 명료한 메시지를 드러내고, 의미가 분명치 않은 제목 '그래서 그녀는 젊다'를 부제로 바꾸었을 것이다. 또한 작가 소개에 들어 있는 화려한 이력에서 카피를 뽑아냈을 것이다. 작가의 강점이 카피에 잘 드러나면 어땠을까.

아무리 콘텐츠가 훌륭하고
작가의 매력이 충분해도 그걸 나타내는 제목이나
카피 등이 애매하면 독자들이 알아보기 어렵다.
그런 점에서 아쉬운 사례이다.

> 새로운 일에 머뭇거리고 무엇을 할까 망설인다면
> 지금 그녀처럼 시작하라!
>   ⋮
> MBC〈생방송 화제의 집중〉에서 화제의 인물로 출연!
> 10년 경력 단절로 전업주부였던 그녀는
> 어떻게 100만 장자 클럽에 입성했을까?

　이렇게 카피를 바꾸었다면 보다 더 좋은 결과를 기대할 수 있지 않았을까. 책 내용이 너무나 좋고 작가 또한 훌륭한 분임에도 책이 기대만큼의 판매고를 올리지 못해, 생각할 때마다 마음이 아픈 사례이다.
　반대로 성공적인 사례를 살펴보자.『아주 작은 습관의 힘』은 제목도 매력적이지만, 카피를 보면 눈을 떼기가 힘들 정도이다. 권위 있는 저널과 초베스트셀러의 이름을 넣어서 책의 우수성을 강조하고 책에 대한 기대감을 한껏 끌어올렸다.

> "찰스 두히그의 〈습관의 힘〉을 뛰어넘는 최고의 책"(월스트리트 저널)
>
> 출간 즉시 아마존 베스트셀러 1위!
> 〈신경 끄기의 기술〉 저자 강력 추천!
> 2018 올해의 책 선정!
> 〈뉴욕 타임스〉〈워싱턴 포스트〉〈포브스〉 추천 도서!
> 전 세계 20개국 출간!

디즈니 CEO 밥 아이거가 쓴 『디즈니만이 하는 것』의 카피 역시 화려하다. 유명 매체에서 책이 베스트 1위를 차지했고 작가가 '올해의 경영자'로 선정되었다는 사실을 드러내 책의 신뢰성을 강화했다. 카피도 훌륭하지만 'CEO가 직접 쓴 디즈니 제국의 비밀'이라는 부제는 이에 못지않다. 성공신화의 당사자가 직접 성공 비밀을 얘기한 만큼 읽을거리가 풍부할 거라는 기대감을 준다.

> 전 세계가 사랑하는 콘텐츠 · 기술 · 창의성 제국 디즈니
> "디즈니 은하계에는 그가 있었다!"
>
> 아마존 베스트셀러 1위
> 〈뉴욕 타임스〉 베스트셀러 1위
> 〈타임〉 선정 '올해의 경영자'
> NPR 선정 '올해 최고의 책'

멋진 카피는 제목 못지않게 독자들을 유혹할 수 있다. 이 두 권의 책에 담긴 카피처럼, 독자들이 사지 않을 수 없게 끌어당기는 글을 써보는 연습을 해보자.

콘텐츠를 만들고 나서, 이런 스타일의 카피를 쓸 수 있다면 정말 행복할 것 같다. 물론 이 책과 같은 어마어마한 단어를 내 콘텐츠에 활용할 수는 없다. '아마존 1위', '베스트셀러 작가의 추천', '올해의 경영자' 등은 누구나 가지고 있는 조건이 아닐 테니까. 하지만 훌륭한 카피를 가진 책들을 연구해 그 원리를 활용할수록 내 콘텐츠가 성공할 가능성이 높아진다는 건 분명한 사실이다. 다양한 사례를 통해 독자들의 호감과 기대감을 끌어올릴 수 있는 카피를 만드는 방법을 적극적으로 연구해보자. 노력하는 만큼 내 콘텐츠는 훌륭한 상품으로 거듭날 수 있을 것이다.

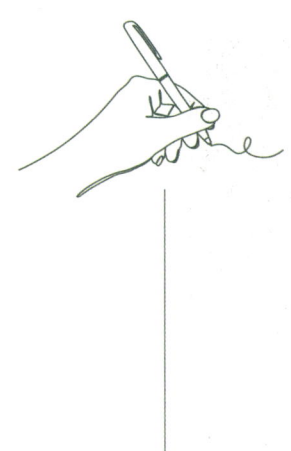

원고 쓰기
_제대로 쓰려 말고, 무조건 써라!

초고는 엉망진창으로, 퇴고 때 꼼꼼하게

"처음엔 '작가님, 원고 기다리겠습니다!'라는 말을 들었을 때 무척 설렜어요. '원고'라는 말은 예비 작가의 가슴을 뛰게 하거든요. 그런데 막상 원고를 써나가기 시작하면서 이 단어가 얼마나 무서운 단어인지 새삼 깨닫게 되었어요. 원고 쓰기가 정말 너무 힘들어요!"

출판계약을 마치고 본격적으로 집필 작업에 들어간 예비 작가들이 힘들다는 하소연을 가장 많이 늘어놓을 때가 이처럼 원고를 쓸 때이다. 적어도 수개월 동안 진행해야 하는 만큼 영혼의 모든 진액을 다 빼내야 한다고 할 정도로, 정말 힘든 작업이다. 그래서 예비 작가들에게 꼭 이렇게 조언한다.

"무조건! 초고를 일단 빠르게 쓰세요!"

초고를 빠르게 쓰라는 말은, 일단 글을 만들고 난 후에 수정과정을 거치라는 의미이다. 내 경험상 이것이 가장 효율성이 높은 작업 방식이다. 초고부터 잘 쓰려고 끙끙대다 보면 진도를 나갈 수가 없다. 첫 문장을 쓸 때부터 완벽하게 써야 한다는 압박감에 사로잡히면 한 문장씩 쓸 때마다 여러 번 고치게 되고, 하루 종일 작업해도 한 편을 완성하기가 어렵다. 속도가 느려지면 처음의 열정이 사그라지고 두려움이 자라나고 나중에 가서는 의욕이 소멸되고 만다.

'내가 왜 겁도 없이 책을 쓴다고 했지?'

'이건 도저히 내가 가야 할 길이 아니야.'

'난 글쓰기에 도저히 소질이 없어.'

책쓰기 수업을 진행하다 보면 이런 분들을 많이 만나는데, 그때마다 정말 안타깝다는 생각이 든다.

그래서 중도에 포기하지 않고 끝까지 원고를 완성하려면 초고를 빠르게 써야 한다. 『월터의 상상은 현실이 된다』를 쓴 미국의 작가 제임스 서버는 "제대로 쓰려 하지 말고 일단 써야 한다."고 조언했다. 서버는 글을 쓸 때 자기 생각을 자유롭게 풀어서 써야 하고, 그러자면 초고에서 완성도를 높일 수 없다고 생각했다. 좋은 글엔 작가의 모든 생각과 아이디어가 간결하고 이해하기 쉬운 문장으로 표현돼 있는데, 일단 자유롭게 쓰고 나중에 고쳐야 이런 결과물을 얻을 수 있다.

서버와 비슷한 조언을 한 작가로 앤 라모트가 있다. 라모트 역시 미국 작가로, 우리나라에는 『쓰기의 감각』이라는 작품이 번역출판되었다. 본래 1994년에 출간되었는데 지금까지 미국 작가 지망생들의 필독서로 꼽히고 있으며 전 세계 16개국에 출간돼 많은 사랑을 받았다. 글쓰기에 임하는 마음가짐과 방법론을 잘 정리한 책이므로 예비 작가가 읽는다면 많은 도움을 받을 수 있을 것이다.

라모트의 조언은 "그냥 엉망진창 초고를 써라."는 것이다. 초고가 엉망진창인 건 당연하므로 두려움을 극복하고 일단 글을 쓰는 게 중요하다는 의미이다. 서버와 라모트의 조언은 완벽하게 쓰려고 하는 생각이 얼마나 원고 쓰기를 방해하는지 깨닫게 해준다.

우리는 어떤 일을 시작하기 전에 방법을 따지고 실패할까 두려워한다. 머리를 가득 채운 수많은 생각을 따라가다 보면 제자리에 머물 뿐, 아무것도 시도하지 못하고 얻지 못한다. 어디 원고 쓰기뿐일까. 성과를 원한다면 길을 가로막고 있는 걸림돌부터 치워야 한다. 원고를 끝까지 완성하고 싶다면 완벽주의의 압박에서 벗어나자. 오늘의 나에게 초고를, 미래의 나에게는 퇴고를 맡기자.

규칙적인 일정 관리, 자료 조사는 필수!

"매일 원고를 쓰실 수 있나요?"
"매일이요? 그러기엔 제가 너무 바쁜데….."
"그러면 하루 30분이라도 글을 쓰는 데 시간을 내실 수 있을 때 다시 오세요. 지금과 같은 상태로는 절대 원고를 완성할 수가 없습니다."

이 대화는 내가 책쓰기 상담 중에 가장 흔하게 나누는 이야기 중 한 대목이다. 상담 때마다 '매일 글을 쓸 수 있는지' 물어보는데, 중도에 포기하지 않는 원고 쓰기를 위해서는 반드시 규칙적인 일정 관리가 필요하기 때문이다. 이것이 원고를 완성하기 위해 우리가 두 번째로 실천해야 할 일이다. 즉, 매일 일정한 시간과 분량을 정해서 원고 쓰기를 진행하는 것이다.

"꼭 일정 관리까지 해야 하나요?"라고 묻는다면 나는 단호하게 "그렇습니다!"라고 대답한다. 사실, 그러잖아도 바쁜 우리 일상 속에 글을 쓰는 일을 추가한다는 건 얼마나 엄청난 일인가. 아침부터 일어나 부랴부랴 일터에 나가서 종일 이 일 저 일 해내고 개인적 용무까지 처리하고, 집에 돌아온 이후엔 휴식을 취하거나 또 다른 일을 보느라 시간이 훌쩍 지나가 버린다. 이렇게 바쁜 일상을 살다 보면 글을 쓸 시간이 좀처럼 나지 않는다. 그래서 원고를 완성하려면 규칙적인 일정을 짜고 지키도록 노력해야 한다. 계획과 의지가 없다면 원고를 완성할 수 없고 당연히 책도 만들어지지 않는다.

그러면 일정을 어떻게 만드는 게 좋을까. 지금까지 만났던 작가들의 작업 일정을 고려해 조언하자면, 매일 최소 두 시간을 쓰는 게 바람직하다. 쓰기 속도는 개인차가 큰 만큼 두 시간 동안 직접 써봐서 자신의 글쓰기 속도를 가늠하여 글의 분량을 정하면 된다.

규칙적인 원고 쓰기는 운동을 하는 것과 같다. 건강을 위해 매일 꾸준한 운동을 해야 하듯이, 책 한 권을 완성하려면 매일 꾸준히 원고를 써야 한다. 어떤 작가는 새벽 다섯 시에 일어나 10분간 명상하고 두 시간씩 글을 쓴다. 이러한 루틴 덕분에 그는 석 달 만에 초고를 완성할 수 있었다. 처음에는 힘들었지만 꾸준히 노력하니까 습관이 들었고, 점점 더 많은 글을 쓸 수 있게 되었다고 한다.

규칙적인 일정 관리는 원고 쓰기의 성패를 좌우하는 중요한 습관이다. 매일 일정 시간을 정해 글쓰기에 전념하는 노력이 쌓여야 원고가 완성되고 책이 출판될 수 있다.

성공적인 원고 쓰기를 위해 마지막으로 실천해야 할 것은 성실한 자료 조사이다. 자료 조사는 글의 완성도와 신뢰성을 높이는 데 매우 중요한 역할을 한다. 여러 가지 관점, 연구자료, 사례 등 다양한 자료가 글에 적절하게 들어가면 완성도가 높아지고, 작가의 주장에 힘이 실려서 설득력이 높아진다. 읽을거리가 많은 만큼 독자들의 만족도 또한 올라간다.

반면에 자료를 충분히 조사하지 않으면 부정확하거나 부실한 정보가 원고에 담길 가능성이 높아진다. 원고의 완성도가 떨어질 뿐 아니라 독자는 작가를 믿지 못하게 된다. 작가의 책을 보고 실망한 독자가 작가의 다음 책을 구입할 가능성은 거의 없다. 따라서 예비 작가들은 충분한 분량의 자료를 조사한 다음에 원고를 써야 한다.

탄탄한 자료 조사를 바탕으로 작품을 만드는 것으로 유명한 이가 허영만 작가이다. 허영만 작가는 『각시탈』, 『식객』, 『비트』, 『타짜』 등 수많은 히트작을 그린 만화가로, 한국 만화계의 살아 있는 전설로 불린다.

그의 작품 상당수가 영화와 드라마로도 제작되어 대박이 났다.

그는 작품을 만들 때마다 방대한 자료를 모으는 것으로 유명하다. 『식객』의 경우 자료 조사에만 3년이 걸렸는데 전국 방방곡곡을 다니면서 음식의 대가를 만났고 직접 음식을 먹어보면서 기록했고, 『타짜』를 쓰기 위해서는 은퇴한 타짜들을 찾아다니면서 기술을 배웠다고 한다. 그의 작품들이 마치 실제 현장을 보는 것처럼 사실성이 높은 이유는 그만큼 자료 조사를 방대하고 꼼꼼하게 했기 때문이다. 자료 조사를 열심히 할수록 좋은 작품이 탄생할 수 있다.

자료 조사를 할 때는 출처를 확인해서 기록해두는 게 좋다. 귀찮긴 해도 자료를 활용하자면 필수적인 작업이다. 출처가 없다면 독자에게 자료의 신뢰성을 전할 수가 없으므로 어디선가 좋은 자료를 보았을 때 내용과 함께 출처를 기록하는 습관을 가져야 한다.

미국의 경제구조를 비판하고 노동자들의 빈곤한 삶을 사실적으로 그린 작품 『분노의 포도』의 작가이자 노벨문학상 수상자인 존 스타인벡은 독서와 탐구의 중요성을 강조하는 말을 남겼다.

"책은 아무리 많아도 충분하지 않은 것 같다."

"개인이 자유롭게 탐구하는 정신은 이 세상에서 가장 가치 있는 것이다."

세상에는 수많은 기록물이 있다. 이를 다양하게 조사하고 탐구할수록 작가에게는 아이디어가 샘솟는다. 참신한 아이디어와 풍부한 자료가 담긴 글은 독자들이 생각의 크기를 키우는 데 도움을 준다. 작가가 노력하면 자신뿐 아니라 독자들에게도 좋은 영향을 남기는 것이다.

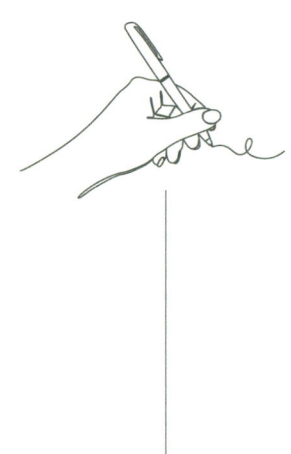

퇴고_쓰레기 같은 초고를 정갈하게 만들어주는 힘

지겨워도 다시 한번, 또 한번

"너무 힘들어서 다시 보고 싶지 않아요."

어느 작가로부터 들은 말이다. 얼마 전 원고를 완성해서 출판사로 송고했다면서 연신 고개를 절레절레 흔드는 모습을 보면서 원고 쓰기가 얼마나 힘든 일인지 새삼 와닿았다. 이 책까지 합하면 네 권을 쓴 입장이라 모르는 바가 아니었다. 원고를 쓴다는 건 무엇보다 뿌듯하고 보람이 느껴지는 일이지만, 한편으로는 진이 빠지도록 힘들기도 하다. 우리는 원고 작업의 어려움을 신나게 얘기하고 나서 헤어졌다.

한두 달 지났을 무렵, 그로부터 연락이 왔다. 출판사가 원고를 돌려

보냈다는데, 콘셉트는 좋지만 원고가 전반적으로 너무 거칠다는 게 그 이유였다. 각 편마다 일관성이 부족하고 문장이 어색하니까 수정해서 다시 보내 달라는 게 출판사의 피드백이었다. 그는 원고를 다시 붙들고 작업해야 한다는 현실에 불만을 늘어놓았고, 나는 원고를 완성도 있게 만들 책임은 작가가 져야 하는 만큼 잘 해야 한다고 독려해주었다.

초고를 완성하고 나면 힘들어서 다시 보고 싶지 않다는 작가들이 있다. 수개월간 고생했으니까 하루빨리 털어내고 싶겠지만, 초고를 그대로 출판사에 보내면 안 된다. 앞서 설명한 대로 초고의 상태가 엉망진창일 가능성이 높기 때문이다. 어느 누구의 초고라도 그렇다. 심지어 대문호 어니스트 헤밍웨이조차 "초고는 언제나 쓰레기"라는 말을 하지 않았던가. 열심히 노력했으니까 내 초고는 괜찮을 거라는 착각을 버려야 한다. 초고는 말 그대로 초고일 뿐, 수정 과정을 거쳐 완성도를 올려 나가야 한다.

나의 경우 초고를 쓴 후 원고를 보고 또 보면서 수정한다. 너무 많이 읽는 바람에 원고가 눈에 익을 정도다. 출판사로 보내서 담당 편집자가 원고를 검토하는 기간에도 읽고 또 읽으면서 수정사항을 잡아내서 편집자에게 보낸다. 작가가 원고를 자꾸 검토해서 고치면 편집자도 다시 검토해야 하므로 힘이 들 것이다. 하지만 원고의 완성도를 위해 최선을 다한다는 마음으로 그렇게 한다. 작가들은 원고의 완성도에 대한 책임을 무겁게 여겨야 한다. 원고는 수정을 거듭하는 만큼 좋아진다. 두 번 세 번 반복하면서 문장을 갈고 닦으면 처음과 비교하기 어려울 정도로 문장이 단정해지는 걸 느낀다.

작가들 중에는 초고를 넘기면 출판사에서 알아서 수정해줄 거라고 믿는 이들이 생각보다 많은데, 잘못된 생각이다. 출판사는 원고의 완성도를 끌어올리는 데 도움을 주지만, 여기서 원고란 기본적으로 출판이 가능한 상태의 원고를 말한다. 쉽게 말해 작가는 최선을 다해 질 좋은 원고를 만들어야 하고, 출판사는 이 원고를 받아서 한층 더 완성도를 높여준다. 이런 의미에서 작가가 출판사로 보내야 하는 원고는 '완전원고'라고 불린다.

헤어진 연인을 다시 보면 얼마나 불편할까. 마찬가지로 이미 끝났다고 생각한 원고를 다시 붙드는 게 불편할 수밖에 없다. 하지만 퇴고를 소홀히 해서 넘기면 편집자들의 매의 눈을 피할 수 없다. 빨리 넘기는 만큼 나한테 빨리 돌아오고, 허술한 원고일수록 작가의 이미지만 망가질 뿐이다. 어차피 해야 할 일이라면 처음부터 잘하는 게 낫지 않을까. 피할 수 없다면 차라리 즐기자.

완성도 높은 글을 만들기 위한 퇴고 요령

퇴고는 글의 완성도를 한층 더 끌어올리기 위해 반드시 거쳐야 하는 과정이다. 단순히 오탈자를 잡겠다는 마음보다는 문장, 글의 뼈대, 메시지 등이 자리를 잘 잡고 있는지를 확인하고 오류를 수정한다는 목표를 세우는 게 좋다. 글의 뼈대를 짚어가면서 각 문단별 흐름이 자연스럽게 연결되는지 살펴봐야 하고, 맞춤법과 띄어쓰기를 확인하면서 반복되거나 불필요한 표현, 꼬인 문장 등을 찾아내 수정해야 한다. 맞춤법과 띄어쓰기의 경우 포털사이트나 국립국어원에서 제공하는 맞춤법 검사 기능을 활용하면 수월하게 오류를 찾아낼 수 있다.

퇴고 때 불필요한 문장이나 내용을 지우지 못하고 망설이는 작가들이 꽤 많다. 작가가 자신이 쓴 한 문장 한 문장을 소중하게 여기는 건 당연한 감정이다. 하지만 독자들의 입장은 다르다. 글의 흐름이나 메시지의 명료함을 해치는 문장들은 군살에 불과하다. 군살이 잔뜩 붙은 원고는 작가의 의도를 독자에게 전달하지 못한다. 독자들이 봤을 때 불필요한 표현들을 덜어내는 과감함이 필요하다.

완성도 높은 글을 만들기 위한 퇴고 요령을 몇 가지 소개하겠다. 첫 번째로 시간차 두기이다. 초고를 다 쓰고 난 후 일정 시간을 두고 나서 퇴고를 진행하는 것이다. 일정 시간을 두고 나서 글을 다시 읽어보면 내 글에 대한 객관적인 평가가 가능해진다. 오류와 어색한 표현, 군살 같은 문장이 더 잘 보인다. 일주일에서 열흘 정도 덮어두었다가 다시 읽으면서 차분하게 퇴고를 진행하도록 한다.

두 번째는 낭독으로, 퇴고할 때 소리를 내어 글을 읽어보는 것이다. 글을 소리 내 읽으면 문장이 자연스러운지 파악하기에 좋고 어색한 문장, 반복된 표현, 군살 표현 등을 쉽게 발견할 수 있다.

세 번째는 피드백을 받는 것이다. 가족, 친구, 동료 등 믿을 만한 사람에게 원고를 읽어보고 의견을 달라고 부탁해보자. 다른 사람이 객관적인 시각에서 글을 평가해주면 문제점이나 보완점을 찾아내는 데 큰 도움이 된다.

　이러한 세 가지 요령을 활용한다면 글의 완성도를 높이는 데 유용할 것이다. 퇴고는 단순히 오류를 수정하는 과정이 아니라, 글의 핵심을 명확하게 만들고 매력을 높여주는 중요한 단계라는 사실을 기억하자.

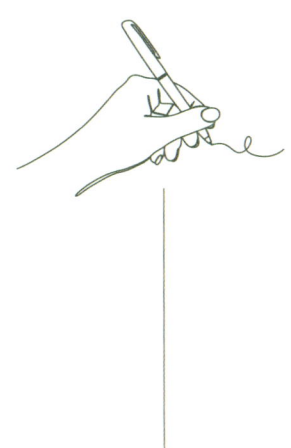

출판계약①
_큰 출판사 vs. 궁합 맞는 출판사

천생연분을 찾을 땐, '조건'보다 '마음'

"웬만한 출판사에 다 투고했는데도 연락 오는 곳이 없어요."

예비 작가 승호 씨는 푸념을 한 바탕 늘어놓았다. 전화기 너머 그의 낙심한 모습이 눈에 보이는 듯해서 마음이 아팠다.

얼마 전 그는 내 도움을 받아 출간기획을 완성했다. 계약을 할 만한 출판사를 알아봐주겠다고 했는데, 승호 씨는 직접 출판사를 알아보고 싶다고 했다. 그는 출판사들의 투고 이메일을 열심히 조사해서 리스트를 만든 다음 정성껏 투고 메일을 보냈다. 내심 '이곳과 출간계약을 했으면 좋겠다'고 생각했던 출판사에는 한층 더 정성을 기울였다. 그에게

2~3주 안에 출판사로부터 회신이 오지 않으면 거절당한 거니까 마냥 기다리지 말고, 계약을 희망하는 출판사가 나타나면 내게 알려달라고 당부했다. 아무리 기다려도 소식이 없어 전화했다가 그의 상황을 알게 되었다.

승호 씨가 투고한 출판사들은 이름만 대면 알 만한 대형 출판사들이었다. 그에게는 유명한 출판사에서 책을 내고 싶다는 포부가 있었다. 대형 출판사를 통해 책이 출간되면 더 많은 독자들에게 사랑을 받을 수 있을 거라 믿었기 때문이다.

예비 작가라면 누구나 승호 씨와 같은 생각일 것이다. 이왕이면 유명하고 큰 출판사에서 책을 출판해야 시장에서 인정받을 것이고, 작은 곳에서 출판하면 남들이 알아주지 않을 거라고 믿어서다. 정말 그럴까?

예비 작가들이 출판사를 찾는 것은, 결혼할 배우자를 찾는 일과 비슷하다고 생각한다. 사람들은 배우자를 찾을 때 돈이 많고 인물이 좋고 학력 좋고 등등의 조건을 따진다. 조건이 맞으면 행복한 결혼 생활을 할 수 있으리라 믿는 것이다. 그러나 조건이 다소 부족해도 나를 진심으로 사랑해주는 이가 있다면 어떨까. 서로 사랑하는데 조건이 안 맞는다면 이 커플의 결혼 생활이 불행할 거라 장담할 수 있을까. 물론 아니다. 조건이 어떻든지 간에 서로 믿고 사랑한다면 결혼할 수 있고, 결혼 생활이 행복할 거라 짐작할 수 있다. 조건이 안 맞는다고 헤어지는 사람들도 있겠지만, 사랑한다면 함께함을 선택하는 사람들이 더 많을 것이다.

출판사를 찾는 것도 마찬가지이다. 출판사가 크고 유명하다고 해서 내 책과 잘 맞는 건 아니다. 작고 유명하지 않아도 내 책에 진심으로 관심이 있어야 궁합이 맞을 것이다.

이런 사실을 잘 알고 있어서 책을 쓰고 나서 출판사를 찾을 때 꼭 유명한 곳과 계약하려고 노력하지 않는다. 『나는 죽을 때까지 지적이고 싶다』 원고의 경우, 알고 지내던 출판사 대표에게 원고를 보내서 출간 의견을 물었다. 평소 내게 새로운 원고를 쓰면 보여달라고 말을 해주었던 사람인 데다, 원고에 호감과 열정을 표현해주어서 계약하기로 결정했다. 출판계에서 내로라하는 회사가 아니지만 꾸준히 책을 내는 곳이고, 책을 만들 때마다 정성을 다한다는 사실을 알고 있어서 믿음이 있었다.

기대했던 대로 출판사는 책이 출간된 후 온 힘을 다해 마케팅에 힘써주었고, 책이 출간된 지 1년이 넘은 지금까지 서점 매대 관리를 신경 써서 해주고 있다. 서점 매대에 꾸준히 책을 올리는 게 얼마나 어려운 일인지 책을 출간해본 작가라면 다 알 것이다. 나뿐 아니라 여러 권 책을 출간한 작가들은 자신과 잘 맞는 출판사를 적어도 1~2곳 정도 확보해 둔다. 이런 경험 때문에 예비 작가들에게 유명하고 큰 출판사보다 궁합이 잘 맞는 출판사가 좋다고 권하는 것이다.

승호 씨를 설득해서 내가 직접 승호 씨의 기획안을 받아줄 만한 출판사를 알아보았다. 곧 어느 출판사로부터 계약 의사가 있다면서 연락이 왔다. 설립된 지 몇 년 되지 않았지만 기획이나 마케팅 면에서 강점이 있는 출판사였다. 승호 씨에게 물어보니, 그의 투고 리스트에 포함되지 않았던 곳이었다. 승호 씨의 동의를 얻어 출판사와의 미팅 자리를 마련했다.

출판사 대표는 승호 씨 기획안에서 어떤 점이 가장 매력이 있었는지, 현재 콘텐츠 시장에서 이를 어떻게 어필하면 좋을지를 차근차근 설명했다. 출판사와의 만남을 선뜻 내켜 하지 않았던 승호 씨 표정이 점차 밝아졌다. 두 사람은 그날 곧바로 계약하기로 합의했고, 조건을 협의해서 계약서에 서명할 수 있었다.

승호 씨가 원고를 거의 다 써놓았기 때문에 이후 일정은 일사천리로 진행되었다. 출판사는 승호 씨의 책을 정성껏 디자인해서 출판했고 마케팅에도 열과 성의를 다했다. 승호 씨의 첫 책은 여러 독서 모임에서 회자되었고, 몇몇 유튜브 채널에서 좋은 평가를 받았다. 출간된 지 한 달 만에 3쇄를 찍었고 지금까지 꾸준한 관심이 이어지는 중이다.

큰 출판사와의 계약을 꿈꾸던 승호 씨는 작은 출판사와의 협업을 통해 자기 작품을 세상에 알릴 수 있었다. 이제 그는 출판사의 크기와 유명세가 아니라 관심과 열정이 중요하다는 사실을 잘 이해하고 있다.

많은 예비 작가들이 큰 출판사와의 인연을 원한다. 작은 출판사로부터 러브콜이 와도 가볍게 여기는 경향이 있다. 출판시장에서 오랜 경험을 쌓아온 입장에서 냉정하게 조언하자면, 큰 출판사의 입장도 작가들과 같다. 즉, 큰 출판사들은 '큰 작가'를 원한다. 출간하기만 하면 많은 독자들이 책을 사주는 게 보장되다시피 하는, 유명한 작가들 말이다. 작가들은 큰 출판사를 원하기에 앞서, 자신이 그들 입장에서 매력적인 작가인지를 냉정하게 돌아볼 필요가 있다. 물론 출판계에는 독특하고 차별화된 아이템을 가진 무명작가가 크고 유명한 출판사와 출간계약을 한 사례들이 꽤 있다. 그러나 자신이 유명하지 않고, 독특하고 차별화된 아이템이 있는 것도 아니라면 대형 출판사와의 계약을 '무작정' 기대하는 건 무리라는 뜻이다.

이 같은 조언을 불편하게 생각하는 예비 작가들이 있을지 모르겠다. 하지만 출판계에 엄연히 존재하는 현실을 짚어드리고 싶었다. 실제로 대형 출판사와의 계약을 원하다가 출판이 흐지부지되는 경우를 종종 지켜본 적이 있었기 때문이다. 그렇기에 예비 작가들에게 전하고픈 조언은, 출판사의 크기와 유명세를 떠나서 자신의 원고를 사랑해줄 출판사를 찾으라는 것이다. '난 이곳 아니면 절대로 안 해!'라는 태도를 가진 사람일수록 좋은 선택지를 차지하는 게 불가능해진다. 세상엔 자기 기준 외에도 훌륭한 선택지가 얼마든지 많다.

궁합이 찰떡처럼 맞는 출판사를 어떻게 찾을 수 있을까. 투고 이메일을 보내고 나서 출판사로부터 온 전화 통화, 이메일 안에서 느낌을 받을 수 있다. 만나서 대화를 나눠보면 더 잘 알 수 있다. 출판사가 나를 인격적으로 존중해주고, 내 아이템에 진짜 관심이 있는지를 말이다. 그런 마음이 있는 출판사가 나와 궁합이 맞는 곳이고, 그런 곳이어야 멋진 협업이 이뤄질 수 있다.

이해하고 맞춰가는
노력이 필요하다

자신의 원고와 인연이 될 출판사를 만났다면 멋진 책을 만들기 위해 힘을 합하면 된다. 그런데 힘을 합한다는 게 말처럼 쉽지 않다. 사랑하는데도 불구하고 매일 다투는 부부처럼, 출판사와 작가 역시 협업을 하는 과정에서 이견과 다툼이 있을 수 있어서다. 때문에 서로를 이해하고 맞춰가는 노력이 필요하다. 출판사와 작가가 서로 의견이 대립하는 순간이 몇 차례 있는데, 각각 어떻게 대처하면 좋을지 알아보기로 하자.

첫 번째는 원고 수정이다. 출판사에서 보낸 원고 피드백을 받고 충격을 받는 작가들이 있다.

"아니, 이 부분을 전부 버리라고요?"

"기껏 공들여 썼는데, 이렇게 다 바꾸라고 하면…."

자신이 생각하기에 매우 중요한 사례나 핵심 메시지를 편집자가 삭제하거나 내용을 바꿔 달라고 했다는 것이다. 이럴 때는 어떻게 하는 게 좋을까.

이와 같은 문제가 고민스럽다는 작가들의 말을 들을 때마다, 편집자의 의견을 우선시하되 절충선을 찾는 게 좋다고 조언한다. 출판사 편집자들은 늘 상업적인 관점에서 생각하는 사람들이다. 상업적이라는 건 바꿔 말하면 독자들의 마음에 들게 만든다는 뜻이다. 작가는 원고를 낳은 '어머니'의 입장에서 한 줄, 한 문단이 소중하기에 원고에 관대한 마음을 갖기 쉽지만, 편집자는 책을 성공시키려는 관점에서 생각하기에 작가보다는 좀 더 객관적 시선을 유지한다. 따라서 원고의 완성도를 높이고 싶다면 편집자의 시선을 우선시하면서, 작가의 입장에서 절충선을 찾는 게 좋다. 작가와 편집자가 수시로 소통하면서 수정방안을 논의하면 이러한 절충선을 찾을 수 있다.

두 번째는 표지디자인이다. 편집자가 보내준 디자인 시안이 마음에 들지 않아 작가들이 속상해하는 경우가 많다. 이 문제는 어떻게 해결해야 할까. 사실 첫 번째보다 두 번째 문제를 해결하는 게 더 어렵다. 디자인은 주관적인 해석이 강한 영역이기 때문이다. 내 마음에 드는데 상대방은 마음에 들지 않는 경우가 있고, 다수의 사람들이 좋다는데 정작 내 눈에는 싫을 수 있다. 디자인 시안에 대한 찬성과 반대 의견이 뒤엉켜, 이러지도 저러지도 못하는 상황이 벌어지기도 한다.

디자인에 대한 것만큼은 다수의 시선이 중요하다고 생각한다. 그래서 여러 지인들에게 시장조사를 해볼 것을 권한다. 출판사와 작가가 협업을 진행하는 데 있어 대부분은 출판사의 의견에 따르는 게 좋지만, 디자인은 독자들이 좋아하는 걸 골라야 한다. 작가의 눈, 출판사의 눈 모두 정답이 아닐 수 있다. 그래서 출판사는 출판사대로 서점 관계자 등을 대상으로, 작가는 지인들에게 조사해서 모든 의견을 취합하여 디자인을 결정하는 게 바람직하다.

만약 조사 결과 어느 것 하나 마음에 드는 디자인이 없다면, 시간이 걸리더라도 다시 만드는 게 좋다. 앞서 제목을 설명할 때 말했듯이 디자인이 예쁘게 나오지 않으면 아무리 잘 쓴 원고라도 독자들이 쳐다보지 않는다. 호감 가는 디자인이어야 일단 독자들의 손을 움직일 수 있다. 이 점을 기억해서 다수의 사람들이 좋아하는 디자인으로 결정하기 바란다.

세 번째는 마케팅이다. 작가의 마케팅 방법에 대해 뒤에서 설명할 예정이므로, 여기서는 간략하게 정리하겠다. 우리나라 출판시장의 마케팅은 출판사뿐 아니라 작가도 협력해야 효과가 있으므로, 작가는 자신의 일정상 마케팅에 도움이 될 만한 사항이 있다면 출판사와 공유하여 합동 전략을 펼쳐야 한다. 출판사와 작가가 협력했을 때 가장 시너지가 나는 영역이 마케팅이라는 점을 잊어서는 안 된다.

네 번째는 책 판매 현황 및 인세 관리이다. 생각보다 많은 작가들이 이 문제로 고민이 많다. 나 역시 과거에 작가들의 책 판매 현황과 인세 관리를 대행했던 적이 있어서, 이 두 가지가 얼마나 골치 아픈 문제인지 잘 알고 있다.

대다수의 출판사들이 출판계약에 명시된 대로 정기적으로 판매 현황을 알려주고 그에 맞게 인세를 지급하는 편이다. 그러나 판매 현황 보고와 인세 지급에 불성실한 출판사들도 분명히 있다. 보고를 요청하고자 연락하면, 책이 안 팔려서 보고할 내용과 지급할 인세가 없다고 퉁명스럽게 답변하는 곳들도 있다.

출판사는 단 한 권이 팔렸더라도 작가에게 그 사실을 알리고 그에 맞게 인세를 처리하는 게 옳다. 잘 팔렸든 안 팔렸든 저작권자인 작가를 존중하고, 계약서에 명시된 대로 처리해야 한다. 그것이 출판사의 의무이다.

작가는 출판계약서에 명시된 대로 정기적인 판매 현황 보고와 그에 따른 인세 처리를 출판사에 요청해야 한다. 출판사가 알아서 해준다면 그대로 따르면 되지만, 그렇지 않다면 요청해야 한다. 불편한 마음이 들더라도 작가로서의 권리를 지키기 위해 출판사에 연락해야 한다는 점을 당부드리고 싶다. 만약 출판사가 계약서에 명시된 대로 판매 보고와 인세 처리를 하지 않는다면 계약 해지의 사유가 되므로, 이메일이나 우편을 통해 계약 해지 의사를 밝힐 것을 권한다. 계약 해지를 합의하고 온오프라인 서점에서 '절판'되었음을 확인하면, 그 출판사와의 법적인 관계가 종료된 것이다.

협업을 잘 이뤄나갔을 때 성과는 나 홀로 작업일 때보다 크다. 우리는 이걸 '시너지'라고 부른다. 나 혼자일 때보다 여럿이 힘을 합치는 게 더 큰 힘을 낼 수 있다. 물론 협업이 잘되었다고 책이 무조건 잘 팔리는 건 아니지만, 출판사와 작가 모두 기분 좋게 일을 마무리할 수 있다는 점에서 중요하다. 기분이 좋은 상대와는 다음 작업도 기약할 수 있다.

출판사와 작가는 서로를 인격적으로 존중해야 하는 관계로, 상호 존중하는 마음으로 모든 작업을 해내야 한다. 그런 출판이어야 출판사와 작가 모두를 성장시킬 수 있고, 독자에게도 선한 영향력을 미칠 수 있다.

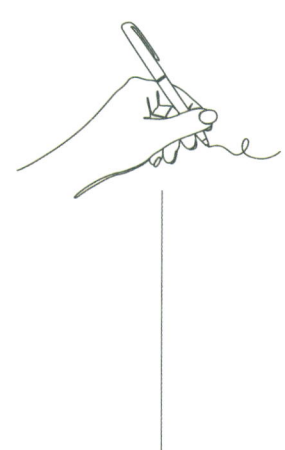

출판계약②_출판계약서 작성 시 눈에 불을 켜고 봐야 할 조항들

꼼꼼하게 살펴봐야 권리를 지킬 수 있다

은수 씨는 워킹맘이자 첫 책을 출간한 지 3년 남짓 된 작가이다. 최근에 첫 책의 개정판을 출간하기 위해 원고를 수정해서 출판사 여러 곳에 투고했다가, 한 곳으로부터 뜻밖의 연락을 받았다. 첫 책이 아직 서점에서 판매 중이라는 것이다. 깜짝 놀란 은수 씨가 인터넷 서점에 들어가 보니 그 말대로 첫 책이 절판되지 않고 판매 중이었다. 그는 나에게 연락해 상황을 설명했고, 나는 첫 책의 출판계약서를 가지고 올 것을 요청했다.

은수 씨를 만나서 출판계약서의 내용을 확인했다. 별다른 특이사항이 없는 평범한 계약서였다. 출판계약 기간은 5년으로 표기돼 있었다.

"계약 기간이 5년이에요. 아직 종료까지 2년이나 남았어요."

"정말이에요? 저는 계약이 다 끝난 줄 알았어요. 계약 기간이 그렇게 길어요?"

당황한 기색이 역력한 은수 씨에게 출판계약서상 중요한 지점을 짚어주었고 계약 당시 이런 설명을 듣지 않았느냐고 물었다.

"계약하기 전에 출판사에서 계약서 파일을 보내주긴 했는데, 대충 보고 사인했어요."

출판계에서 통용되는 일반적인 출판계약 기간은 5년이다. 전혀 문제 될 게 없는 내용이었지만, 이걸 은수 씨가 전혀 몰랐다는 게 문제였다. 그는 계약서 내용을 제대로 확인하지 않은 채 사인했고, 시간이 흘러 여전히 계약 기간을 모르는 상태에서 개정판을 내겠다는 마음을 먹은 것이었다. 계약 기간이 남아 있고, 책이 시장에서 여전히 판매 중이라는 걸 확인하지 않았다. 첫 책 출간 후 2년이 지날 무렵부터 출판사는 은수 씨에게 연락하지 않았는데, 아마 책이 거의 팔리지 않아서 지급할 인세가 없어서 그랬을 것이다. 그래도 정기적으로 현황을 보고했다면 은수 씨가 상황을 파악하는 데 도움이 되었을 것이다.

모든 사실을 알게 된 은수 씨는 낙심했다. 그에게 첫 책이 거의 팔리지 않는 상태이니 출판사와 상의하여 계약 해지 동의를 받으면 개정판을 진행할 수 있다고 조언해주었다. 다행히 출판사가 계약 해지에 동의해주어 은수 씨는 개정판 작업을 계속할 수 있게 되었다.

다소 황당해 보이지만 실제 있었던 일이다. 설마 작가가 자기 책의 현황과 계약 내용에 대해 이렇게까지 모를 수 있을까 싶겠지만, 충분히 가능하다. 출판계약 기간, 인세, 지급 방식 등 각 조항을 충분히 짚어보지 않았다가 나중에서야 "아니, 이럴 수가!"라고 탄식하는 작가들이 생각보다 많다.

왜 이런 일이 벌어질까. 어쩌면 사람들이 계약서를 어렵게 생각하는 게 가장 큰 원인일지도 모른다. 어려우니까 대충 훑어보고 마무리를 짓게 되고, 별문제가 없을 거란 생각도 했을 것이다. 설마 상대가 나에게 나쁜 행동을 할 리 없다는 막연한 믿음이 계약서를 대충 보게 만드는 것이다.

책을 출판하고 싶은 사람들은 반드시 출판계약서를 꼼꼼하게 살펴봐야 한다. 계약서란 상대와 나의 권리를 지키고, 의무를 규정하기 위한 것이다. 법적인 효력이 있으므로 대충 봐서는 안 된다. 은수 씨처럼 통상적인 내용의 계약서로 계약했는데도 작가가 내용을 알지 못한 바람에 계약에 어긋나는 행동을 하면 문제가 발생하게 된다. 하물며 이상한 조항이 있다면 더 큰 문제가 발생할 수 있다. 나를 지켜주는 것은 상대에 대한 무조건적 믿음보다 법적 효력을 가진 문서라는 점을 기억해야 한다. 만에 하나 분쟁이 발생하더라도 계약서를 토대로 합의점을 찾을 수 있지만, 계약서가 불완전하다면 합의점을 찾기가 어려워진다. 그러므로 계약 전에 계약서의 각 조항을 꼼꼼하게 살펴보고 어떤 내용이 들어 있는지를 정확하게 이해해야 한다.

계약서 내용이 어렵고 복잡하게 느껴진다면, 그런 조항에 표시해서 출판사 관계자에게 물어보면 된다. 계약서 내용을 이해하기 어렵다고 부끄러워할 필요가 없다. 출판사는 작가가 계약서를 제대로 이해하고 사인하길 원한다. 작가가 묻는 대로 설명해줄 것이므로 두려워하지 말고 질문하기 바란다. 꼼꼼하게 따져볼수록 내 권리를 지킬 수 있고, 상대방의 권리에 대해서도 이해할 수 있다.

이것만은 꼭 살펴보자, 핵심 조항 네 가지!

출판계약서에서 꼭 눈여겨보아야 할 내용이 있다. 처음부터 끝까지 찬찬히 읽어보는 게 좋은데, 그중에서도 내용을 확인하고 잘 기억해야 하는 조항이 있다. 출판계약 기간, 인세 및 지급 시기, 2차적 저작물, 계약 해지 등 네 가지이다. 각 조항에서 출판사가 제시하는 조건을 살펴보고 기꺼이 수용할 수 있는지를 따져봐야 한다. 계약 때 대충 훑어보고 도장을 찍었다가 나중에 "그런 내용이 있는지 몰랐어요."라고 항의해봐야 소용없다. 많은 법조인들이 소송 때 가장 이기기 어려운 것이 '당사자가 직접 사인한 문서'라고 입을 모은다는 점을 기억하자.

- **출판계약 기간** : 말 그대로 해당 출판계약이 지속되는 기간을 말한다. 출판계에서 통용되는 계약 지속 기간은 5년이다. 자비 출판일 때는 이보다 짧아서 1~3년 정도가 된다. 계약 기간이 종료될 즈음에 계약 연장 여부를 결정해서 상대에게 통보해야 한다. 통보 시기

는 계약 종료 전 3~6개월이며, 이러한 의사 표시가 없다면 자동적으로 계약이 1~2년 연장되는 것으로 계약서에 명기돼 있다. 만약 출판사와 계약을 유지할 의사가 없다면 계약서에 명기된 기간을 놓치지 말고 종료 의사를 밝혀야 한다.

- **인세 및 지급 기간** : 인세는 작가 및 아이템마다 차이가 있으며, 선인세와 후인세로 나뉜다. 선인세의 경우 출판계약이 체결되면 지급받는 비용으로, 나중에 받을 후인세에서 공제되므로 많이 받는다고 해서 좋아할 필요는 없다. 후인세는 대개 6~10% 내에서 결정되고, 판매부수의 정가총액을 기준으로 합의된 퍼센트에 해당하는 액수를 지급받는다.

또한 출판사마다 인세를 지급하는 시기가 정해져 있는데, 상반기/하반기(6월, 12월) 혹은 4분기(3, 6, 9, 12월)이다. 작가들은 인세가 몇 퍼센트인지에만 관심을 기울이고 정작 언제 인세를 지급받을 수 있는지, 판매 보고가 언제 이뤄지는지 등을 확인하는 데는 소홀하다. 인세와 아울러 이 두 가지를 계약서에 정확하게 명기해야 하고, 실제로 이행될 수 있도록 출판사에 요청해야 한다. 만약 계약서에 명기된 판매 보고 및 인세 처리 시기가 되었음에도 아무 소식이 없다면 출판사에 전화해 현황을 문의하면 된다. 물어보기가 불편하다고 하여 내 권리를 지키는 걸 포기해서는 안 된다.

- **2차적 저작물** : 출판계약은 포괄계약적 성질을 갖고 있다. 종이책과 전자책뿐 아니라 번역, 각색, 편곡, 변형, 녹음, 녹화 등 기타 일체의 방법으로 탄생한 2차적 저작물을 포함한 계약이다. 2차적 저작물에 대한 수익은 출판사와 작가가 일정 비율로 분할하도록 되어 있다. 대부분의 출판사가 분할 비율을 정해두고 있어서, 이를 작가에게 제시하고 동의를 받는다. 만약 자신의 책이 해외 출판, 영화 및 드라마 등 2차적 저작물로 만들어질 가능성이 높다면 2차적 저작물 관련 계약 조항을 눈여겨봐야 한다.

- **계약 해지** : 계약 기간이 아직 남았지만 계약을 유지할 수 없는 사정이 생겼을 때 계약을 종료하는 것을 말한다. 출판사와 작가 중 어느 한쪽이 해지하자는 의사 표시를 하면 상호 합의를 거쳐 해지가 이뤄진다. 책이 거의 팔리지 않는 상태로 6개월 이상 지속되었을 때 상호 합의하에 계약을 해지하기도 한다.

  이 외에도 출판사 혹은 작가의 귀책 사유로 인해 계약이 해지될 수 있다. 계약 해지를 위한 합의문서를 작성할 때는 계약 후 1년 이상 작가가 원고를 송고하지 않았을 때, 출판사가 판매 보고 및 인세 처리에 불성실할 때 등등 해지 사유를 명확하게 적어넣어야, 향후 분쟁이 발생하는 걸 예방할 수 있다.

  또한 계약 해지 및 종료되었을 때 출판사가 일정 기간 재고도서를 판매하도록 보장하는 내용과 이 기간에 판매된 부수에 대한 인세를 작가에게 지급하는 내용을 넣는 게 좋다.

지금까지 출판계약서의 핵심 조항을 살펴보았다. 출판계약서는 작가와 출판사의 권리와 의무를 함께 규정하는 문서로서 법적 효력이 있는 만큼, 사인하기에 앞서 주의 깊게 검토해야 한다. 내용을 이해하기 어려울 땐 출판사 관계자에게 문의하고, 법률 전문가에게 자문을 구하는 것도 좋은 방법이다.

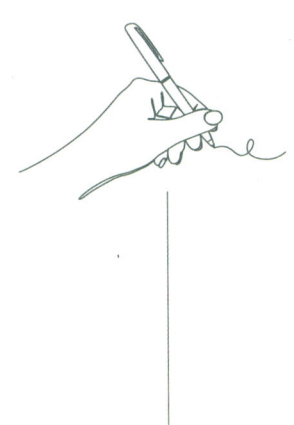

잘나가는 작가들의
콘텐츠 마케팅 노하우

어지간한
유료 마케팅을 이기는 '발품 파워'

"그렇게까지 하실 필요가 있어요?"

책이 출간되고 나서 얼마 후 한 지역의 독서 모임에서 초대하겠다는 연락을 받았다. 감사한 마음에 참석하겠다고 밝히고 전화를 끊었는데, 마침 옆에서 통화 내용을 듣고 있던 회사 직원이 만류했다. 왕복 10시간 거리에다 강사료가 넉넉하지 않았고 참석 인원도 적어서였다.

"참석 인원이 20~30명도 안 된다면서요. 효율성이 떨어지는 선택 같은데요."

직원은 차라리 다른 일정을 잡는다면 더 이득이 될 거라고 했다. 그의 말에 동의한다. 대표로서 하루 활동을 하면 거둘 수 있는 추정 이익은, 독서 모임 참석으로 얻을 이익보다 당연히 크다. 게다가 그 모임은 일반적인 독서 모임보다 사람이 많이 모이지 않는, 매우 작은 규모였다.

하지만 참석하겠다는 뜻을 바꾸지 않았다. 약속한 날짜에 꼭두새벽부터 일어나 준비를 마쳤고, 차가 막혀서 다섯 시간을 넘겨 도착했다. 얼추 20명이 안 되는 인원이 앉아 있었다. 주최 측이 약속한 숫자보다 적었지만, 그분들의 반짝이는 눈빛에 가슴이 두근거렸다.

강연은 약속된 시간보다 1시간이나 더 진행되었다. 참석자들의 질의 응답이 길게 이어져 시간이 초과된 것이다. 강연이 끝나고 뒤풀이 장소에 동행하는 바람에 그날 집으로 돌아오지 못하고 현지에서 하루 묵어야 했다. 그렇지만 참석자들이 열띤 태도를 보여준 덕에 강연자로서 시종일관 신이 났다.

하루를 걸러 출근한 나를 보고, 강연 참석을 만류했던 직원이 안타까워했다. 이틀의 시간, 숙박비용을 감안하면 마이너스라는 것이다.

"그래도 괜찮아요. 덕분에 에너지를 잔뜩 얻었거든요."

직원 앞이라고 가식적으로 하는 말이 아니라 진심이었다. 그분들 역시 귀한 시간을 내서 나를 보러와 준 게 아닌가. 누군가가 내게 관심을 갖고 시간을 할애해준다는 게 얼마나 감사한 일인가. 그분들이 듣고 싶어 하는 이야기를 들려드리면, 그분들이 담뿍 쏟아주는 긍정 에너지를 얻을 수 있다. 이거야말로 선한 영향력을 주고받은 게 아닐까.

진짜 감사한 일은 그다음에 벌어졌다. 인스타그램, 페이스북에 부쩍 내 책 이야기가 많이 뜨기 시작했다. 따로 홍보비용을 들여서 광고를 한 것도 아닌데 신기했다. 책 이야기를 올려준 인스타그램 계정에 하나하나 들어가 보니, 그때 소모임이 있던 지역에서 거주하는 분들이었다. 소모임에 참여했던 분들도 있었고, 그분들의 지인들도 있었다. '강연장에서 만났는데 감동이었다', '지인 추천으로 책을 읽었는데 너무 좋았다' 등의 이야기였다. 모두 자발적으로 올려준 것이다.

이것이 웬만한 유료 마케팅을 이기는 발품 파워라고 생각한다. 누군가 나를 필요로 한다면 이익을 따지지 않고 만남을 거듭하면서 위와 같은 효과를 숱하게 경험했다. 발품 파워는 출판사보다는 작가가 발휘할 수 있다. 사람들은 출판사가 홍보에 나서면 '장사한다'라고 생각하지만, 작가가 나서면 그렇게 생각하지 않고 진정성이 있다고 여긴다. 그래서 작가를 위해 적극적으로 나서준다. 자신의 SNS에 작가의 책 내용을 올리면서 마음을 다해 홍보해준다. 그렇게 하여 책 이야기가 널리 퍼진다.

책이 나오고 나면 작가는 출판사의 마케팅 전략을 기대한다. 출판사는 언론 홍보, 서평 이벤트, 유튜브 채널 출연, 오프라인 서점과의 이벤트 등 다양한 마케팅 활동을 벌인다. 이렇게 출판사가 열심히 활동할 때 작가가 함께 노력하면 마케팅 효과는 더 상승한다. 출판사의 기술적인 마케팅에 작가의 진정성 있는 마케팅이 합해져 시너지가 생기는 것이다.

회사를 오랫동안 운영해온 CEO이자 작가이고, 출판기획·마케팅 전문가로서 역할이 다양한 만큼 하루 일정은 언제나 꽉 차 있다. 그럼에도 가장 많은 시간을 쓰는 일이 사람을 만나는 것이다. 나를 만나고 싶어 하는 분들이 있다면 이유 불문하고 시간을 낸다. 거리가 멀어도 마다하지 않는다. 사람을 만나는 일에 시간을 아끼지 않는 이유는, 사람이 곧 힘이 된다는 걸 잘 알고 있어서다.

사람을 만날 수 있다면 온라인, 오프라인을 따지지 않는다. 밤 시간을 활용해 줌 강연을 정기적으로 진행하고 있는데, 전국 각지에서 다양한 분들을 만날 수 있다는 이점 때문에 절대 소홀히 하지 않는다. 어떤 날은 오프라인 미팅을 2~3건 진행하고 나서 줌 강연을 하다가 목이 쉬어서 며칠 고생했던 적이 있다. 강연 참석자가 적어도, 강연료가 작아도 최선을 다한다.

강연 참석자들은 진심으로 작가를 홍보해주는 충성고객이다. 자발적으로 책을 사주고 SNS에서 홍보해준다. 강연을 들은 참석자가 감동을 받았다면서 기업 강연을 연결해줘서 성사되는 건 덤이다. 이것이 바로 발품 마케팅의 힘이다.

작가들이 많이 활용하는
콘텐츠 마케팅 다섯 가지 방법

책을 만들었다면 팔아야 한다. 우리나라 출판시장엔 작가의 영향력이 절대적이라는 특징이 있다. 출판사가 돈을 들여서 광고하는 것보다 작가가 독서 모임과 강연장 등을 돌아다니며 자기 책을 홍보하는 게 백

번 낫다. 자기 책을 잘 팔고 싶다면 누구보다 스스로가 노력해야 한다. "머리로는 다 알지만 그게 어디 쉽나요."라고 말할지도 모른다. 이런 말을 하는 분들에게 괴테의 말을 들려드리고 싶다.

"아는 것만으로는 충분하지 않다. 삶에 반드시 적용해야 한다. 의지만으로는 충분하지 않다. 일상에서 반드시 실행해야 한다."

어렵지만 방법을 찾아내고, 머리로 아는 것을 실제로 삶에서 계속 실행해나가면 반드시 결과가 나타나게 되어 있다. 나 역시 책이 나오면 '출판사가 알아서 해주겠지'라고 절대 생각하지 않고, 내가 가진 모든 채널을 총동원해서 홍보하면서 출판사와 내가 윈윈하도록 노력한다.

자, 그러면 나도 직접 실행해서 효과를 보았고, 실제로 잘나가는 작가들이 주로 진행하는 마케팅 방법을 알아보고 책 홍보에 적극적으로 활용해보자.

- **SNS 홍보** : 많은 사람들이 SNS에 아무 전략 없이 게시물을 올린다. 카페와 음식점 등에 간 후기, 지인들과의 만남 등 일상 이야기가 우후죽순 올라온다. 일상 이야기를 나누는 것 자체가 잘못되었다는 건 아니지만, 작가라면 남다른 콘텐츠를 올려야 한다. 콘텐츠 홍보를 위해 SNS가 필수가 된 만큼 전략적으로 접근하는 게 필요하다. 주제, 횟수 등을 계획하여 규칙적으로 꾸준하게 홍보해야 한다. 작가로서 다룰 수 있는 SNS 콘텐츠는 여러 가지이다. 가장 일반적인 주제는 책 내용으로, 원고 중 몇 편을 선정해서 연재 형태로 올리는 것이다. 간결하게 핵심을 간추려 꾸준히 업로드하면, 책에 대

한 대중의 관심을 유도할 수 있다. 글로 올려도 좋고, 숏폼 영상을 만들어 올려도 좋다. 숏폼 영상은 전 대상층에서 선호도가 높은 만큼 더 큰 홍보 효과를 누릴 수 있다.

일상 이야기를 올릴 때도, 책과 연관된 일상을 올리는 게 좋다. 나의 경우 산책이나 등산을 하면서 느꼈던 점을 책과 연계하여 이야기하고, 누군가와의 만남에서도 서로 어떤 도움을 주고받았고 그 과정에서 깨달은 점을 기록한다. 책 내용을 그대로 올리는 것보다 일상에서의 깨달음을 책과 연계하면 대중이 좀 더 신선하게 느낄 수 있어 좋다.

출간기념강연회, 독서 모임, 기업이나 도서관 강연회 진행 등을 알리는 것도 필수다. 작가가 책과 관련돼 활발하게 움직이는 걸 보여주면, 사람들은 그 책이 잘 팔린다고 인식해서 더욱 관심을 가질 수 있다.

독자들이 전해오는 소감, 리뷰 등을 편집해서 올리면 책에 대한 신뢰도를 높이는 데 도움이 된다. '책을 읽고 많은 도움을 받았다', '작가에게 찬사를 보낸다' 등의 독자 소감은 출판사의 웬만한 유료광고보다 더 힘이 있다.

- **지인 찬스 활용** : 진정한 홍보는 책을 내기 전에 시작돼야 한다. 그러자면 '받는 사람'보다 '주는 사람'이 되어야 한다. 평소 꾸준히 인적 네트워크를 쌓고 돈독하게 만들어 두는 노력이 필요하다. 상대방의 필요와 욕구를 읽고 내가 도움을 줄 수 있는 게 있다면 아낌없

이 베풀어야 한다. 그렇게 진정성 있게 친분을 쌓고 소통하면, 내 책이 나왔을 때 그들이 자발적으로 홍보를 해주게 된다.

책이 나왔을 때 지인들에게 어떻게 알리면 좋을까. 덥석 서점 링크를 보내고 많이 사달라고 하면 보는 사람들 입장에서는 호감이 들지 않을 것이다. 마음을 다해 안부 인사를 적고, 책 출간에 대한 자신의 감정을 솔직담백하게 표현해야 상대에게 진정성이 전달될 것이고, 축하와 응원을 받을 수 있다. 내 경우 『책쓰기가 이렇게 쉬울 줄이야』 출간을 앞두고 "내 인생의 첫 책이 나왔습니다!"라는 문구와 함께 인생 첫 책을 출간한 작가로서 감격스러움과 떨리는 마음을 진솔하게 적었다. 그러자 지인들이 앞다투어 축하해주었고 자발적으로 책을 구입해주었다.

지인 찬스를 활용하고 싶다면 진심을 담은 책 소개 문구를 만들어보자. 그런 글에는 누구라도 응원하고 싶은 마음이 생긴다.

책이 출간될 때마다 진심을 담은 문구와 함께 지인들에게 책 소개 정보를 보낸다. 이때 많은 도움을 주는 이가 최승모 기자이다. 그는 적극적으로 내 책을 홍보해주는 인플루언서이다. 자신이 책을 읽어보고 감동을 받았다면 아무 대가 없이 홍보에 나서준다. 그동안 최 기자의 열정에 정말 많은 신세를 졌는데, 이런 지인들이 많다면 책 홍보를 걱정할 일이 없어진다.

많은 이들이 팔로워가 적은 사람의 맞팔 요청을 받아주지 않는다. 내 팔로워가 몇 만 이상인데 그 이하인 사람과 맞팔을 하는 건 이미지에 손상을 입는다고 여기는 것이다. 이런 생각이 안타깝다. 상대의 팔로워 숫자에 관심을 갖기보다 상대의 진정성에 관심을 가져야 한다. 팔로워 요청을 하는 사람의 SNS에 들어가 콘텐츠를 살펴보고 진정성이 느껴지면 요청을 받아들인다.

SNS에서는 단 한 사람의 영향력도 소중하다. 한 사람 한 사람이 모여 거대한 영향력이 만들어진다는 사실을 기억해서, 한 사람의 팔로워와도 돈독한 친분을 다지도록 힘쓰자.

- **강연회 진행** : 독서 모임, 도서관, 문화센터 등에서 강연을 진행하는 것이다. 어떤 작가들은 이러한 강연회의 강사료가 저렴하거나 청중 숫자가 적다고 하여 꺼리는 경우가 있다. 작가가 발로 뛰는 홍보가 가장 효과가 크고, 대중이 작가에게 호감을 느낄 수 있는 장소가 강연장인데 안 가겠다고 한다면 퍽 아쉽다. 10~20명의 팬이 20~40명의 잠재고객을 데려올 수 있다. 책을 알릴 수 있다는 점에서 훌륭한 홍보의 장이므로 놓치지 않았으면 좋겠다.

여러분이 잘 알고 있는 『언어의 온도』를 쓴 이기주 작가는 소규모 강연회를 잘 활용한 사람이다. 처음 책이 출간되었을 때 잘 팔리지 않았다고 한다. 하지만 이 작가는 낙심하지 않고 자기 책을 알리기 위해 전국 도서관을 부지런히 다니면서 강연을 했다고 한다. 그 결과 『언어의 온도』는 200만 부가 넘게 팔려나갔고, 그가 쓴 『말의 품격』 등 다른 책들도 주목을 받게 됐다. 200만 부가 넘다니, 근래 출판계에서 보기 드문 어마어마한 판매량이다. 이런 기록적인 수치는 작가가 눈앞의 수익에 연연하지 않고 뛰어다녔기 때문에 가능했다.

강연료가 저렴하다면 이를 포기하고 책 구입을 유도하는 것도 좋은 방법이다. 강연 참석자들이 모두 책을 구입하는 조건으로 강연을 수락하는 것이다. 당장 거마비가 없어 아쉽지만 입소문 효과를 누릴 수 있다. 청중의 수만큼 책이 팔리면 나중에 그에 대한 인세를 받게 되니까 괜찮은 선택이라고 생각한다.

한 지자체로부터 청소년들에게 강연을 해달라는 요청을 받은 적이 있는데, 강연료가 거마비도 되지 않을 정도로 저렴한 액수였다. 이에 담당자에게 강연료 대신 그 액수만큼 내 책을 사서 참가자들에게 나눠주면 좋겠다고 요청했고, 동의를 받았다. 덕분에 그날 강연은 아이들의 관심과 호응 속에서 진행될 수 있었다.

- **책 나눔 이벤트 진행** : 작가라면 책을 많이 소장하고 있을 것이고, 그중에는 더이상 읽지 않은 책들이 있을 것이다. 이 책들에 자신의 책을 더해서, 책을 무상으로 나눠주는 이벤트를 개최해보자. 나는 이런 행사를 매년 수차례 개최한다. 이벤트 정보를 SNS를 통해 알리고, 개인 사무실이나 공간대여업체를 활용하면 된다.

책을 좋아하는 사람들이야말로 내 책의 강력한 잠재독자이므로 이들을 내 책 앞으로 데려오는 방법이다. 책을 나눠주기에 앞서 간략한 미니 강연을 진행해 책 이야기를 한다면 더욱 좋다. 사람들은 일석이조의 혜택을 받았다고 느낄 것이고, 집으로 돌아가서 SNS에 감동 소감을 올려줄 것이다.

- **줌 강연 주최** : 출간을 기념해 작가가 직접 줌 강연을 개최하는 것이다. 회차는 2~4회 정도 내에서 정하고, 비용은 무료 혹은 노쇼를 방지하는 차원에서 저렴하게 책정한다.

  강연은 두 가지 효과가 있다. 첫 번째는 강연에 들어오는 이들의 책 구매이다. 수강자들은 작가에 대한 관심과 호감으로 책을 구입할 가능성이 높다. 두 번째는 홍보 효과이다. 작가는 부담 없이 홍보 내용을 올릴 수 있고, 수강자들은 자발적으로 자기 SNS에 강연 후기를 올려줄 테니까 자연스럽게 홍보가 될 것이다.

  책을 출간하고 나면 다양한 이슈로 홍보 콘텐츠를 올려야 한다. 그런데 막상 누군가 나를 강연에 초빙하지 않으면 올릴 만한 내용이 없다. 이럴 때는 작가가 직접 강연을 주최하여 콘텐츠를 홍보하는 것도 좋은 방법이다.

- **콜라보레이션 추진** : 다른 작가 및 전문가와 연계하여 강연 주제를 정하여 콜라보 형태의 강연을 진행하는 것이다. 콘텐츠의 깊이를 더하고, 대중의 호기심을 더욱 상승시키며, 홍보 효과가 배가되는 결과를 기대할 수 있다. 위에서 언급한 이벤트 또한 공동으로 기획하면 서로 윈윈할 수 있다.

최고의 마케팅은 대중이 자연스럽고 자발적으로 행동하게 만드는 것이다. 손흥민 선수가 운동 후 땀을 흘리며 특정 음료를 마시는 장면을 상상해보자. 손 선수가 그 음료에 대해 한 마디도 하지 않아도 우리는 그 음료가 무엇인지 궁금하고 마시고 싶어진다. 손 선수의 뛰어난 실력과 인품이 그 음료에 대한 관심과 호감으로 이어지기 때문이다.

대중이 나에 대해 호감을 가지면 내 앞으로 모이게 되고, 자연스럽게 판매가 이뤄진다. 내가 실력과 선의를 드러내면 상대가 나에게 궁금해하고, 자발적으로 행동한다. "참 좋은 책입니다!"라고 목청껏 외치지 않아도 자연스럽게 내 책이 팔려나가는 것이다. 우리가 추구해야 할 마케팅은 바로 이런 것이다.

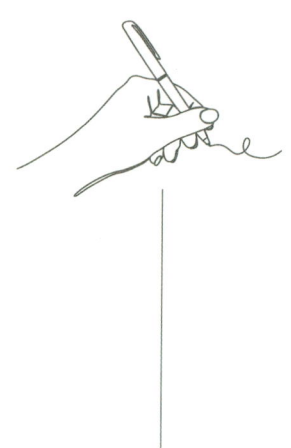

끝끝내 책쓰기를 방해하는
나쁜 습관들

남들이 나를 어떻게 볼까 두려운 마음에

출판사 대표들과의 정기적인 모임이 있던 날, 어떤 예비 작가의 이야기가 화제가 되었다. 놀랐던 건 그 자리에 있던 몇몇 대표들은 그분을 이미 만난 적이 있었다는 사실이었다. 그 안에는 나도 포함되어 있었다.

그분은 연세가 지긋하고 연륜이 느껴지는 분이었다. 날카롭고 깊은 눈빛은 그의 사회 경험이 얼마나 풍부한지를 대변해주었고, 말수가 많지 않았음에도 한마디 한마디가 신중하고 의미심장했다. 출판사 대표들 사이에서 그가 화제가 된 것은 당연한 일이었다.

"그분의 경험담이 세상에 나온다면 정말 좋은 콘텐츠가 될 거야."

"사골처럼 깊게 우려진 이야기를 찾는 게 쉬운 일이 아니지."

대표들의 의견은 한결같이 일치했다. 그분의 인생 경험이 책으로 나올 수만 있다면 많은 사람들에게 좋은 영향을 줄 것이라는 데 이견이 없었다. 과연 그분은 책을 쓰셨을까.

안타깝게도 지금까지 그분은 책을 쓰지 않았다. 여러 출판사 대표들과 만남을 갖고 책에 대한 소망을 얘기했음에도 출간에 이르지 못한 것이다. 이유는 간단했는데, 그분 스스로 글을 쓸 수 있는 능력이 부족하다고 생각했기 때문이다.

하지만 그보다 더 큰 이유는 두려움이었다. 자신의 이야기가 세상에 어떻게 받아들여질지 몰라서 두려운 것이다. 혹여 누군가에게 실망을 주거나, 그저 그런 이야기로 치부될까 봐 염려하고 있었다. 나와 만났을 때 그분은 자신의 두려움을 솔직하게 털어놓았다.

"어렵게 털어놓은 제 이야기에 관심을 갖는 이가 적다면 마음에 상처를 받을 것 같아요."

이 말에는 자신을 낮추는 겸손함과 동시에, 인정받고 싶은 내면의 갈망이 섞여 있었다.

"중요한 것은 그 이야기를 어떻게 풀어내느냐입니다. 제가 도와드리겠습니다."

확신에 차서 권했음에도 불구하고 그분은 어색한 미소를 지으며 아무 말도 하지 않았다. 그날 그분으로부터 어떤 확답도 들을 수 없었다. 그 일은 여전히 마음에 아쉬움으로 남아 있다.

책을 쓰고 싶은 마음이 있음에도 쓰지 못하는 데에는, 두려움이라는 감정이 의외로 크게 작용한다. 책을 쓸 만한 내공이 없어 두렵다, 내 책에 차별점이 없을까 봐 두렵다, 남들이 내 책을 별로라고 말할까 봐 두렵다 등등의 두려움이 예비 작가들을 괴롭힌다. 이 감정에 잡아먹히지 않으려면 감정을 끊어낼 수 있는 단호함이 필요하다. 단호함을 발휘하지 않으면 내 책은 세상에 빛을 볼 수 없고, 내 소중한 경험과 깨달음을 아무도 알아볼 수 없게 된다.

"제품의 첫 번째 버전이 부끄럽지 않다면 너무 늦게 출시한 것이다."

미국의 기업가 리드 호프만이 한 말이다. 완벽한 제품을 만들려고 하면 평생 아무것도 만들지 못할 거라는 의미이다. 부족함을 인정하고 시작했을 때 미래를 기약할 수 있다.

완벽주의의 문제점은 아무것도 시작하지 못하게 하거나 끝내지 못하게 만든다는 것이다. 글을 쓰기 전에 모든 것이 완벽해야 한다고 생각하면, 글을 시작하는 것 자체가 어렵다. 완벽한 문장, 모든 이들이 빠짐없이 감동받을 만한 글을 쓰려고 고민하다 보면 실제로 쓸 시간이 줄어든다. 중요한 것은 완벽함이 아니라 일단 시작하는 것이고, 꾸준히 쓰는 것이다.

책쓰기 강연 때마다 예비 작가들에게 "누구나 책 한 권을 쓸 수 있는 경험을 가지고 있다."고 말해왔다. 최선을 다해 살았다면 경험과 깨달음이 쌓이고, 이는 타인에게 도움이 될 수 있다. 자신이 가진 콘텐츠를 긍정적인 마음으로 바라보는 게 필요하다. "세상에서 가장 나쁜 언어는 가능성을 삭제한 언어"라는 말도 있지 않던가. 굳이 '나는 부족해', '그동안 뭐한 거야', '사람들이 내 이야기를 시시하게 볼 수 있어' 등등의 생각으로 자기 검열을 할 필요가 없다. 글을 쓸 때 스스로에게 지나치게 엄격한 잣대를 들이대면 생각이 잘 표현되지 않는다. 그렇게 경직된 생각보다는 가능한 한 자유롭게 자신의 경험을 풀어놓는 게 좋다. 자연스럽게 풀어가다 보면 내용이 차곡차곡 쌓일 것이다.

우리가 쓰는 책은 타인이 비용을 들여 구입하는 만큼 충분한 상품성을 갖추어야 한다. 그렇기에 최선을 다해 써야 하지만 그렇다고 완벽하겠다는 결심은 금물이다. 쓰고 싶다는 생각이 들었다면 시작해야 한다. 시작이 반이다.

책쓰기를 방해하는
네 가지 습관

책을 쓰고 싶어도 쓰지 못하는 사람들에게는, 공통된 몇 가지 습관이 있다. 출중한 능력을 갖고 있음에도 끝끝내 성과를 못 얻는 사람들은 마음의 문제가 있을 때가 많고, 좋지 않은 습관의 방해를 받기도 한다.

만약 여러분 중 책을 쓰고 싶은데 아직 쓰지 못했다면 눈을 크게 뜨고 살펴보기 바란다. 위에서 언급했던 두려움과 아울러 나쁜 습관까지 있다면, 달라질 결심을 해야 한다. 달라져야 내 책을 쓸 수 있고, 강점 콘텐츠를 통해 새로운 인생을 살아갈 수 있다. '구슬이 서 말이라도 꿰어야 보배'라는 속담처럼, 아무리 훌륭한 경험과 깨달음을 했더라도 엮어내지 않는다면 아무 소용이 없다.

- **나쁜 습관① 실천력 부족** : 하고 싶은 마음은 굴뚝인데 실천력이 약한 경우이다. 책을 쓰는 것은 상당한 끈기가 필요한 일로, 자기 생활을 잘 관리하지 못하면 해낼 수 없다.

  나의 경우 가장 자신 있는 분야가 끈기, 꾸준함이다. 지금껏 네 권의 책을 쓸 수 있었던 것은 오직 끈기 덕분이었다. 뭐든지 시작하면 반드시 끝을 봤고, 잘할 수 있게 될 때까지 포기하지 않았다. 잘 안되는 순간에도 좌절하지 않고 계속했다. 남들이 자리를 떠난 후에도 남아서 연습했고, 실수했던 부분을 반복해서 수정했다. 현재 내가 이룬 성과는 모두 이 과정을 거쳐서 얻은 것이다. 책을 쓴 것, 실력이 없다고 놀림을 받았던 골프를 10년간 연습해서 홀인원과 싸이클 버디까지 달성했던 것, 6개월간 매일 마술을 연습해 프로 마술사들의 기술을 터득했던 것, 사업이 안정기에 접어든 것, 모두 끈기 덕분이다. 끈기는 불가능해 보이는 일도 이뤄줄 수 있는 유일한 힘이다. 책쓰기에서도 마찬가지다.

  한 권의 책을 1년 안에 쓰고 싶다면 무조건 하루에 2시간 이상 쓰도록 한다. 엉덩이 힘으로 포기하고 싶다는 마음을 이겨내야 한다.

- **나쁜 습관② 시간 관리 부족** : 책을 쓰려면 하루 2시간 이상 규칙적인 투자가 필요하다. 많은 사람들이 꾸준한 시간 투자를 힘들어한

다. 쉬고, 여가를 즐기고, 잠을 자야 하기 때문이다. 물론 에너지 재충전을 하려면 휴식이 중요하지만 남들처럼 다 쉬고 놀면서 책을 쓰는 건 불가능하다. 원고 마감일을 정한 다음 그때까지의 시간을 원고 분량으로 나눠서, 하루 몇 시간에 얼마를 써야 할지를 정해야 한다. 규칙적으로 운동하는 사람이 건강한 몸을 얻듯이 규칙적으로 글을 쓰는 사람이 자기 책을 가질 수 있다는 점을 기억하자.

현대인들의 알찬 시간 관리에 방해되는 것 중 하나가 SNS이다. SNS를 건강하게 활용하는 건 괜찮아도, 과도하게 시간을 투자하면서 다른 이들의 일상을 구경하는 데 빠져드는 건 좋지 않다. 특히 숏폼을 장시간 시청하면 집중력이 떨어지고 깊이 있는 사고를 하기가 어려워진다. 만약 자신의 하루 일과를 돌아보고, 과도하게 시간을 낭비하게 만드는 습관이 있다면 개선하도록 노력해야 한다. SNS 사용시간을 제한하는 것도 한 방법이다.

- **나쁜 습관③ 몰입력 부족** : 책을 쓰고 싶은 마음이 없진 않지만 몰입하지 못하는 경우이다. 어제는 글을 썼다가, 오늘은 여행을 가고, 내일은 그림을 배우러 다닌다. 관심사가 워낙 많아서 한 우물을 깊게 파지 못한다. 책쓰기에 그만한 애정이 없거나 목표의식이 부족해서일 가능성이 높다.

어떤 일이든 마찬가지지만 책쓰기 역시 명확한 목표의식이 없으면 끝까지 해내기가 어렵다. 목표가 분명하지 않으면, 끝까지 끌고 나갈 힘이 나지 않는다. 이런 경우라면 내가 왜 책을 쓰고 싶어 하는

지, 책을 쓰고 나서 어떤 삶을 살고 싶은지 등을 다시 한번 생각해 보는 게 필요하다. 이런 생각 정리를 통해 목표가 분명해지면 몰입력이 생길 수 있다.

- **나쁜 습관④ 독서량 부족** : 책을 쓰겠다는 목표가 있는데 정작 책을 안 읽는 사람들이 있다. 누누이 강조하듯이 책은 우리가 값을 치르고 구입하는 하나의 상품이다. 충분히 그럴 만한 가치가 있게 만들어야 하고 그러자면 작가가 상품 연구를 많이 하는 게 우선이다. 연구를 많이 할수록 차별점이 뚜렷한 상품을 만들 수 있다. 시장에서 잘 팔리기를 기대하면서 정작 시장을 연구하지 않는다면 어떻게 독창적인 상품을 탄생시킬 수 있겠는가. 어떤 주제가 독자들에게 사랑을 받는지, 어떤 문장을 독자들이 쉽게 읽는지 등을 연구하고 또 연구해야 한다.

3장 핵심 정리

Yang's Tips

- **한 줄로 주제 정리하는 법**

    1. 충분히 고민하여 콘텐츠의 성질을 가다듬을 것
    2. 근사하게 꾸미거나 어려운 전문 용어를 사용하지 말 것
    3. 한 줄 쓰기를 꾸준히 연습할 것(책을 읽고 난 후 주제 쓰기 훈련)

- **목차를 쉽게 짜는 고수의 기술**

    1. '①주제 - ②실행 방안 - ③알아두면 좋을 정보'의 구조로 만들기
    2. 일상 이야기로 목차를 만들 때 논리성에 비중을 두지 않아도 됨
    3. 믿을 만한 사람들에게 목차 피드백 받아 완성도를 높이기
    4. 목차를 수정할 때 주제에 어울리도록 일관성을 유지할 것

- **대박 제목을 짓는 여섯 가지 법칙**

    1. 독자가 이 책으로 어떤 도움을 받을 수 있는지 알려주기
    2. 제한된 개념으로 독자의 마음을 유혹하기
    3. '왜?'라는 호기심을 불러일으키기
    4. '설마 그게 가능할까?'라고 생각할 정도로 흥미를 유발시키기
    5. 독자의 마음을 위로하고 대변해주는 표현을 구사하기
    6. 유명인을 앞세우기

- **중도에 포기하지 않는 원고 쓰기 노하우**

    1. 초고를 빠르게 쓰기
    2. 규칙적인 집필 일정 관리하기
    3. 성실한 자료 조사

- 글의 완성도를 높이는 퇴고 노하우

    1. 보고 또 보면서 수정을 거듭하기
    2. 초고 완성 후 시간차를 두고 퇴고에 착수하기
    3. 소리 내어 읽어보기
    4. 믿을 만한 사람들로부터 피드백 받기

- 소중한 내 책에 인연이 될 출판사 찾는 법

    1. 출판사의 크기, 계약 조건보다 마음을 들여다보기
    2. 이해하고 맞춰갈 수 있도록 노력하기

- 출판계약서 작성 시 잘 살펴봐야 하는 핵심 조항 네 가지

    1. 출판계약 기간 : 통상적으로 5년
    2. 인세 및 지급 기간 : 대개 6~10%. 지급 시기는 상반기/하반기 혹은 4분기
    3. 2차적 저작물의 각 항목
    4. 계약 해지 조건

- 잘나가는 작가들의 콘텐츠 마케팅 방법

    1. 전략적으로 홍보 콘텐츠 작성해 SNS에 올리기
    2. 지인 찬스 최대한 활용하기
    3. 크고 작은 강연회에 적극적으로 참여하기
    4. 책 나눔 이벤트 진행하기
    5. 줌 강연 주최하기
    6. 다른 전문가들과 콜라보레이션 진행하기

- 책쓰기를 방해하는 나쁜 습관 네 가지

    1. 실천력 부족
    2. 시간 관리 부족
    3. 몰입력 부족
    4. 독서량 부족

CHAPTER 4

지금도 '쓰기'를 망설이는 그대에게

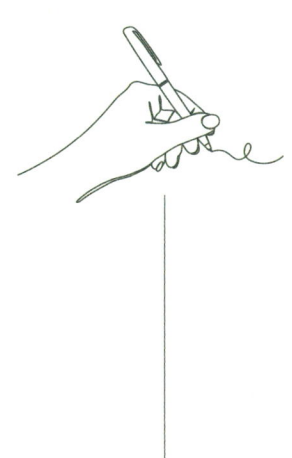

'쓰고 싶다'가 아닌 '써야 한다'가 돼야 하는 이유

쓰다 보면 많은 것이 달라진다

어쩌다가 난 책을 쓰게 되었을까.

이런 생각이 들 때면 20대 때 썼던 일기장, 시를 적어둔 노트 등을 꺼내 본다. 글을 쓰는 건 젊은 시절부터 즐겼던 습관이었다. 힘들 때, 앞이 막막할 때, 나도 모르게 감성에 젖었을 때, 무슨 말이든 하고 싶은데 들어줄 사람이 없을 때, 노트를 꺼내서 정답도 없는 글들을 써 내려가곤 했다. 하루의 삶을 반성하기도 하고, 내일은 또 어떻게 하루를 보낼 것인지 새로운 다짐을 하면서 그렇게 글을 썼던 것이다. 그리고 나면 마음이 조금씩 편안해지고 따뜻해졌다.

이렇게 글쓰기를 좋아했으니 책을 쓰는 게 당연하다고 말하는 사람이 있을지 모르지만, 실은 그렇지 않다. 책과 관련된 일을 하는 회사의 CEO로서, 오랫동안 철학을 공부하고 독서를 해오면서, 책을 쓰고 싶다는 생각을 하지 않았던 건 아니었다. 그럼에도 쉽게 시작할 수는 없었다. 글쓰기에는 정답이 없지만, 책쓰기에는 읽을 대상이 명확히 존재하지 않는가. 삶에 대해 알고 깨닫고 느낀 바를 솔직하고도 전문성 있게 풀어내야 한다는 게 부담이 되는 건 사실이었다.

하지만 앞으로 해야 할 일이 있었다. '책의 저자'가 되고 싶다는 꿈을 가진 많은 사람을 돕는 것, 그러려면 나도 그 과정을 반드시 거쳐보아야 한다는 생각이 들었다. 무엇보다 그동안 책을 기획하면서 쌓은 노하우를 끄집어내서 최대한 많은 사람에게 알려주고 싶었다. 내 책을 읽고 단 한 사람이라도 도전해볼 용기를 얻을 수 있다면 얼마나 좋을까.

'그래, 한번 해보자.'

마음을 먹은 다음 그동안 진행했던 강의안을 뒤적거렸다. 여러 곳에서 책쓰기 특강을 부탁받고 만들었던 강의안을 기반으로 책을 쓸 생각이었다. 처음에는 30분으로 시작했던 특강은 1시간, 1시간 30분으로 늘어났고, 그에 따라 내용이 점점 알차게 바뀌었다. 강의안 때문에 사례를 정리해두었던 건데 책쓰기에 큰 도움이 되었다.

'이런 내용은 정말 유익할 것 같아.'

'이건 좀 어려우니 쉽게 풀어서 써보자.'

원고를 쓰기 시작하니까 머릿속에 저장돼 있었던 수많은 기획 경험들이 새록새록 떠올랐다. 경험과 사례가 많으니까 목차를 정리하는 게 어렵지 않았다. 목차를 정리하면서 어떻게 써야 할지도 머릿속에 금세

그려졌다. 짬짬이 시간 나는 대로 하다 보니 나도 모르게 몇 달 동안 책쓰기에 푹 빠져 지냈다. 그렇게 하여 쓴 책이 『책쓰기가 이렇게 쉬울 줄이야』였다.

첫 책이라 큰 기대를 하지 않았는데 주변에서 많이 도와준 덕분에 매우 반응이 좋았다. '무척 쉽게 읽었다', '초보자도 도전하고 싶은 용기가 생긴다', '글이 재미있다' 등의 좋은 평이 많아서 마음이 뿌듯했다. 작은 용기를 내어 시작한 일인데, 책을 통해 강연 요청도 많이 들어오고 방송 출연까지… 어느새 베스트셀러 작가의 대열에 서게 되었다.

성과가 좋았지만, 한편으로는 이걸로 충분하다고 생각했다. 책을 쓰는 건 재미있었고 보람이 넘쳤지만 일정에 무리가 될 때가 많았다. 사실, 책 한 권을 완성한다는 것이 말처럼 쉬운 건 아니다. 쓰다 보면 막히기도 하고, 정말 잘 쓰고 있는 건지 의문이 들기도 한다. 부족하진 않은지, 꼭 넣어야 할 내용을 잘 채워 넣었는지 등등 수만 가지 생각들이 떠오른다. 출간된 후에도 사람들의 평가에 긴장하는 마음이 들 때가 있다. 아마 책을 쓴 작가들은 내 마음에 깊이 공감을 해줄 것 같다. 여러 권의 책을 내고 전업작가로 활동하는 분들조차 "책 한 권 쓰기가 정말 어렵다."라고 말한다.

두려움과 의구심, 긴장감과 기대감 등 수많은 감정을 겪으면서 한 권씩 써 나갔다. 책을 읽은 분들의 반응이 좋을수록 의욕이 샘솟았다. 처음엔 누군가의 책쓰기를 도와주고 싶다는 마음으로 시작했는데, 되레 내가 성장해서 또 다른 삶으로 나아가게 되었다. 차근차근, 한 발씩 떼어가다 보니까 여기까지 오게 되었다.

이 책을 포함해 네 권의 책을 쓰면서 그간의 경험과 머릿속을 떠돌았던 생각들, 나름의 깨달음을 정리할 수 있었다. 이런 것들이 다른 사람들의 삶에 좋은 영향을 미친다는 게 감격스럽다. 보잘것없는 내게 팬심을 전하는 분들이 있다는 사실에 때때로 마음이 울컥한다. 이 모든 변화가 '썼기 때문에' 가능했다. 요한 볼프강 폰 괴테가 한 말 중에서 가장 좋아하는 말이 있는데, 마치 내 마음을 대변해주는 것 같다.

"나는 허세를 부린 적이 한 번도 없다. 내가 체험하지 않은 것을 글로 쓰거나 입에 담지 않았다. 미움 없이 증오를 표현한 시를 쓸 수는 없다. 마찬가지로 사랑할 때만 시를 썼다."

이 말을 좋아하는 이유는 '원하는 것이 있다면 막연히 소망만 하는 게 아니라 몸으로 부딪히고 도전해야 한다'는 그의 철학을 보여주기 때문이다. 나는 감사하게도 다른 사람들보다 많은 걸 이루어왔다. 사업, 만나는 사람들과의 관계, 취미생활, 콘텐츠를 만드는 일까지…. 사람들이 나를 보면 잘나가는 배에 돛을 단 듯 행운이 따르고 모든 게 순조로워 보인다고 평가할 수도 있다.

그러나 그 과정을 가만히 되돌아보면, 아무것도 하지 않고 앉아 있으면서 그저 '잘될 거야'라는 생각만 한 적은 없었던 것 같다. 어떤 생각이 떠오르면 바로 실천으로 옮기고, 어렵고 두려워도 일단 발을 내디뎠다. 글을 쓰는 일, 철학공부를 한 것, 좋은 책을 기획하는 일, 목차와 카피, 제목을 뽑는 일까지 말이다. 항상 적극적이고 열정적으로, 다른 변명을 붙이지 않고 꿋꿋하게 긴 시간 매진하면서 직접 체험을 해본 후 사람들에게 이야기하려 노력했다. 그때는 '나라는 사람이 이런 것들을 해낼 수 있을까?'라는 의문 대신 '일단은 부딪혀 직접 해본다!'라는 생각만 했던 것 같다.

그러니 이 책을 읽으면서 '나 같은 사람이 뭘 쓸 수 있겠어?'라고 생각하는 분들이 있다면 꼭 도전하라는 말을 전하고 싶다. 새로운 시도를 한다는 것, 왜 두렵지 않겠는가. 하지만 괜찮다고 말하고 싶다. 이미 여러분은 뭔가를 가지고 있기 때문이다. 이미 가지고 있는 것, 그것을 하나씩 끄집어내서 차곡차곡 쌓아가다 보면 언젠가 팔리는 콘텐츠가 될 날이 올 것이다. 자신의 삶을 바꾸어주고 다른 사람의 삶에도 따뜻한 응원과 힘이 되어주고 싶다면, '쓰는 사람'이 되자.

인공지능도 따라오지 못할 나만의 고유한 영역

수년 전쯤 TV에서 한 광경을 보고 눈물을 흘렸다는 지인의 연락을 받았다. 그처럼 눈물을 흘리지는 않았지만 당혹스러운 마음이 들기는 마찬가지였다.

그 광경은 다름 아닌 인공지능과 인간의 대결이었다. 2016년 3월 인공지능 알파고가 세계 바둑 정상의 자리에 있는 이세돌 기사를 상대해서 승리를 거둔 것이다. 고도의 두뇌 활동을 필요로 하는 바둑에서 사람이 아닌 인공지능이 승리를 거두는 모습은 많은 사람들을 충격에 빠뜨렸다. 컴퓨터가 많은 데이터를 기억할 수 있어도 인간처럼 고도의 활용능력까지 갖출 수 없을 거라는 믿음이 여지없이 깨어진 사건이었다.

사실 이에 앞서 알파고가 유럽 바둑 챔피언인 중국 출신 프로기사 판후이를 이긴 사실이 보도되었다. 5:0의 완승이었는데, 인공지능이 바둑으로 사람을 이긴 첫 사례였다. 다음 해인 2016년 3월 알파고는 이세돌 기사와 다섯 번 대결하여 네 번의 승리를 거두었다.

판후이보다 이세돌이 더 뛰어나다는 국민적 자부심을 젖혀두고 인간을 이기는 기계에 대한 두려움을 느낀 건 한두 명이 아니었다. 그때로부터 더 많은 시간이 흐른 지금은 그 두려움이 더 커진 것 같다. 인공지능은 괄목할 만한 성장을 이뤘고, 많은 사람들이 인공지능에 자기 직업을 빼앗길 것 같다는 불안감을 느끼고 있다.

선두주자인 챗GPT는 오픈AI가 개발한 생성형 AI로, 이미지·텍스트·음성 등 다양한 데이터를 생성할 수 있고 마치 사람처럼 대화가 가능하다. 챗GPT가 만약 사람 모습의 로봇이라면 훨씬 더 깊은 교감이 이뤄질 것 같다는 생각이 든다. 챗GPT 외에도 마이크로소프트의 뉴빙(New Bing), 구글의 바드(Bard)와 제미나이(Gemini) 등 여러 생성형 AI가 출시돼 있다.

생성형 AI는 산업 전반에 혁신적 변화를 불러일으키고 있다. 명령어를 입력하면 그에 따라 텍스트나 이미지, 멜로디를 만들어낸다. 과거에 여러 명의 일러스트레이터가 수일에 걸쳐 만들어낼 수 있었던 이미지를 단 몇 분 만에 완성시키는 것이다. 인공지능이 이렇게 발전하는 동안, 우리는 무엇을 한 걸까. 단순 작업뿐 아니라 고도의 두뇌 활동 영역까지 인공지능이 대체할 수 있게 된 지금, 우리는 앞으로 어떤 삶을 살아가게 될까.

이러한 시대이기에 믿을 것은 바로 자기 자신이고, 강점 콘텐츠라고 생각한다. 강점이 듬뿍 담긴 콘텐츠를 만들어서 치열한 경쟁에서 승리할 무기로 삼아야 한다.

혹시 '사방에 널린 게 콘텐츠인데 이걸로 어떻게 생존할 수 있을까?'라는 궁금증을 가진 분들이 있을지도 모른다. 그야말로 콘텐츠의 홍수시대니까. 하루에도 수많은 콘텐츠가 생산되고 소비된다. 사람들이 만든 콘텐츠, 인공지능이 만든 콘텐츠가 매일 수없이 생산된다.

하지만 그럼에도 콘텐츠가 우리의 삶을 지켜줄 무기가 되는 이유는, 우후죽순 만들어진 콘텐츠와 내 강점이 스며든 콘텐츠가 다르기 때문이다. 인공지능이 만든 콘텐츠는 수많은 사람들의 데이터를 조합한 것이고, 나는 직접 이곳저곳을 발로 뛰면서 경험을 쌓고 깨달아서 콘텐츠를 창조한다. 인공지능 콘텐츠는 내가 만든 것만큼 독특할 수 없고, 차별적일 수 없다.

강점 콘텐츠가 독특하고 차별적인 이유는, 그것에 '고유한 나 자신'이 들어 있기 때문이다. 대중은 강점 콘텐츠에 들어 있는 '나'를 경험하고 신뢰하게 된다. 강점 콘텐츠를 통해 대중과 나는 단지 정보를 주고받는 게 아니라, 공감대를 형성할 수 있다. 대중과의 공감대를 형성한 나는 어떤 존재보다 더 경쟁력을 갖출 수 있다.

이제 더이상 인공지능의 습격에 우울해할 필요가 없다. 달라진 환경에 절망하거나 두려움을 갖기보다는 변화를 위한 첫발을 떼는 게 더 소중하다. 매일 조금씩, 천천히 한 발씩 떼어도 된다. 단박에 책 한 권을 쓰지 않아도 되고, 대여섯 줄 정도의 짧은 글 한 편이라도 괜찮다. 앞서 여러 가지 방법을 설명했지만 그걸 실천하기가 버겁다면 그냥 매일 한 줄씩만 써도 된다. 시작이 중요하다. 시작해야 바뀔 수 있다.

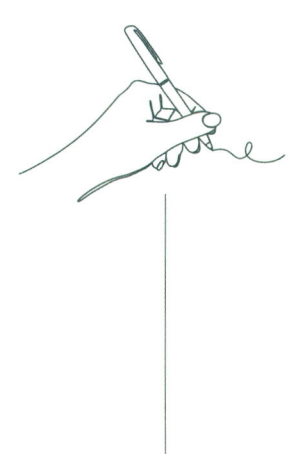

항상, 쉬지 말고, 범사에, 기록하길!

세상에서 가장 슬픈 말

"사업을 그토록 오래 하셨으니 경험이 많으실 텐데 왜 쓸 게 없다고 하세요?"

"경험이 많긴 하죠. 근데 기억이 안 나요. 다 언제 적 일인데요."

예비 작가들과 대화를 나누다 보면 "기억이 안 나요."라는 말을 자주 듣는다. 나이가 들었으니까, 시간이 많이 지났으니까 당연한 거라고 위로하지만 한편으로는 진한 아쉬움이 든다.

기억이 안 난다는 말은 참 서글픈 표현이다. 우리는 소중한 걸 왜 자꾸 잊을까. 인간으로서의 한계이지만, 돈으로도 살 수 없는 게 경험이라는 사실을 생각해보면 얼마나 안타까운가. 경험을 글로 정리하면 콘텐츠가 되고 타인과의 경쟁에서 독특함과 차별화를 보장해주는 무기가 되는데, 기억하지 못하면 콘텐츠를 만들 수 없는 것이다. 돈을 잃는 것보다 경험을 잊어버리는 게 훨씬 더 아깝다.

사람의 기억력은 한계가 있어서 잘 기억해두는 것만으로는 내 모든 것을 간직할 수 없다. 그래서 우리가 해야 할 일이 바로 기록이다. 기억을 지키자면 기록을 생활화해야 한다. 요즘은 휴대폰, 패드, 노트북 등 다양한 도구가 발달해서 이를 활용하면 편리하게 기록할 수 있다.

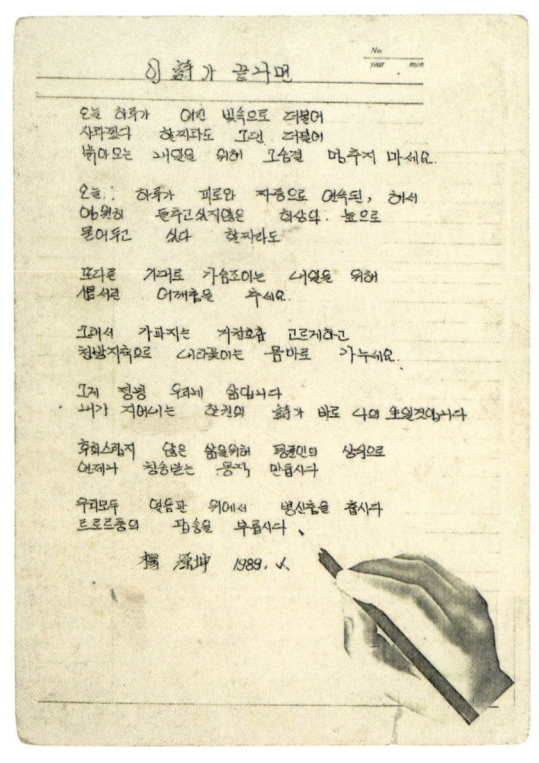

20대 때 아르바이트를 하면서 느꼈던 감정을 쓴 기록이다. 그때도 일기를 꾸준히 쓰고 가끔 시를 쓰기도 했는데 그런 기록을 읽다 보면 어떤 일이 있었고, 무엇을 느꼈고, 어떤 걸 배웠는지 등등 수십 년 전 일들이 새록새록 떠오른다.

지금도 어딜 가든 손놓고 있지 않고 기록한다. 여행, 모임에서 낯선 이와의 만남, 그날 있었던 힘든 일 등으로 뭔가를 생각하거나 깨닫게 되면 휴대폰 메모장 앱을 열어서 키워드를 적어두고 집에 와서 좀 더 자세히 기록한다. 휴대폰 메모와 함께 사진도 찍어둔다. 귀찮아도 이렇게 해두지 않으면 연기와 같은 기억을 붙들기가 힘들다.

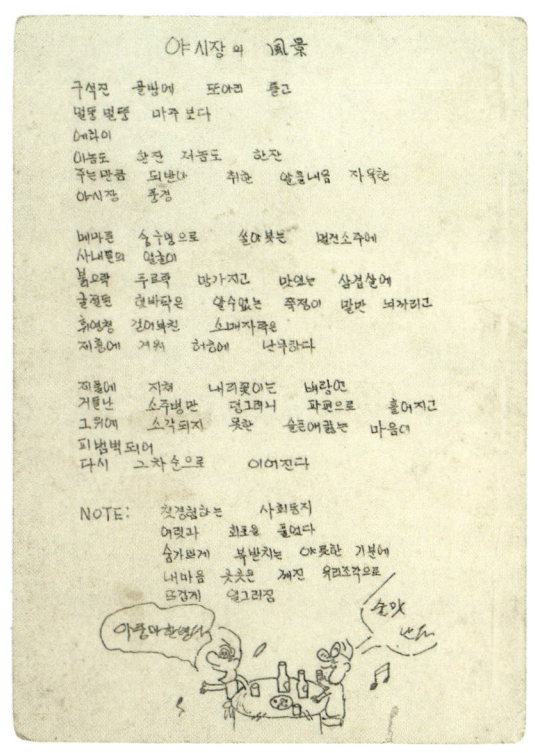

하루의 일과를 기록하니까 여러 가지 장점을 얻게 되었다. 연약한 기억력을 받쳐주는 것은 물론이고, 수만 가지 감정을 그때그때 기록해서 내 마음을 이해하는 데 도움이 되었다. 알게 모르게 쌓였을 스트레스를 해소하는 데도 도움이 되었고, 문장력이 조금씩 나아졌다. 그래서 예로부터 많은 위인들이 일상을 기록하여 자기 생각을 정리하고 발전하는 기회로 삼았나 보다.

로마제국의 제16대 황제이자 철학자 마르쿠스 아우렐리우스는 일기를 열심히 쓴 인물 중 하나이다. 그가 말년에 전쟁터에서 썼을 것으로 추정되는 『명상록』은 여러 가지 고뇌에 시달리는 자기 생각을 촘촘하게 기록한 것이다. 아마도 자기 생각을 정리하고 성찰하기 위해 기록했겠지만, 그 덕분에 후세 사람들은 삶의 지혜를 얻을 수 있었다.

아우렐리우스는 재위 기간 동안 숱한 어려움을 겪었다. 선천적으로 병약한 몸으로 태어나 각종 질환에 시달렸고, 죽기 직전에도 전장에 있었을 만큼 여러 전쟁과 반란을 겪었다. 또한 공동 황제를 맡았던 동생이 급사하고 여러 명의 자녀들이 일찍 사망하는 고통을 겪었다. 『명상록』을 보면 그가 말할 수 없는 고통의 와중에 자신과 삶을 얼마나 냉철하게 바라보려고 노력했는지를 알 수 있다.

> 늘 함께 있는 사람들의 장점을 생각하라.
> 너의 마음을 즐겁고 기쁘게 하고자 한다면
> 네가 함께 어울리는 사람들의 좋은 점들을 떠올려 보라.
> 우리와 함께 살아가는 사람들의 성품 속에서
> 여러 가지 다양한 미덕들이
> 여기저기서 많이 나타나는 것을 생각해볼 때만큼
> 즐겁고 기쁜 때는 없기 때문이다.
> 그러므로 그런 것들을 늘 너의 머릿속에 간직해두라.
>
> -아우렐리우스, 『명상록』 중에서

『명상록』 속 글 한 편이다. 이 글을 보면 이웃이나 친구를 어떻게 대해야 하는지를 깊게 생각하게 된다. 우리는 겉으로는 서로 친하게 지내지만 속으로는 질투나 부러움 같은 부정적인 감정을 숨기고 있을 때가 많다. "나는 내 이웃을 질투하지 않고, 존중하고 사랑합니다."라고 진심으로 고백할 수 있는 사람이 몇이나 될까. 아우렐리우스는 그런 사람들의 마음에 깨달음을 주는 글을 남겼다.

만약 그가 기록하지 않았다면 수천 년 후의 우리는 이런 깊은 성찰의 글을 볼 수 없었을 것이다. 그의 기록은 스스로를 위로했을 뿐 아니라 수천 년 이후 세대에게도 깊은 감동과 깨달음을 전해주고 있다.

과거를 기억하고 미래를 계획하다

이탈리아 출신의 천재 레오나르도 다 빈치 역시 기록을 잘한 것으로 유명하다. 그의 직업은 예술가, 과학자, 의학자, 건축가, 조경사, 요리사 등 다양하다. 그가 얼마나 다양한 분야에서 천재성을 발휘했는지는 그가 남긴 기록을 통해 알 수 있다. 그가 작성한 노트는 7천 페이지가 넘는데, 남겨진 것이 이 정도이니까 당시 작성된 분량은 훨씬 많았을지도 모른다. 글씨, 그림, 도안이 뒤엉켜 있는 이 기록을 우리는 '다빈치 노트'라고 부른다.

레오나르도는 자신이 관찰하고 상상한 것들을 꼼꼼하게 기록하고 스케치했다. 이런 기록은 의학, 과학, 천문학, 기계 설계 등 다양한 영역에서 놀라운 창작과 발명을 할 수 있는 밑바탕이 되었다. 인체비례도, 해부도, 하늘을 나는 기구 도안 등 눈이 휘둥그레질 만한 기록이 많다.

그의 노트는 수많은 예술가, 과학자, 기업가 등에게 영감의 원천으로 작용했다. 빌 게이츠는 다빈치 노트를 300억 원이 넘는 돈을 주고 경매에서 사서 주석을 달아 공개하기도 했다. 레오나르도가 기록을 남기지 않아서 천재성이 구전으로만 전해졌다면 그의 위대함이 후세에까지 이어지지 못했을 것이다. 우리는 그의 독특한 상상력과 창의력의 실체를 이해하지 못했을 것이다.

미국의 정치가 벤자민 프랭클린은 남다른 기록 정신을 뽐낸 인물이다. 그는 토머스 제퍼슨과 함께 미국 독립선언서 작성에 참여한 인물로 널리 알려져 있으나, 유명한 과학자이자 발명가이기도 하다. 많은 사람들에게 공포를 안겨준 번개를 전기의 종류로 인식하고 이를 막아낼 수 있는 피뢰침을 발명했다. 피뢰침 외에도 개방형 난로, 이중 초점 렌즈, 소방차 등이 그의 발명품이다.

그는 어린 시절부터 일기를 썼고, 과학 실험을 할 때도 꼼꼼하게 과정을 기록했다고 한다. 얼마나 자세히 기록했는지 후세의 과학자들이 그걸 보고 그대로 재현할 수 있을 정도였다. 그는 인쇄업에도 종사했고, 필라델피아에서 최초의 공립 도서관, 최초의 소방서를 설립하기도 했다.

벤자민 프랭클린은 꼼꼼한 기록 습관 덕분에 정치적·사업적·직업적으로 성공을 거둘 수 있었다. 프랭클린이 남긴 기록을 통해 우리는 그가 얼마나 열심히 노력했고, 자기 성찰을 훌륭히 해냈는지를 알 수 있다. 세계적 베스트셀러 『성공하는 사람들의 7가지 습관』의 작가 스티븐 코비는 벤자민 프랭클린이 64년간 수첩에 기록하고 실행한 13가지 덕목(절제, 침묵, 질서, 결단, 절약, 근면, 진실, 정의, 중용, 청결, 침착, 순결, 겸손)을 기본으로 하여 시스템 다이어리를 고안할 수 있었고, '프랭클린 플래너'라는 이름을 붙였다.

> 당신의 원수들을 사랑하라.
> 그들이 당신의 잘못을 당신에게 말해주기 때문이다.
>
> -벤자민 프랭클린

기록을 많이 남긴 만큼 프랭클린이 남긴 명언이 많다. 덕분에 우리는 어떤 공부를 해야 하는지, 어떤 마음가짐으로 살아야 하는지, 책을 어떻게 읽어야 하는지, 돈을 어떻게 생각해야 하는지 등등 삶의 각종 고민에 대한 해답을 얻을 수 있다.

경제인 중에서 기록을 잘하는 사람으로는 투자·보험 기업 버크셔 해서웨이의 회장이자 세계적인 투자가 워런 버핏을 꼽을 수 있다. 그의 메모 습관은 그가 성공적으로 투자를 해내는 데 중요한 역할을 했다는 평가를 받고 있다.

버핏의 기록 중에서 널리 알려진 것은 자기 회사 임직원들에게 보내주는 메모이다. 그는 2년에 한 번 '올 스타(All star)'라고 불리는 버크셔 해서웨이와 자회사 80여 곳의 임원들에게 메모 형태의 2페이지 분량의 경영 지침을 보낸다. 이 메모는 세간에도 큰 관심을 불러일으켜 단행본으로 출간되었고 미국에서 베스트셀러가 되었다. CEO들에게 버핏의 메모는 필독서로 자리 잡았다.

버핏은 하루 중 대부분의 시간을 독서에 사용하고, 읽는 도중에 꼼꼼히 메모하는 것으로 유명하다. 이렇게 쌓은 기록을 투자 방향을 결정할 때 사용한다. 투자 종목을 결정할 때도, 해당 기업의 회계와 재무제

표 등 기업정보를 꼼꼼하게 살핀다. 기록을 중요하게 여기는 만큼 스스로 열심히 기록하지만, 타인의 기록도 관심 있게 들여다보고 객관적 데이터를 통해 결정을 내리려고 노력한다. 철저하게 기록과 분석을 기반으로 하여 투자를 해왔기에 세계적인 투자자로 자리매김할 수 있었다.

기록이란 무엇일까. 한마디로 정의한다면, '과거를 기록하고 이를 바탕으로 미래를 계획하는 것'이라고 할 수 있다. 기록은 나의 모든 시간을 기억하고 보존하는 데 중요한 역할을 한다. 우리는 과거의 기록을 통해 깨달음을 얻고 이를 바탕으로 미래에 더 나은 계획을 세울 수 있다.

기록이 중요하지 않은 영역은 없다. 공부를 할 때도 많은 선생님들이 요점 정리 노트, 오답 노트를 강조한다. 자신이 무엇을 알고, 무엇을 모르는지를 깨닫고 부족한 점을 보충해야 시험에서 좋은 성적을 기대할 수 있다. 일상의 기록도 이와 마찬가지다. 기록은 나를 성장시켜줄 뿐 아니라, 모든 생각과 행동을 성찰할 수 있게 해준다는 점에서 중요하다.

사람들은 갈수록 휴대폰이나 PC를 들여다보기만 하고 손을 움직이지 않는다. 이 습관은 우리 삶의 많은 부분을 변화시켰다. 글씨를 잘 못 쓰는 사람, 어휘력이 부족한 사람, 긴 글을 읽지도 쓰지도 못하는 사람, 활자에 대한 이해력이 떨어지는 사람들이 과거에 비해 훨씬 늘어났다. "귀찮은데 왜 메모를 해요."라는 말도 왕왕 듣는다. '쓰면 이루어진다'는 걸 굳게 믿는 나로서는 상상하기 힘든 일이다. 자신의 소중한 경험을 날려버리고, 더 나은 미래를 계획하지 않겠다는 말과 별반 다를 게 없지 않은가.

    나의 경우 시간이 날 때마다 책들 곳곳에 메모하고 글을 덧대는데, 이런 작업이 내면의 성장을 이루는 데 큰 도움이 되었다고 생각한다. 그 시간이 몇 달, 몇 년 축적되고 과거의 나를 돌아보고 미래를 계획하는 시간이 늘어나면서 많은 게 바뀌었다. 여러 권의 책을 쓸 수 있는 사람이 되었고, 사람들 앞에서 내가 원하는 주제로 강의를 할 수 있게 되었으며, 하고 싶었던 많은 일을 해낼 수 있었다. 이것이 바로 기록이 가져다주는 놀라운 결과였다. 적어도 이 책을 읽는 사람들은 다시금 기록의 중요성을 깨닫고 펜을 꺼내 들기를. 그래서 나처럼 꼭 놀라운 변화를 경험해보기 바란다.

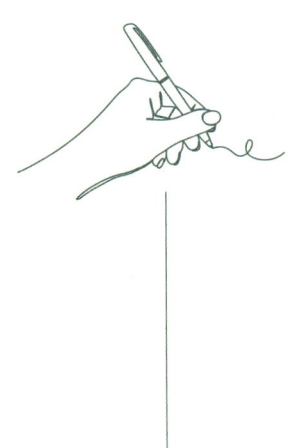

쓰고는 싶은데,
독서는 싫어한다고요?

읽기 싫다면 쓰기도 어렵다

"하루 중 가장 행복한 시간은 언제예요?"

누군가 이렇게 묻는다면 어떤 시간을 꼽으면 좋을까. 잠깐 생각해봐도 떠오르는 것들이 많다. 일상을 끄적거리는 것, 지인들과 만나 식사하거나 차를 마시는 것, 산에 오르는 것, 영화를 보는 것, 기타를 치는 것 등등 나를 행복하게 해주는 행동이 이렇게 많다는 사실에 감사한 마음이 든다.

이것들 중에서 딱 하나만 선택해야 한다면 독서를 고를 것이다. 독서는 내 삶을 가장 크게 바꾸어 놓은 행동이자, 내 마음과 영혼에 숨을 불어넣어 주는 행동이다. 메마른 일상을 살다가도 책 한 권을 읽으면

팍팍했던 마음이 조금씩 풀어진다.

우리가 책을 읽어야 하는 이유에는 두 가지가 있다고 생각한다. 첫 번째는 생각의 크기를 넓히는 것이고, 두 번째는 미처 알지 못했던 다양한 세계를 경험하기 위해서이다. 이 두 가지를 이루는 데 있어 책만큼 충실한 활동이 있을까? 책은 시간과 공간을 거슬러 타인이 쌓아놓은 경험과 지식을 배우게 해준다. 타인이 펼쳐놓은 세계를 통해 다양성을 체험하고, 그 결과 생각의 크기가 확장된다. 넓어진 생각만큼 정서의 깊이도 깊어진다.

독서는 나를 작가로 만들어줄 수 있다. 독서를 통해 변화한 내가 경험과 지식을 쌓아서 책을 쓰는 것이다. 이 콘텐츠가 치열한 경쟁에서 오래오래 살아남게 해준다. 이런 선순환의 사이클에서 시작 지점인 독서가 빠지면, 결과적으로 내 콘텐츠도 만들 수 없다. 읽지 않으면 쓰기가 어려워지게 된다.

자기 콘텐츠를 만들겠다며 열의를 불태우는 예비 작가들 중에 독서를 소홀히 하는 이들이 있다. 책을 쓰고 싶지만 읽지는 않는다. 예를 들어 자기계발서를 쓰고 싶다면서 자기계발서를 안 좋아하고, 에세이를 쓰고 싶은데 에세이를 읽은 적은 없다고 한다. 접해본 적이 없다면 만들기가 쉽지 않은 게 당연하다.

출판시장에서 책은 엄연히 하나의 상품이다. 작가는 이 상품을 탄생시킨 생산자이다. 생산자라면 시장에 어떤 상품이 인기가 있는지, 트렌드에 어떤 특징이 있는지, 소비자들이 어떤 니즈를 가졌는지 연구해야 한다. 그런 연구 없이 잘 팔리는 상품을 만들 수 없다. 콘텐츠를 만들고 싶은 이들은 적어도 자신이 쓰고 싶은 분야의 베스트셀러를 꾸준히 읽어야 한다. 독서를 통해 소비자들의 니즈를 파악하고, 그에 따라 어떤 콘텐츠를 만들어야 하는지를 발견해야 한다. 그래서 나는 그 분야의 도서를 최소 10권 이상은 꼭 읽어보라고 권한다. 그래야 다른 책과의 '차별성'도 찾을 수 있고, 자기가 쓸 분야에서 베스트셀러가 된 책의 '강점'도 제대로 파악할 수 있다.

"책이 너무 잘 읽히던데요. 1시간 만에 다 읽었어요."

『나는 죽을 때까지 지적이고 싶다』 출간 후 어느 독서 모임에서 한 참석자가 이런 소감을 전해주었다. 사람들의 따뜻한 환호에 들떴던 마음이 이 말 한마디에 그만 풀이 죽고 말았다.

그가 한 말의 의도는 이해하기 쉽게 글을 썼다는 칭찬이었을 수 있다. 하지만 한편으로는 '얼마나 빠르게 페이지를 넘겼기에 책 한 권을 한 시간 만에 읽었을까?'라는 생각이 들었다. 그 책의 분량은 270페이지가 조금 넘는다. 일반적으로 단행본 한 권 분량은 최소 190~280페이지 전후가 된다. 작가가 아무리 쉽게 썼다고 해도 한 시간에 다 읽기는 어려운 분량이다.

한때 속독법이 크게 유행했던 시절이 있었다. 페이지를 넘기면서 각 페이지마다 주요한 행이나 글자 덩어리를 인식하는 방식이다. 속독법은 바쁘게 사는 현대인들이 지식을 빠르게 습득하기 위해 유용한 면이 있다고 생각한다. 하지만 앞서 얘기한 독서의 두 가지 이유를 온전히 충족시키자면 속독보다 정독이 낫다.

책을 읽는 속도는 개인차가 클 것이다. 그렇다고 해도 만약 200페이지가 넘는 책을 1시간 만에 읽었다면 충분히 생각하면서 읽었는지를 짚어보는 게 좋을 것 같다. 주제나 중요 내용, 작가의 생각 등을 파악하면서 읽으려면 빨리 읽을 수 없다. 독서는 단지 글자를 빠르게 훑어보면서 페이지를 넘기는 게 아니라 글 속에 담긴 작가의 생각을 짚어보고 거기에 자기 생각도 더해보는 행위이다. 글자만 훑는 독서로는 생각의 크기를 키우기가 어렵다.

자신만의 콘텐츠를 가진 사람은 책을 읽는다

시장에서 자기 색깔이 확실하게 부각된 사람은 한결같이 독서란 습관을 갖고 있다. 그들은 책을 통해 다양한 세상을 체험하고 통찰력을 키워서 자신만의 콘텐츠를 만들고 새로운 시장을 열어가고 있다. 책을 반드시 읽어야 강점 콘텐츠를 만들 수 있다고 말할 수는 없지만, 강점 콘텐츠를 가진 사람치고 독서를 안 하는 경우는 드물다.

토니 로빈스는 『네 안에 잠든 거인을 깨워라』, 『거인의 생각법』, 『머니』 등 다수의 베스트셀러를 쓴 작가이자 세계적인 동기부여 전문가이다. 그는 여러 강연에서 독서와 연구를 통해 얻은 통찰로 성공할 수 있었다고 이야기했다. 자기계발서를 집필하는 작가이지만 그 분야 책뿐 아니라 심리학·경제학 등 다양한 분야의 책을 읽으며, 기억하고 싶은 부분이나 자신의 성찰을 메모하는 습관을 가지고 있다. 그의 책을 읽거나 강연을 들은 사람들은 그가 얼마나 다양한 책을 추천하는지 알고 있을 것이다.

세계적인 기업가와 투자가 중에 독서광을 찾는 건 어려운 일이 아니다. 빌 게이츠는 어렸을 적 매년 300권 이상 책을 읽는 책벌레였으며, 장성해서도 분야를 가리지 않고 매년 50권 이상의 책을 읽는 것으로 유명하다. 게이츠는 자신이 읽은 책 리스트와 소감을 블로그에 공유하여 사람들에게 독서를 습관화할 것을 권한다.

그는 어떻게 책을 읽을까. 매일 밤 독서를 할 시간을 내려고 노력하고, 일반적인 신문과 잡지 외에 적어도 하나의 시사 주간지를 처음부터 끝까지 읽는 것을 우선순위로 삼는다. 온라인으로 많은 강의를 시청하고 있지만, 여전히 새로운 것을 배우고 이해력을 시험하는 주요 방법은 독서라고 했다. "하버드 졸업장보다 독서 습관을 소중히 여기는" 사람다운 말이다.

워렌 버핏 또한 유명한 독서광으로, 매일 책을 읽고 메모한다. 그의 독서 습관에는 특징이 있는데 목표를 세운다는 것이다. 목표가 있다면 독서가 지루하고 힘들더라도 포기하지 않고 매진할 수 있기 때문이란다. 목표 있는 독서인 만큼 주로 읽는 영역은 경제경영·금융 분야이다.

대부분의 시간을 책을 읽으며 보내는 버핏의 하루 독서량은 500페이지에 달한다. 그는 자신의 직업이 본질적으로 많은 사실과 정보를 수집하는 것에 불과하며, 간혹 이것들이 행동으로 연결되는지를 보는 것이라고 밝혔다. 그는 독서를 통해 얻은 다양한 지식을 바탕으로 성공적인 투자 전략을 세운다.

테슬라와 스페이스 X의 창립자 일론 마스크는 하루에 두 권의 책을 읽는 습관을 가지고 있다. 그는 공상과학에 관심이 많은 만큼 과학과 물리학 등의 도서를 주로 탐닉하지만 벤자민 프랭클린이나 아인슈타인, 하워드 휴즈 같은 위대한 인물들의 전기도 즐겨 읽는다고 한다. 그는 각종 인터뷰에서 독서의 중요성을 강조하면서, 독서를 꾸준히 하면 새로운 아이디어를 발상하는 데 도움이 된다고 밝혔다.

지금까지 살펴본 세 명의 인물이 가진 독서 습관에서 공통점을 정리하자면 ①매일 독서, ②정독이다. 깊이 있는 지식과 성찰을 얻기 위해서는, 매일 읽는 꾸준함 그리고 집중해서 읽는 정독이 최고이다.

독서가 미치는 영향을 생각한다면 하루빨리 책을 가까이 해야 한다. 그동안 휴대폰을 비롯해 각종 스마트 기기에 빼앗긴 사람들의 시선을 책으로 돌리기 위해 독서 습관을 만드는 법을 공유하고자 한다.

- **독서 습관 만들기① 독서 시간 정하기** : 하루 중 시간을 정해 독서를 해야 한다. 경험상 기상 시간을 조금 당겨서 일찍 일어나거나, 퇴근 및 저녁 식사를 한 후가 책을 읽기에 적합한 때이다. 시간을 정하면 의식적으로 책에 시선이 가게 되므로 독서 습관을 만들기에 좋다. 그 시간에 약속을 잡거나 다른 일을 하는 등 규칙을 깨는 행위를 피해야 한다.

- **독서 습관 만들기② 환경 조성하기** : 책을 읽겠다고 결심했다면 그

마음을 유지할 수 있는 공간을 조성하는 게 중요하다. 집에서 여유 공간을 택해 독서 공간을 만들어 보자. 적절한 높이의 테이블, 독서대, 독서에 적합한 조명, 편안한 의자, 필기구 등은 독서를 하고 싶은 마음을 자극해줄 것이다.

- **독서 습관 만들기③ 목표 정하기** : 하루 몇 페이지 혹은 한 달에 몇 권 등 목표를 정하고, 잘 보이는 곳에 적어두도록 한다. 목표를 시각화하면 뇌가 그것을 의식해 달성코자 노력하게 된다. 목표를 달성한 후에는 스스로에게 상을 주는 게 좋다. 상으로 인해 즐거움과 성취감을 맛보면 이후에 독서를 지속하는 데 긍정적인 영향을 준다.

  읽어야 할 권수를 정하는 것과 아울러 독서를 통해 달성코자 하는 목표를 정할 것을 추천한다. 예를 들어 '경제경영서 탐독을 통한 주식투자 기본 이해하기'와 같은 목표가 있다면 동기부여에 더욱 효과적이다.

- **독서 습관 만들기④ 친구 만들기** : 독서에 대한 의지가 약하다면 함께 읽을 친구를 만들면 도움이 된다. 인터넷에 검색하면 독서 모임을 쉽게 찾을 수 있는데, 독서보다 여흥을 즐기는 데 무게감을 두는 모임도 있으므로 본질에 충실한 모임을 찾아야 한다. 회원들끼리 서로 깨달은 점을 나누고 감상문 등을 교환해서 읽으면 생각을 확장하고 다양한 시각을 익히는 데 많은 도움이 된다.

사실 독서의 중요함은 모르는 사람이 없다. 문제는 중요함을 아는데도 실천하는 사람이 적다는 것이다. 하지만 내 삶을 변화시키고 싶다면 실천이 필수이다. '그동안 책을 안 읽었는데 잘할 수 있을까?'라는 부담을 갖기보다 작은 목표를 설정해 매일 꾸준히 실천해보자. 뭔가를 크게 이루겠다는 압박감보다는 책을 읽는 행위 자체를 즐기겠다는 마음이 중요하다.

요즘 MZ 세대 사이에 독서가 '힙한' 행위로 인식된다고 한다. 하도 책을 읽는 사람이 없다 보니 책을 읽는 모습이 꽤 근사해 보여서 그런지 모르겠지만, 어쨌거나 독서가 청춘들의 새로운 트렌드로 떠오르게 된다면 정말 반가운 일이다. 종이책을 읽는 인구는 줄어들지만 전자책을 읽는 인구는 늘어나고, 20대의 독서량이 74.5%로, 전 연령대 중에서 가장 높다는 건 새로운 희망으로 다가온다. 자꾸만 중요성이 희석되고 있는 독서가 우리를 성장시켜주는 필살기로 다시금 떠오르게 될 날을 손꼽아 기다린다.

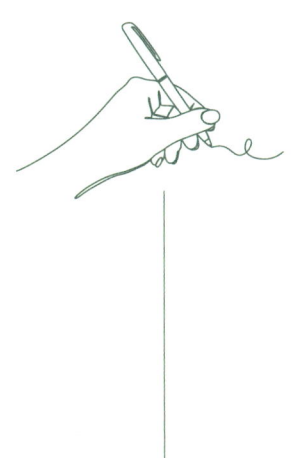

철학자들의 글쓰기

논리적 글쓰기가 돋보이는 철학자, 플라톤과 소쉬르

하루 일정이 생각보다 빨리 끝나서 책을 펼칠 때 참 행복하다. 자기계발·경제경영·에세이·인문·소설 등 분야를 가리지 않고 읽는 편이지만, 특히 빠져 있는 분야는 철학이다. 독서를 처음 시작했던 10여 년 전만 해도 내가 어려운 철학책에 푹 빠지게 될 줄은 꿈에도 생각할 수 없었다. 이제는 이른 새벽, 아침을 깨우는 새소리를 배경으로 창가에 앉아 철학책을 읽는 시간이야말로 일과 중 가장 소중하고 힐링이 되는 시간이다. 때로는 하루에 필요한 모든 에너지를 그 시간에 다 채우기도 한다. 하지만 회사 직원들이나 친한 지인들에게 철학책 읽기를 추천하면 대부분 고개를 내젓는다. "아니, 대표님은 그러잖아도 바쁘고 골치 아픈 일도 많으실 텐데, 그렇게 어렵고 복잡한 철학책을 대체 왜 매일 읽으세요?"라고 하며 나를 이해하지 못한다.

철학을 좋아하는 이유는, 철학이야말로 이 지구별에 사는 사람들이 겪고 있는 수많은 일들을 근본적으로 파고들기 때문이다. 얼핏 어렵고 복잡하게 여겨지지만 지금 이 순간 우리가 가진 고민에 깊이 있는 조언을 해줄 수 있는 것이 철학이다. 철학책을 읽으면서 생각하다 보면 나 자신과 타인, 그리고 세상을 좀 더 이해할 수 있게 된다.

철학자들은 사람들의 고민을 해결하기 위해 학문적으로 탐구하고, 깊이 있게 사색했으며, 이를 글로 남겼다. 철학자들마다 글의 특색이 있어서 읽을 때마다 재미가 있다. 그동안 공부했던 철학자들 중에 인상 깊었던 이들을 잠시 소개하려 한다. 학자들의 훌륭한 명문을 곱씹으면 삶의 지혜를 얻을 수 있는 건 물론이고, 나 자신을 돌아보게 돼 강점 콘텐츠를 찾아내는 데 도움이 될 것이다.

> 최고의 승리는 자기 자신을 이기는 것이다.
>
> -플라톤, 『법률』 중에서

고대 철학자 중 손꼽히는 문장가인 플라톤이 쓴 문장이다. 듣는 순간 공감할 수밖에 없지 않은가. 세상에 많고 많은 어려움이 있지만 자신과의 싸움처럼 힘든 게 없다. 오래된 습관과 고집에 젖어서 늘 살던

대로 살려고 하는 게 사람이니까. 그런 나 자신을 꺾을 수 있다면 그야말로 새로운 세상을 열어갈 수 있을 것이다. 플라톤은 사람이 자기 감정과 욕망을 잘 다스려야 한다는 점을 알리고자 이 문장을 쓰지 않았을까.

플라톤은 소크라테스의 제자이자 세계 최초의 대학인 '아카데미아'를 설립한 철학자이다. 그는 『국가』, 『향연』, 『변명』, 『법률』 등 여러 저서를 남겼다.

플라톤의 저서에는 크게 세 가지 특징이 있다. 첫 번째는 소크라테스가 다른 사람과 주고받는 대화 형식이라는 점이다(다수의 책이 그러한데, 『법률』에는 소크라테스가 등장하지 않음). 대화 형식의 글은 당시 현장감을 그대로 살릴 수 있다는 장점이 있다. 『변명』의 경우 소크라테스가 공공연히 신을 모독하고 젊은이들을 타락시킨다는 명목으로 재판을 받을 때 그의 연설을 기록한 것이다. 죽음을 두려워하지 않고 자신에게 적대적인 사람들 앞에서 의연하게 철학적 신념을 펼치는 그의 모습이 눈에 보이는 것 같아서 가슴이 두근거린다.

플라톤이 대부분의 저서에서 왜 소크라테스를 주인공으로 했는지 정확한 이유가 알려진 건 아니다. 소크라테스의 애제자로서 정치적 음모로 억울하게 죽은 스승의 철학 정신을 충실하게 계승하고자 스승을 주인공으로 삼아 글을 썼을 거라고 추측하는 연구자들도 있다. 어쩌면 소크라테스가 직접 한 말을 기록했을 수 있고, 아니면 플라톤이 스승의 입을 빌어 하고픈 말을 했을 수도 있다. 글의 주인공이 소크라테스라 해도 집필자가 플라톤이므로, 플라톤의 의도가 담겨 있다고 봐야 한다. 그래서 다수의 연구자들은 플라톤이 집필한 책들의 작가를 소크라테스가 아닌 플라톤이라고 본다. 물론 그 안에 소크라테스의 사상도 엿볼 수 있다. 소크라테스가 직접 남긴 기록은 없지만, 그의 제자인 플라톤이 대신 기록함으로써 수천 년 후의 우리가 위대한 철학자의 사상을 배울 수 있게 되었다. 기록의 중요성이 새삼 가슴에 와닿는다.

플라톤의 저서가 가진 두 번째 특징은 체계적으로 자기 생각을 전개해나간다는 것이다. 기본적인 전개 방식은 상대에게 질문을 던지고 상대방이 답변하면 이에 대한 또 다른 질문과 논리를 제시하면서 주제를 깊이 있게 탐구하는 형태이다. 그래서 글의 흐름이 논리적이고, 문장에서는 감성적인 표현이 배제된다.

세 번째 특징은 비유 표현이다. 플라톤은 상대와의 질문, 답을 통해 주제를 탐구해가면서 비유를 곁들여 깊이를 더했다. 비유 표현은 독자들이 논제를 이해하는 데에도 도움이 된다.

대화 형태의 골격, 상대에게 질문을 던지면서 논리를 발전시켜 나가는 형태, 비유적 표현으로 인해 독자들은 등장인물 간의 대화를 직접 보는 듯한 현장감을 느끼고, 집중력 있게 글의 흐름을 따라갈 수 있다.

체계적이고 논리적인 글 표현에 관해 한 사람의 철학자를 더 소개하자면, 스위스의 철학자 페르디낭 드 소쉬르가 있다. 소쉬르는 철학자이면서 언어학자, 기호학자로서 구조주의 언어학의 창시자로 널리 알려져 있다. 구조주의 언어학이란 언어를 구성하는 요소들 간의 관계, 언어 구조 및 체계를 분석하고 이것이 사람의 사고에 미치는 영향을 연구하는 학문으로, 언어학·기호학·철학 모두에 한 획을 그은 이론이다. 구조주의 이론은 소쉬르의 저서 『일반 언어학 강의』에 자세히 나와 있다.

그는 언어 체계를 '랑그(Langue)'와 '파롤(Parole)'의 두 가지로 구분했다. 랑그는 문자 체계와 문법 규칙을 말하고, 파롤은 문자 언어를 소리로 말하는 행위를 뜻한다. 소쉬르는 파롤보다 랑그를 더 중요하게 생각했다. 그는 "이미 존재하고 있는 관념에 이름을 붙인 게 아니라, 이름을 붙임으로써 그 관념이 우리의 사고 속에 존재한다."고 주장했다. 예를 들어 '돌고래'라는 단어를 학습함으로써 돌고래가 우리 사고 속에 존재하게 되었다는 것이다.

그의 말에 따르면 우리가 사용하는 단어는 우리 생각에 영향을 미칠 수 있다. 단어와 연관된 관념이 사고 속에 존재하게 되기 때문이다. 거친 언어를 쓴다면 우리의 생각이 거칠어지고, 고운 언어를 쓴다면 생각 또한 고와질 것이다. 그가 주창한 구조주의는 철학적·언어학적으로 한 획을 그은 것이라 할 수 있다.

소쉬르는 소크라테스와 한 가지 공통점이 있는데, 책을 쓰지 않았다는 것이다. 소쉬르는 자기 기록을 남기는 걸 좋아하지 않아서 책을 쓰지 않았을 뿐 아니라 강의가 끝나면 강의 기록을 없앴다고 한다. 『일반 언어학 강의』는 샤를 바이와 알베르 세슈에라는 두 명의 제자가 스승의 강의를 들으며 기록한 노트를 정리한 것이다. 소쉬르의 강연 내용과 자료를 엮은 것이므로 작가는 소쉬르이고, 두 명의 제자는 엮은이가 된다.

소쉬르가 직접 집필한 것은 박사 논문인 「산스크리스트어 절대 속격의 용법」 외에 알려진 바가 없다. 소쉬르도 소크라테스처럼 제자들 덕분에 자기 이론이 집대성된 책을 남길 수 있었다. 물론 제자들이 자료를 엮으면서 자신들의 생각을 덧붙였을 수도 있다는 점은 감안해야 할 것이다.

『일반 언어학 강의』는 소쉬르가 직접 쓰지 않았다 해도 강의를 기반으로 정리된 책이므로, 그의 문장 표현이 어떤지 엿볼 수 있다. 소쉬르는 플라톤과 마찬가지로 논리적이고 체계적인 방식으로 자기 이론을 설명하였다. 먼저 논리적으로 개념을 짚어주고 뒤이어 체계적으로 설명을 이어나가는 방식이다.

또한 비유와 예시를 통해 사람들이 구조주의를 좀 더 쉽게 이해할 수 있도록 도왔다. 이를테면 체스 게임을 언어 체계에 비유했는데, 체스 게임을 할 때 규칙에 따라 말이 움직이는 것처럼 언어 역시 체계와 규칙을 통해 움직인다고 설명했다. 언어의 각 요소는 개별적으로 존재하는 게 아니라 일정한 체계와 규칙 속에서 유기적인 관계를 맺고 있다는 것이다.

플라톤과 소쉬르의 글은 논리적·체계적인 글 전개, 비유와 예시 사용이라는 공통점을 가진다. 이런 글에 매력을 느끼는 이들이라면 두 철학자의 책을 한 번 읽어봐도 좋을 것 같다.

간결한 문장 표현이 매력적인 철학자, 아우렐리우스와 비트켄슈타인

철학자이자 로마 황제였던 마르쿠스 아우렐리우스는 『명상록』이라는 기록을 남겼다. 앞서 소개했듯이 이 책은 아우렐리우스가 말년에 전장에서 쓴 일기와 같은 기록으로, 자신을 괴롭힌 수많은 고민과 세상을 바라보는 시선, 삶과 죽음의 문제 등을 다루었다. 구구절절하게 설명하기보다 간결하고 명료한 문장으로 자기 생각을 표현했다. 작가의 의도를 독자에게 쉽게 이해시키고 싶다면 복잡하고 어려운 문장보다 간결한 문장이 훨씬 낫다.

> 우리의 삶은 우리의 생각이 만드는 것이다.
>
> -아우렐리우스, 『명상록』 중에서

읽는 순간 작가의 의도를 이해할 수 있는 문장이다. 사람은 자기 생각에 따라 인생을 만들어간다. 긍정적인 생각을 가지면 삶의 만족도가 높아지고, 부정적인 생각을 가지면 만족도가 떨어진다. 마음의 중심을 어떻게 잡느냐에 따라 삶이 달라진다는 점을 아우렐리우스는 알려주고 싶었을 것이다.

이 문장은 스토아 철학의 핵심을 잘 보여준다. 스토아 철학은 덕을 최고의 선으로 여기고, 감정을 다스리고 자신을 통제하는 걸 중요시한다. 아무리 외부에서 부정적인 자극이 와도 영향을 받지 않고 자신을 지켜야 한다고 여긴다. 그래서 긍정적인 사람은 폭풍이 휘몰아치는 가운데에서 살아남을 수 있다는 희망을 가지고 끝끝내 어려움을 이겨낸다.

스토아 학파의 철학은 감정을 다스리고 외부환경에 흔들리지 않는 마음을 갖는 데 도움이 될 수 있다. 평소 부정적인 감정의 폭풍우에 시달려서 괴로운 분들이라면 아우렐리우스의 『명상록』을 읽을 것을 권하고 싶다.

간결한 문장을 자랑하는 또 한 명의 철학자는 오스트리아 출신의 루트비히 비트겐슈타인이다. 그는 20세기를 대표하는 위대한 철학자로 평가받고 있다. 그의 철학 사상은 전기와 후기로 나뉘는데, 먼저 전기 철학은 그의 저서 『논리-철학 논고』를 통해 잘 알 수 있다. 전기 철학의 특징은 "언어의 한계가 세계의 한계이다."는 말로 대변된다. 언어가 우리 생각과 세계를 인식하는 한계를 설정한다는 것이다. 쉽게 말하면 사람은 언어를 통해 세상을 이해하고, 자신이 모르는 언어가 표현하는 세상은 이해할 수 없다는 뜻이다. 그는 언어의 본질에 관심이 많았으나 궁극적으로 언어를 통해 존재와 아름다움, 윤리와 같은 철학적 문제를 해결하고자 했다.

후기 철학을 대변하는 말은 "철학은 활동이지 이론이 아니다."이다. 이때의 철학 사상은 『철학적 탐구』에 잘 나타나 있다. 비트겐슈타인은 철학이 단지 책 속에만 존재하는 이론이 아니라, 우리의 일상 속에서 다양한 문제를 해결할 수 있는 활동이어야 한다고 보았다. 일상 언어에 대한 오해와 혼동 때문에 문제가 발생하고, 철학은 이런 문제를 해결하여 궁극적으로 우리가 명확한 사고를 할 수 있게 도와준다는 것이다.

> 말할 수 없는 것에 대해서는 침묵하라.
>
> -비트겐슈타인, 『논리-철학 논고』 중에서

『논리-철학 논고』의 마지막 문장인데, 그의 글 중에서 이 문장을 가장 좋아한다. 비트겐슈타인은 언어가 사람의 생각과 인식의 한계를 정한다고 보았기에 말할 수 없는 것, 즉 알지 못하는 것에 대해 말하지 말라고 한 것이다. 오늘날 우리의 모습을 돌아보면 정확히 알지 못하면서 말할 때가 얼마나 많은가. 알지 못하면서 언어를 쏟아내는 것만큼 불필요한 것이 있을까. 나 역시 그런 오류에 빠지지 않도록 늘 주의를 기울이고 있다.

비트겐슈타인은 글쓰기에 진지한 것으로 유명하다. 그는 간결하고 명확한 단문 쓰기를 선호했고, 치열하게 글을 수정하여 자신의 메시지를 효과적으로 전달하기 위해 노력했다. 또한 늘 일기를 적었고 성찰을 기록하는 데 게을리하지 않았다. 이러한 노력으로 그가 쓴 철학서들은 깊이 있고 명확한 논리와 간결한 문장을 자랑할 수 있게 되었다.

아무리 두꺼운 철학책이라도 끈기를 갖고 쭉 읽다 보면 명문장이 우수수 쏟아져 나온다. 그중 마음에 드는 표현을 기록해두고, 답답하거나 풀리지 않는 문제가 있을 때 들여다보고 곱씹는다. 그러면 생각의 깊이가 깊어질 뿐 아니라 문장 공부가 절로 된다. 읽고 또 읽으면서 생각하다 보면 마음 깊이 가라앉아 있는 내면의 목소리를 들을 수 있다. 차마 드러내지 못했던 생각과 감정이 조금씩 느껴진다. 그 소리와 대화해 나가면 작은 실마리가 떠오르기도 하고, 문제 자체가 별것 아니란 사실을 깨닫게 되기도 한다.

이처럼 철학은 깊이 들어갈수록 우리의 다양한 고민을 해결하는 데 근본적인 도움을 준다. 그래서 나는 자꾸만 철학 이야기를 할 수밖에 없다. 얘기만 하는 데 그치지 않고, 강의도 만들고, 책도 자꾸만 쓴다. 철학책 독서의 매력을 아는 사람들이 더 많아지길, 그 속의 주옥 같은 문장들을 통해 우리 삶의 깊이 또한 더해지길 간절히 바라본다.

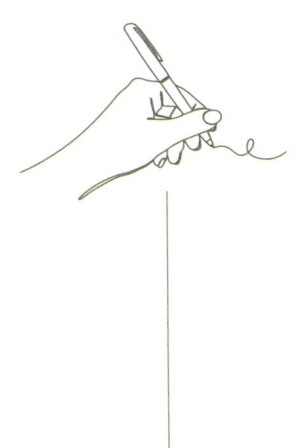

글쓰기를 풍요롭게 해주는 창작자들의 습관, 필사

쓰다 보니 쑥쑥 자라난 문장력

"뭘 그렇게 열심히 쓰세요?"

미팅을 앞두고 시간이 남아서 필사를 하고 있었다. 미팅 당사자가 도착했는데도 미처 알지 못하고 쓰기에 골몰하고 있으니까 그가 의아해서 물었다. 책을 여러 권 쓴 사람이 남의 책까지 필사하냐면서 웃기에 "글쓰기란 게 끝이 없어요. 계속 공부해야죠."라고 말해주었다.

필사는 글을 잘 쓰는 법을 알고 싶어 하는 이들의 훈련법이다. 훌륭한 작가들의 글을 따라 적음으로써 좋은 문장 표현을 배우고 표현력을 키우는 것이다. 글쓰기에는 '끝'이라는 개념도, '정점'이라는 개념도 없다. 그렇기에 필사를 통한 문장 훈련에 게을러질 수가 없다.

사실 처음 필사를 시작했던 것은, 글쓰기 실력을 키우기 위해서가 아니었다. 독서를 시작하면서 좋은 문장을 많이 발견했고 그걸 기억하기 위해서 적기 시작했다. 처음엔 한두 문장을 적다가 문단을 적고 어떤 날은 한 편을 적었다. 짬이 날 때마다 적어둔 글을 보면서 훌륭한 문장과 작가의 성찰을 곱씹었고, 이렇게 쓸 수 있다면 참 좋겠다는 생각이 절로 들었다. 이것이 필사를 하게 된 계기였다.

기억하고 싶어 시작한 필사는 알게 모르게 문장력을 키워주었다. 그렇다고 글을 잘 쓴다고 자신하는 건 절대 아니다. 지금도 초고는 오류투성이에 어설픔이 넘쳐난다. 그렇지만 적어도 필사를 시작했을 무렵보다는 표현력이 나아졌다는 걸 느낀다.

필사를 위한 시간을 따로 내려고 노력하지만, 월화수목금금금의 일정을 소화하는 처지에 시간 내기가 쉽지 않다. 그래서 미팅과 미팅 사이, 막간을 많이 활용한다. 주말에는 집 서재에서 은은한 음악을 틀어놓고 천천히 글을 쓴다. 책을 읽으며 글을 쓰는 행복감이란! 마음의 근육이 천천히 이완되는 느낌을 겪어보지 않은 사람은 모를 것이다.

좋아하는 삼색 볼펜을 쥐고 훌륭한 문장을 적다 보면 마음이 차분해진다. 아름다운 음악, 수려한 문장, 잔잔한 시간. 어떻게 행복하지 않을 수 있을까. 필사하면 문장력만 좋아지는 게 아니라 마음도 좋아진다. 응어리가 풀어지고 촉촉해진다. 작가의 성찰을 깊이 느낀 덕분이다. 글씨 모양이 좋아지는 것은 덤이다. 본래 글씨를 잘 쓰는 편이었지만 필사 덕분에 더욱 좋아졌다. 하루 일과를 기록해둔 바인더를 보는 사람마다 칭찬해주어 가슴이 뿌듯하다.

필사 횟수는 2~3일에 한 번 정도인데, 그때그때 읽는 책이나 글이 필사 대상이 된다. 한창 철학책에 빠져 있어서 철학책 필사를 많이 하고, 관심이 가는 베스트셀러가 있으면 사서 읽은 후에 필사한다. SNS에서 훌륭한 문장이나 짧은 글을 보고 따라 적기도 한다. 문장 표현이 좋고 성찰의 깊이가 느껴진다면 뭐든지 가리지 않고 따라 적는다.

필사는 생각보다 상당한 인내심이 필요한 작업이다. 다 썼다고 해서 당장 눈에 보이는 결과물을 얻는 게 아니므로 조금이라도 바빠지면 뒤로 밀리기 일쑤다. 그래서 의지가 필요하다. 필사를 통해 기쁨을 맛보게 되면 자연스럽게 의지가 강해짐을 느낀다.

필사는 단지 글을 베끼는 행위가 아니라 작가의 문체와 성찰을 이해하기 위한 노력이다. 필사를 함으로써 문장에 배어 있는 작가의 생각, 문장의 아름다움을 느낄 수 있다. 일상 속에서 어떤 문장을 봐도 그 의미를 깊게 생각하려고 노력하게 된다.

필사를 계속하면 글쓰기에 자신감이 붙는다. 필사를 통해 자연스럽게 축적된 좋은 문장 표현이 자기 손끝에서 구현되는 것이다. 글을 쓸 때 좀 더 창의적이고 아름다운 표현을 고민할 수 있게 된다.

글을 쓰고 싶어도 쓸 수 없다고 말하는 사람들이 있다. 어떤 주제로, 어떻게 써야 하는지를 모르기 때문이다. 이런 경우라면 필사를 추천한다. 다른 사람의 책을 따라 적으면 어떤 주제로 글을 써야 하는지, 어떤 문장을 써야 하는지를 자연스럽게 배울 수 있다. 무엇보다 필사를 통해 쓰기 자체에 대한 공포감과 거부감을 극복할 수 있다.

좋은 텍스트를 골라
꾸준히 따라 써라

　세계적으로 유명한 작가들이 필사를 통해 문장력과 표현력을 키웠다. 우리나라에서 인기가 높은 소설가 무라카미 하루키 역시 필사를 열심히 했다. 그는 자신의 글 실력의 비결이 필사라는 사실을 여러 언론 인터뷰에서 밝힌 바 있다. 에세이『직업으로서의 소설가』에서는 영어로 된 소설을 필사해서 문학적 기초를 다졌다는 내용이 나와 있다. 프랜시스 스콧 피츠제럴드(『위대한 개츠비』를 쓴 미국의 소설가)와 레이먼드 챈들러(『기나긴 이별』을 쓴 미국의 범죄소설 작가) 등 영어 문학작품을 일본어로 번역하는 일을 했는데, 이때 작품을 필사하면서 문장력을 키우고 캐릭터 개발법, 이야기 전개 방식을 배울 수 있었다고 한다. 하루키는 다양한 문학작품을 필사해 여러 문체와 이야기를 풀어가는 법을 익힐 것을 권했다.

　필사를 한다면 어떤 책을 따라 쓰면 좋을까. 필사하기에 좋은 책이 따로 정해져 있는 건 아니다. 읽어보고 나서 이해하기 쉽고 작가의 깊이 있는 성찰이 돋보인 책을 골라서 쓰면 된다. 복잡하고 어려운 문장보다 단순하고 이해하기 쉬운 문장을 고르는 게 좋다.

　평일에는 짬짬이 시간을 내서 필사하더라도, 주말에는 시간을 정해두는 게 낫다. 처음으로 필사에 도전하는 사람이라면 일정한 시간을 정해두고 규칙적으로 진행해야 습관을 만들 수 있다.

　필사에 대한 의욕을 자극하고 싶다면 그럴 만한 환경을 꾸미는 게 필수적이다. 마음에 드는 필기구와 노트를 마련하면 쓰고 싶은 마음이 솟아날 수 있다. 잘 써지는 펜, 스프링이나 링이 있는 노트를 구입하고, 테이블과 의자 등을 갖춰서 편안한 자세와 분위기 속에서 필사하도록 한다.

필사를 완료하고 나면 그 내용을 다시 읽으면서 문장 표현과 성찰을 되짚어볼 것을 권한다. 쓰는 행위에 집중하느라 미처 알아채지 못했던 것을 다시 읽어보면서 찾아낼 수 있다. 난 평소에 필사 노트를 가지고 다니면서 틈틈이 읽는다. 차량으로 이동 중일 땐 길이 막히거나 신호 대기 중일 때의 시간도 활용한다. 소리를 내서 읽으면 더 잘 기억할 수 있어서, 여러 번 반복해서 소리를 내서 읽는다.

필사한 글의 주제를 놓고 자신의 글을 써보는 것도 추천한다. 다른 사람의 글은 내 글을 쓰기 위한 참고서가 될 수 있다. 아무 예시가 없을 땐 이 주제로 어떤 글을 써야 할지 감을 잡기 힘들지만, 예시가 있다면 방법을 알게 된다. 나라면 이 주제로 어떤 내용을 쓸 것인지 생각하고 글을 쓴다면 훌륭한 글쓰기 연습이 될 수 있다.

인문건축가 유현준 교수는 "미래는 창조하는 것이다. 미래는 오늘의 선택이 모여서 만들어진다."라고 했는데, 나는 그 말에 매우 동감한다. 매일 조금씩 실천하는 작은 행위들이 모여 마치 나비효과처럼 우리의 미래를 놀랍게 바꿔놓을 것이다. 필사, 카피 연습, 매일 루틴하게 하는 글쓰기 훈련, 독서 등 이 책에 소개한 방법들이 우리의 삶 속에 습관으로 자리 잡는다면 자신도 모르는 사이 '나만의 강점 콘텐츠'를 탄탄하게 갖춘 전문가로 탈바꿈되어 있을 것이다.

'가능성을 삭제하는 것이 아닌 불가능을 가능으로 복원하는 생각과 말'을 통해, 또한 생각과 의지를 실행으로 옮기는 적극적인 태도를 통해 꿈을 현실로 이루어내길 응원한다. 바로 지금, 이 순간부터!

| 에 필 로 그 |

참고 견디면
보답은 반드시 있다

때로는 꿈속을 헤맨다는 생각을 한다.

보잘것없는 내게 쏟아지는 환호, 고맙다고 도움이 되었다는 감사의 말, 더 좋은 활동을 기대한다는 응원의 말… 아무리 생각해봐도 너무 과분한 사랑을 받고 있다. 어떨 땐 꿈을 꾸는 것 같다. 좋아서 한 일이고 다른 사람들에게 도움이 될 거라고 생각하긴 했지만, 정말 분에 넘칠 정도로 누리고 있다.

그래서일까. 다른 사람에게 도움이 되고 싶다는 생각이 더더욱 강해진다. 『나는 죽을 때까지 지적이고 싶다』를 출간하고 불과 6개월이 지났을 무렵 새로운 책을 써야겠단 결심을 했던 것도 그 때문이었다. 그때 책쓰기 강의를 진행하는 중이었는데 수강생분들로부터 다양한 질문을 들으면서 이분들에게 실질적인 노하우를 가득 담은 콘텐츠를 전하고 싶다는 생각을 했다.

첫 책인 『책쓰기가 이렇게 쉬울 줄이야』가 책쓰기 입문서라면, 이 책은 SNS 글쓰기와 책쓰기를 모두 아우른 확장판이라고 할 수 있다. 마침 알고 지낸 출판사에서 돈이 되는 콘텐츠를 만드는 법을 책으로 만들어보자는 기획안을 제안해주어, 책을 쓰겠다고 결심했다. 오래전 함께 일했던 직원이 만든 출판사라서 더 마음이 기울었다. 훌륭한 기획을 해주고 이렇게 새로운 방식의 인연을 이어가는 것에 고마움을 전한다. 또한 책을 쓰는 기나긴 시간을 변함없이 지켜준 가족들, 욕심 많은 대표를 늘 지켜보고 응원해주는 회사 직원들, 언제나 내 활동을 지지해주고 따뜻한 조언을 아끼지 않는 지인들에게도 정말 감사하다는 말을 전하고 싶다. 무엇보다 지금까지 내 책들을 읽어주고 아껴주는 독자분들에게 말로 다할 수 없는 감사함을 바친다.

이분들 덕분에 마음이 얼마나 따뜻해지는지 글로는 다 풀 수가 없다. 그저 앞으로 더욱 가치 있고 의미 있는 삶을 살아가고자 노력하는 것으로, 고마움을 표현할 생각이다. 지금껏 해왔듯 앞으로도 여러 기구와 단체에 기부를 이어갈 것이고, 책쓰기와 철학에 대한 무료 지식 나눔도 계속할 것이다. 소장하고 있는 책을 모아서 권당 3천 원에 판매해 판매금액을 경제적으로 어려움을 겪는 국가 아이들에게 기부하는 '3천 원의 기적' 책 나눔 행사도 계속 이어갈 것이다.

과거의 고된 경험들이 콘텐츠가 되어 꽃이 피고 열매를 맺는 현실을 경험하면서, 꾸준한 노력 그리고 그것을 남기는 기록의 가치를 다시 한

번 독자들에게 전한다. 우리는 모두 별이 될 수 있고, 포기하지 않는 한 가능성은 사라지지 않는다.

언젠가 인터넷에서 본 명언으로 맺음말을 대체한다.

"삶이란 그런 것이다.
 태양이 어김없이 솟듯,
 참고 견디면 보답은 반드시 있다."

—앤드류 매튜스(오스트레일리아 작가)

참고문헌

Chapter 1

- 박재한 유튜브 채널 '빠니보틀(www.youtube.com/@PaniBottle)', 나무위키 '빠니보틀'
- 임수열 유튜브 채널 '815머니톡(www.youtube.com/@815moneytalk)'
- 이원일, 아들이 알바해서 본 돈 1000만 원으로 서울에 집 샀다, 비바체, 2023.
- 박은주 유튜브 채널 '변호사 언니(www.youtube.com/@lawyersister)'
- 황해수 유튜브 채널 '직업의 모든 것(www.youtube.com/@jikmo.)'
- 함서경 유튜브 채널 '청담캔디언니(www.youtube.com/@chungdam_candy)'
- 함서경, 부의 인사이트, 생각지도, 2024.
- 최현미 인스타그램 '미꽃 손글씨(www.instagram.com/beautiful_flower_write)'
- 코바늘 뜨개사 홀리 인스타그램 'holly_made(www.instagram.com/holly_made_)', 블로그(m.blog.naver.com/hollybrown), 유튜브 채널 '코바늘 뜨개사 홀리(www.youtube.com/@hollymade_/featured)'
- 나현갑 유튜브 채널 'G무비(www.youtube.com/@G-movie)', 나무위키 'G무비'
- 나현갑, 지무비의 유튜브 엑시트, 21세기북스, 2023.
- 이희대 교수, "영화보다 더 재미있는 'G무비'… 132만 명이 'G며든다'", 디지털타임스, 2021.3.17.
- 이상민 인스타그램 'sonbadacks(www.instagram.com/sonbadacks)'
- 곽경희, 남편이 자살했다, 센시오, 2020.
- 임희성, 계단을 닦는 CEO, 영인미디어, 2017.
- 남가현 인스타그램 '낭만키키(www.instagram.com/nangmankiki)'
- 박위 유튜브 채널 '위라클(www.youtube.com/@WERACLE)'
- 히가시노 게이고, 나미야 잡화점의 기적, 현대문학, 2012.
- 이지훈 유튜브 채널 '아는 변호사(www.youtube.com/@korealawyer2043)'
- 이지훈, 결혼은 신중하게 이혼은 신속하게, 21세기북스, 2021년.

- 김지수 유튜브 채널 '김변(www.youtube.com/@kimbyun)'
- 박상훈 유튜브 채널 '후니언(www.youtube.com/@hoonion)', 나무위키 '후니언'

Chapter 2.

- 김경태, 스티브 잡스의 프레젠테이션, 멘토르, 2006.
- "다소 충격적이기까지 하다는 영화 '파묘'의 원래 제목", 위키트리, 2024.2.29.
- 앤절라 더크워스, 그릿, 비즈니스북스, 2016.
- 리처드 탈러 · 캐스 선스타인, 넛지, 리더스북, 2009.
- 자일스 루리, 폭스바겐은 왜 고장난 자동차를 광고했을까, 중앙북스, 2020.
- 이충원 기자, "그래 이 맛이야, 따봉⋯그 광고 만든 윤석태 감독 별세", SBS 뉴스, 2023.1.19.
- 김훈, 남한산성, 학고재, 2007.
- 이슬기 기자, "김훈 문장을 솎아내는 그녀⋯하정우가 미팅 청하는 그녀", 서울신문, 2019.5.7.

Chapter 3.

- 김혜남, 생각이 너무 많은 어른들을 위한 심리학, 메이븐, 2023.
- 빈현우, 나는 가상화폐로 3달 만에 3억 벌었다, 이코노믹북스, 2017.
- 염승환 작가, 주린이가 가장 알고 싶어 하는 최다질문 TOP 77, 메이트북스, 2021.
- 강용수, 마흔에 읽는 쇼펜하우어, 유노북스, 2023.
- 김재훈 · 서정욱, 만화로 보는 3분 철학, 카시오페아, 2021.
- 김호연, 불편한 편의점, 나무옆의자, 2021.
- 요한 하리, 도둑맞은 집중력, 어크로스, 2023.
- 김혜남, 만일 내가 인생을 다시 산다면, 메이븐, 2022.
- 히가시노 게이고, 당신이 누군가를 죽였다, 북다, 2024.
- 이승민, 마케팅 때문에 고민입니다, 이코노믹북스, 2019.
- 김수현, 나는 나로 살기로 했다, 클레이하우스, 2016.

- 세이노, 세이노의 가르침, 데이원, 2023.
- 강원국, 대통령의 글쓰기, 메디치미디어, 2017.
- 임홍택, 90년생이 온다, 웨일북, 2018.
- 서영순, 그래서 그녀는 젊다, 책이있는풍경, 2015.
- 제임스 클리어, 아주 작은 습관의 힘, 비즈니스북스, 2019.
- 로버트 아이거, 디즈니만이 하는 것, 쌤앤파커스, 2020.
- 앤 라모트, 쓰기의 감각, 웅진지식하우스, 2018.

Chapter 4.

- 아우렐리우스, 명상록.
- 나무위키 '프랭클린 플래너'
- 이심기 기자, "워런 버핏의 경영메모 '회사의 평판을 지켜내라'", 모바일한경, 2014.12.22.
- 이성진 기자, "책! 얼마나 읽나? 빌 게이츠 원동력은 '독서의 힘'", 파이낸스뉴스, 2024.1.4.
- 전채은 기자, "'공부의 귀재' 버핏, 89세에도 책 끼고 산다", 동아일보, 2019.4.24.
- 정은혜 기자, "하루 2권' 책 읽는 책벌레… 머스크 세계관 만든 13권의 책", 중앙일보, 2020.6.14.
- 조규형 기자, "구조주의는 소쉬르로부터 시작됐다", 연세춘추, 2007.10.15.
- 루트비히 비트겐슈타인, 논리-철학 논고, 책세상, 2020.
- 루트비히 비트겐슈타인, 철학적 탐구, 책세상, 2019.
- 무라카미 하루키, 직업으로서의 소설가, 현대문학, 2016.